JN117566

サステナビリティ時代の会社

21世紀のコーポレート・エコノミー

谷口和弘・河原茂晴・髙部大問———[編著]

Corporations in the Sustainability Era:

Corporate Economy in the Twenty-First Century

慶應義塾大学出版会

目次

第 I 部　理論・分析編

**第 1 章　サステナビリティ時代の
コーポレート・エコノミー** …………… 3

　1.1. 本書のテーマ　3
　1.2. コーポレート・エコノミーとは何か　6
　1.3. フリードマン・ドクトリンを超えて　23
　補論. サステナビリティ時代のイデオロギー対立　34
　1.4. 本書の概要　36

第 2 章　サステナビリティ時代の会社 ……… 39

　2.1. 前サステナビリティ時代からサステナビリティ時代へ　39
　2.2. 会社と持続可能性　45
　2.3. 格差を広げる資本主義　57
　補論. 長老支配とエルゴード的世界観の弊害　65

**第 3 章　国家のサステナビリティの
政治経済学に向けて** …………………………… 73

　3.1. 分析枠組としての比較制度分析　73
　3.2. 国家について理解する　74
　3.3. 個人と国家のミクロ・マクロ連環　78
　3.4. 政治経済について理解する　83
　3.5. 大衆人のための教育　87

第Ⅱ部　事例研究編

第4章　地域経済のサステナビリティ経営 93
——小田原モデル——

4.1. 小田原モデルの4本の柱　93
4.2. 地域経済のサステナビリティ経営の1つの理念型としての
　　小田原モデル　94
4.3. 歴史をつうじたパーパスへのこだわり　108
4.4. 地域の持続可能性に向けた総力戦　111
補論. CSRとパーパス　112

第5章　サステナビリティ経営とパーパス 117
——ソニーグループ——

5.1. パーパスの派生物としての利潤　117
5.2. 日本経済の失われた30年と『伊藤レポート』　118
5.3. サステナビリティ経営とパーパス　126
5.4. ソニーグループのサステナビリティ経営　134
5.5. 異質性と多様性こそがカギ　142

第6章　サステナビリティ経営とDMC 143
——丸井グループ——

6.1. 企業文化の重要性　143
6.2. 丸井大家族主義の企業文化　144
6.3. サステナビリティ経営の土台をなす共創　146
6.4. 青井社長のメンタル・モデル　154
6.5. 超人経営者としての青井社長　162
6.6. 会社の持続可能性を超えて　171

第Ⅲ部　インタビュー編

インタビュー（Ⅰ）

人新世における人間観の深耕
――『サステナビリティ経営の真髄』再考―― ………………………………… 179
青井浩（丸井グループ代表取締役社長 代表執行役員 CEO）

インタビュー（Ⅱ）

将来世代のための食のサステナビリティ ……………………… 197
権浩子（子どもの食卓代表取締役社長）

インタビュー（Ⅲ）

VUCA世界のリーダー育成と地球のサステナビリティ ………… 212
佐野尚見（松下政経塾前塾長 パナソニックホールディングス元代表取締役副社長）

あとがき　245
参考文献　249

第 I 部

理論・分析編

第 1 章

サステナビリティ時代の
コーポレート・エコノミー

1.1. 本書のテーマ

　本書では，会社の利益を増やすことが経済成長につながり，すべての人々にとって善になりうるだろう，という予想が共有されてきた「コーポレート・エコノミー」を扱う。コーポレート・エコノミーとは，すなわち会社，政府，業界団体などの永続的な社団組織である「コーポレーション」によって支えられた政治経済システムである。そして，21世紀の環境変化のなかで，コーポレーションに求められる新しい経営のあり方として「サステナビリティ経営」について考察したい。結果的にわれわれは，リーダーにたいして，狭い視野で短期的な自己利益だけを追求すると，会社，国家にとどまらず地球環境をも破壊し，結果的に人類を絶滅させかねないという危機感を抱いて，世代間の富の継承を可能にするよう真摯に経営すべきことを求める。

　人類は，さまざまなテクノロジーをつうじて自然を支配する一方，現代の政治経済の主役であるコーポレーションをつうじて自然のあり方を大きく変貌させた。その結果，人類は，気候変動，食糧危機，原子力発電所事故（原発事故）などの国境を越えた地球規模の外部性という問題を抱える時代をむかえた。こうした人間中心主義的な「人新世」とよばれる時代において，会社には，「グランド・チャレンジ」として知られるさまざまな難問の解決をつうじて存続し，地

3

球を将来世代へとつないでいく重要な役割が求められつつある（e.g., George et al., 2016; Howard-Grenville, 2021; McGahan, 2021）。つまり会社には，市場でも政府でも実現できない地球規模の外部性にかかわる問題解決に寄与する可能性が残されている（e.g., Hart, 2020; Hart and Zingales, 2022）。

とくに，BCG（Boston Consulting Group: ボストン・コンサルティング・グループ），ハイドリック＆ストラグルズ（Heidrick & Struggles），INSEADコーポレート・ガバナンス・センター（INSEAD Corporate Governance Centre）は2023年，取締役経験者を対象として行った調査において，「サステナビリティ時代（sustainability era）」という印象的な言葉を用いた（BCG et al., 2023）。もともと国連を中心とした創発的な取り組みとして注目されるようになった近年のESG（environmental, social, and governance: 環境・社会・ガバナンス）やSDGs（sustainable development goals: 持続可能な開発目標）は，地球や人類の持続可能性（サステナビリティ）を高めるための会社や資本主義（市場と私有財産制に依拠した政治経済システム）などの一連の仕組みの再構築——「サステナビリティ・トランジション」——に向けた活動のフォーカル・ポイント（焦点）として機能しつつある（e.g., Markard et al., 2012; Taniguchi et al., 2023; Truffer et al., 2022）。

要するに，サステナビリティ時代とは，市場において人々の認知・行動がESGやSDGsを是とする方向へと収束し，会社や政府などを含む一連のコーポレーションにたいしてこの方向にそった向社会的行動が期待され，資本主義のあり方が抜本的に変化せざるをえない時代だとみなされよう。したがって，個人，コーポレーション，資本主義といったマルチレベルでの同時的な制度変化が求められている。こうした時代においては，従来の経済学が示唆してきたような個人の自己利益の追求にとどまることなく，これと他の存在——コミュニティ，地域，国，地球など——の持続可能性との整合

化を模索していかなければならない（e.g., Pitelis, 2013; Taniguchi et al., 2023）。

　だが，狭義には会社，あるいは広義には企業は，1つの個ではない。つまり，利害を異にする複数のステイクホルダーによって構成されており，彼らのあいだで少なからずコンフリクトが生じるために，かならずしも一枚岩で整合的な実体としてみなされるわけではない。このことは，1人の人間が複数自己によって構成され，複数自己のあいだの相互作用が意思決定や行動のあり方を左右する点になぞらえられる（e.g., Ainslie, 1986; Bénabou and Tirole, 2002, 2004; Fudenberg and Levine, 2006）。とはいえ，企業はゲームのプレイヤーとして意思決定を行い，ゲームのルールとしての制度などを含む自らをとりまく市場環境を変化させるよう働きかけるケイパビリティ（スキル・知識・経験など）をもつという意味で，1つの個として主体的に行動しうることはいなめない（e.g., Aoki, 2001; Chandler, 1992; North, 1990; Teece, 2009）。

　しかし，とりわけ経済学における契約理論の文献は，ステイクホルダー間の一連の契約関係のネクサス（結節点）として企業をとらえ，これを1つの個体として擬人化することをミスリーディングだと考える（e.g., Jensen and Meckling, 1976）。そのため，企業の個体性をとらえることにおおむね失敗してきた（Khalil, 1997）。かくして，企業をもっぱら契約に還元することは適切ではないことを認識し，資産の所有・占有・利用にかかわる財産権にも着目せねばならない（e.g., Barzel, 1982; Foss and Foss, 2022）。

　企業は，法の下で法人格を賦与され，自然人と同様の権利・義務を有する会社となり，その資産——所有の客体（モノ）——とその持分を共有する資本家——所有の主体（ヒト）——とのあいだに入り込むことで，ヒトにたいしてはモノとなる法人否認説の会社観だけでなく，モノにたいしてはヒトになりもする法人実在説の会社観という両義性をもつことになる（e.g., Iwai, 1999; 岩井, 2000）。さら

に，会社のこのような両義性のどちらが現実的に表出化し，具体的な制度配置となっていくかについては，それぞれの国の法制など制度的環境によって左右されうる（e.g., Aoki, 1990, 2001; Iwai, 1999; 岩井, 2000; Williamson, 2000）。契約理論的な見方は，市場での売買契約と企業での雇用契約との差異を無視し，企業を基本的に市場と同一視する。つまり，企業の個体性はもちろんのこと，そうした会社の両義性すらも勘案していないのである。

1.2. コーポレート・エコノミーとは何か

1.2.1. 出発点としての「消えゆく手仮説」

まず，コーポレート・エコノミーとは何かについて検討するうえで，資本主義のダイナミクスに焦点をあてたリチャード・ラングロワ（Richard Langlois）の「消えゆく手仮説」からはじめよう（Langlois, 2003, 2007）。この仮説によれば，資本主義は，アダム・スミス（Adam Smith）が描いた市場のみえざる手によるコーディネーションが支配的だった局面からスタートし，アルフレッド・チャンドラー（Alfred Chandler）が描いた垂直統合型の大規模株式会社に君臨する経営者のみえる手によるコーディネーションが支配的だった局面をへて，大規模株式会社の内部ケイパビリティにとどまらず経済全体の外部ケイパビリティからの便益をも可能にしたモジュール型システムや厚みのある市場のコーディネーションが支配的な局面へと発展してきた歴史的な進化プロセスとみなされる。

消えゆく手仮説による資本主義の進化プロセスの理解においては，とくに（1）生産とガバナンスとの共進化，（2）時間の経過をともなうケイパビリティ進化，（3）みえざる手から消えゆく手に通底するスミス的な分業プロセス，（4）オプションの多様性を生み出すモジュール化，といった4点が肝要である。そこで，これらそれぞれの点について敷衍しよう。すなわち第1に，資本主義の進化プロセ

スでは，生産とガバナンスが結合的に機能し，環境変化にかかわる不確実性の文脈で，消費者に向けて最小費用で最大価値を創造するにはどうすればよいか，という進化デザイン問題の解決が続けられてきた（Langlois, 2007）。

第2に，みえざる手から消えゆく手へと経時的に発展していく問題解決のプロセスにおいて，市場は厚みを増し，製品の流れにともなう不確実性の軽減・制御を意味する緩衝に必要なケイパビリティを蓄積していく。現実的には，市場の範囲の拡大にともない，市場はますます有能になっていくとともに，ケイパビリティは他の主体へと普及するようになる（Langlois, 1992, 2007; Langlois and Robertson, 1995）。

第3に，資本主義の歴史的な進化プロセスをつうじて，スミス的な分業——異化した機能の特化——が貫徹していた。みえざる手の局面では，熟達した個人のケイパビリティが不確実性を緩衝するうえで重要な役割をはたす一方，特化がうまく進展するほどの十分な取引量に到達していなかった。だが，みえる手の局面において，国内に存在する無数のローカル市場が統合されることで市場規模が増大し，規模の経済を享受すべく耐久性の高い大規模な機械・設備——物的資産——に投資することが有利となった。

さらに，「所有と経営の分離」に特徴づけられる大規模株式会社の経営は，機能の特化によって戦略的機能が求められる専門的な職業となった。またこうした会社は，多国籍化と多角化によって範囲の経済をも模索するようになった。企業の国際競争力を左右する要素として組織ケイパビリティが重要なのだが，なかんずく企業の長期的な成長にとって最も重要なのは，トップ・マネジメントにほかならない（Chandler, 1990）。

しかし，ICT（information and communication technologies: 情報通信技術）の発展や経済のグローバル化によって特徴づけられるいわゆるニュー・エコノミーの局面になると，世界中に分散した無数

の企業が生産をにない，厚みのある市場をつうじたコーディネーションに依存できるようになった。すなわち，水平分業や特化が進展したことによって，一般的なモノづくりの場面ではEMS（electronics manufacturing service: 電子機器製造受託サービス），そして半導体業界ではファウンドリといった製造に強みをもつ業態が出現するにいたった。

　たとえばアップル（Apple）は，世界において独自のGVC（global value chain: グローバル・バリューチェーン）を生成し，これを構成する一連の活動なかでも製品の開発・デザインやマーケティングといった収益性の高い活動だけに特化し，台湾のEMSであるホンハイにiPhoneの製造をアウトソーシングしうる。また台湾のTSMC（Taiwan Semiconductor Manufacturing Company: 台湾積体電路製造股份有限公司）は，半導体チップの設計を行うものの工場をもたないアップルやエヌビディア（NVIDIA）などのファブレスから半導体の製造を受託する強力なファウンドリなのである。

　こうした特化のすぐれた進展は，原初的なみえざる手の局面ではまだ確認されなかった。だが，消えゆく手の局面において，機能の特化とケイパビリティの一般化とが結合することで，GPT（general purpose technologies: ゼネラル・パーパス・テクノロジー）をもつ有力な主体が生まれ，特定の企業・製品のブランドにしばられることなく，さまざまな企業からの生産受託をつうじて高スループット生産を実現できるようになった。このように機能の特化とケイパビリティの一般化との結合が進展をみたという点については，スミス的な分業プロセスが継続し，かなり発展してきたことを示す特徴として解されよう（Langlois, 2007）。

　第4に，まとまりのある機能をもつ要素であるモジュール同士の組み合わせに依拠したシステムであるモジュール型システムは，試行錯誤型学習をつうじたイノベーションを促進し，オプション多様性を実現する。すなわち，「多様なオプションからなる1つのポー

トフォリオ（モジュール型システム）は，1つのポートフォリオのなかの1つのオプション（株式会社の内部で行われる実験）よりも価値がある」（Langlois, 2007, 92）。

モジュール化は，モジュール型システムの採用やこれへの転換を表す。その本質は，デザイナーに多様なオプションを提供することで，意思決定の先延ばしと修正を可能にする点にある。つまりモジュール化は，自由な実験によって生み出された多くのオプションのなかから最適なものを選択することを可能にする（Baldwin, 2023）。そして，システム的な相互依存性に特徴づけられたもつれを取り除き，複雑性を管理するための一般原則とみなされる（Langlois, 2002）。

モジュール化によって，当該システムの参加主体は共通のゲームのルールであるインターフェースにしたがう限り，それぞれのモジュールにかんする詳細な情報をやり取りするというコミュニケーションを省くことができ，厚みのある市場の外部ケイパビリティを利用できるようになる。とはいえ，モジュール型システムが大規模統合型のチャンドラー的企業を完全に駆逐してしまうということにはならないのであって，密なコミュニケーションを要するインテグラル（すり合わせ）型の製品や長期的なコラボレーションに特徴づけられた組織構造は存在しうる（Langlois, 2003, 2007）。

ここで，2つの注釈を記しておきたい。すなわち第1に，本書で採用するケイパビリティ進化の概念は，個人や会社が時間をつうじてより多くの物事をよりすぐれた仕方で実行できるようになるというマルチレベルでの知識成長を含意する（e.g. Foss 1998; Hodgson 1998; Langlois and Robertson 1995; Marshall 1961; Nelson and Winter 1982; Salvato and Vassolo 2018; Schumpeter 1934; Veblen 1919/2012; Winter 2013）。そして本書は，複数のアイデンティティをもつ個人（e.g., Langlois, 2023; Sen, 1999），株式会社や宗教団体などを含む永続的な社団組織としてのコーポレーション（Aoki, 2010a），そして

私有財産制にもとづく市場志向型の政治経済システムとしての資本主義（e.g., Zingales, 2012）といった3つの存在のあいだの相互依存性に焦点をあてたマルチレベル分析のための枠組を模索する。

本章の著者は，かつて福島第一原発事故の通時的な比較制度分析（Taniguchi, 2022）を試みた。そこでは，政治的企業家による認知・行動（ミクロ）を起点に，東京電力，経済産業省（経産省），電気事業連合会（電事連）などからなる原子力村の生成が，福島県という地域（メソ）や政府による政策策定（マクロ）にたいして通時的にどのような影響を及ぼしたかを明らかにするマルチレベル分析の枠組が提示された。

しかし，会社をメソ・レベルに位置づけたマルチレベル分析を志向する場合には，とくに企業の本質とでもいうべき価値創造や価値獲得にかかわる競争優位の確立・持続についての議論を深掘りすることが必要だと思われる（e.g., Bowman and Ambrosini, 2000, 2010; Bapuji et al., 2018; Taniguchi et al., 2023）。さらに法制度主義の視点に立ち，社会における重要なルールの多くは法的なものであり，国家権力によって支えられている点を認識しておく必要もあろう（Deakin et al., 2017）。

第2に，ラングロワの消えゆく手仮説は，決定論的な歴史法則主義に依拠した見解ではないということである。つまりこの仮説は，現在を歴史の終わりとみなす進歩史観であるウィッグ史観とは一線を画す。しかし，彼と彼自身が依拠するチャンドラーの双方にたいして，適切ではない仕方で変化の理論がないという批判を浴びせ，ウィッグ史観のレッテルをはりつけた「非」進化経済学的な研究も存在する（e.g., Lamoreaux et al., 2003, 2004）。

むしろ消えゆく手仮説は，無条件の法則ではなく，歴史的な事象のある特定の流れを示す状態依存的かつ可逆的なトレンドを説明するもので，資本主義の進化においてスミス的な分業プロセスの進展というトレンドがたまたま永続していた事実を明らかにしたにすぎ

ない。とくに，アメリカの過去2世紀をみてみると，19世紀黎明期，南北戦争より前のゼネラリスト型商人が先導する取引志向型の組織にはじまり，専門的な経営者の台頭と大規模設備投資に特徴づけられる19世紀の経営者革命をへて，20世紀と21世紀のニュー・エコノミーの創発・発展がもたらされた。こうしたアメリカ型資本主義の進化プロセスにおいて，一貫してスミス的な分業が進展し続けた点は重要である。

1.2.2. 比較制度分析による会社と
コーポレート・エコノミーの概念化

　ここで，ゲーム理論と現実・歴史情報とを組み合わせることで制度の性質を理解するための一般的な分析枠組を構築した青木昌彦の「比較制度分析」に依拠し，永続的な社団組織としてのコーポレーションが中核をなす政治経済システムであるコーポレート・エコノミーについて検討を加えよう（e.g., Aoki, 2001, 2010a）。とくにその際，比較制度分析が集合認知——集団レベルの認知——システムとしてのコーポレーションという認知的な概念化を試みている点，そしてコーポレーションの進化多様性を基盤としてグローバルな観点から資本主義の進化をとらえている点に焦点をあてよう。

　最初に，比較制度分析に依拠することにより，集合認知システムとしてのコーポレーションの概念化を示すことからはじめよう。すなわち，

　　コーポレーションとは，何らかの合目的な集団活動に従事する複数の自然人からなる自発的・永続的な結合体で，独自のアイデンティティをもち，ルールにもとづいた自己統治型の組織に体化される（Aoki, 2010a, 4: 原著の斜体強調削除）。

つまりコーポレーションは，人の集まりである社団組織として永続

性をもつ。

さらにいえば，宗教，学問，政治などのさまざまなドメインで創発した多様なコーポレーションのなかでも，株式会社は高度な組織形態とみなされる。とくに，株式の所有・譲渡可能性といった制度は，株式会社が財産を所有する能力を支え，その永続性をたしかなものにする。そして株式会社は，永続性をもつがゆえに，生物学的寿命という限界に服した自然人にとっては不可能なことを可能にする。ここで重要な点は，コーポレーションが，個人の生物学的寿命を超えた物的資産の所有・利用にとどまらず，そのメンバー間での認知的分業によって個人の寄せ集めでは不可能な集団認知を可能にすることに求められる。

そして会社は，一連の資産所有者の権利・義務という観点から利害調整を図るためのコーポレート・ガバナンス（CG: corporate governance）のルールを必要とする。他方，集合認知システムという点でいえば，組織アーキテクチャ（OA: organizational architecture）を機能させるうえでステイクホルダーの認知資産が重要な意味をもつ。すなわち，投資家が拡延的認知資産として物的資産（PHA: physical asset）——集合認知の道具として機能するような認知資産——を提供することで，こうした非人的な物的資産を用いて経営者と労働者は，それぞれの人的な認知資産——それぞれ順にMCA（management's cognitive asset）とWCA（worker's cognitive asset）と記される認知資産——をもとに集合認知にかかわる活動をになうのである。

青木は，株式会社にかんしてこれまで経済学者の多くが注目してきたファイナンスの側面にとどまらず，集合認知の組織化の側面にも光をあてた。こうした試みは，企業におけるプリンシパル（本人）とエージェント（代理人）とのインセンティブの整合化を重視する契約理論と，彼らの知識や予想のコーディネーションを重視するケイパビリティ論とを補完的とみなし，これらを統合しようとする流

れに位置づけられよう（e.g., Argyres, 2011; Foss, 2014; Langlois and Foss, 1999; Williamson, 1999）。そして，会社のステイクホルダーのなかでも物的資産の所有者である残余請求権者としての株主の優位性，および法にかんする株主主権をアプリオリに仮定するのではなく，むしろ所有と経営の分離によって特徴づけられた会社における価値分配の多様な仕方を比較・歴史情報をつうじて経験的に明らかにする営みを必要としよう。

　つまり，「株式会社のすべてのメンバー，すなわち人的資産，金融資産，物的資産を提供しているさまざまな資産所有者は，会社の集団活動に何らかの形で参加することにより便益を享受しうる。だが同時に，彼らの利害はそうした経済的便益の分割をめぐって部分的に対立している」（Aoki, 2010a, 11）。そして，「会社の認知・ガバナンス構造にかんするさまざまな様式は，社会・政治・文化的要因のために国ないし地域ごとにクラスターとして生じる傾向がみられた」（ibid., 21）。したがって，会社にかんする組織アーキテクチャとコーポレート・ガバナンスの組み合わせ──OA・CG連結様式（OA-CG linkage）──は，それぞれの国・地域で多様性をもち，その条件次第でうまく機能することもあれば，そうでないこともありうる。

　そして青木は，OA・CG連結様式の多様性を左右する重要な変数として，PHAとの補完性の生成に寄与するかどうかを表すべく認知資産の不可欠性（essentiality）を導入した。ただしMCAは，WCAにたいして戦略を提示し，適切な行動を動機づけることができ，OAにおいて戦略がなければWCAは価値を創造できないという意味で，MCAは程度の差はあれども不可欠だとみなされる（Aoki, 2010a, 33）。

　比較制度分析は，広義にはコーポレーション，そして狭義には株式会社の集合認知の側面とファイナンスの側面の双方に注目したうえで，それぞれに関連する組織アーキテクチャとコーポレート・ガ

バナンスの対としてのOA・CG連結様式の進化多様性をグローバルな観点から同定した。

1.2.3. 政治経済システムとしてのコーポレート・エコノミー

チャンドラーは，株式会社の全般的な歴史を提示したのに加え，アメリカのコーポレート・エコノミーの台頭を適切に描いた（Chandler, 1977）。彼にとって経営史とは，すなわち制度の歴史研究にほかならず，個人，組織，組織間にかんする規則的な行動パターンを解明することが重要だった（Chandler, 1971）。

チャンドラーがこうした視点から導き出した企業の1つの理念型こそ，MBE（modern business enterprise: 近代企業）にほかならない。すなわちそれは，多数の異なるBU（business unit: 事業単位）によって構成されているうえに，常勤の専門的な経営者のヒエラルキーによって管理された統合型の大規模株式会社である。このいわゆるチャンドラー的企業は，1880年代から資本集約産業で生成し，個人の寿命を超えた永続性をもつにいたった（Chandler, 1977）。そして彼は，アメリカの文脈を超えてイギリス，ドイツをも含む国際比較の観点から，企業の競争優位の確立のためには，生産，流通，経営にたいする三又投資が不可欠だと論じた（Chandler, 1990）。

他方，ラングロワは，株式会社における所有と経営の分離によって生じる2つの便益に着目する。すなわち第1に，チャンドラーが描いたように専門的な経営者のヒエラルキーが生じたことによる経営の特化である。第2に，経営にかかわる問題意識やケイパビリティをもたない多数の無機能投資家から大量の資金を調達することを可能にする一方，ポートフォリオ分散をつうじたリスクの軽減が図られたことによるリスク負担の特化である。だが，あいにくこれらの便益は，株式会社における所有と経営の分離という経験的事実の発見者であるアドルフ・バーリ（Adolf Berle）とガーディナー・ミーンズ（Gardiner Means）によって無視された（Langlois, 2007, 2）。

とはいえ，バーリとミーンズの真骨頂は，株式会社において私有財産の崩壊が生じ，株式や債券などを意味する消極財産と，工場や組織などを意味する積極財産とに分離した点に加え，前者がその占有者にたいして会社の利害を与えるだけで会社にたいする支配をともなわないのにたいして，後者がほぼ所有権をもたない個人によって支配されている点を指摘したことに求められよう（Berle and Means, 1932/2000, 347）。

　小規模な私的企業から質的に変貌した大規模株式会社は，私有財産を崩壊させるほどまでに経済において支配的な存在となった。バーリとミーンズの見解では，「コミュニティの義務にかんする説得的なシステム」の構築を前提として，支配者たる経営者を「純粋に中立的なテクノクラシー」に変え，「社会のための利益」にかなうような経営の様式である「第3の道」を実現すべきことになる。

　この点で青木は，比較コーポレート・ガバナンスの文脈で，経営者が株主，労働者による協力から生じる組織準レントの分配にかんするコーディネーションを行ううえで中立的なレフェリーとして機能し，株主主権，労働者支配，経営者支配といった複数均衡が生じる可能性をモデル化した（Aoki, 1984）。本質的にガバナンスは，関係特殊投資のネットワークである企業で生じた準レントの分配をめぐる交渉ルールにかかわる（Zingales, 1998）。もちろん，会社の支配者たる経営者がその交渉を有利にすすめていくような経営者支配は，株式会社が発展した際の所有と経営の分離にともなう現象である。

　経営者支配に注目したロビン・マリス（Robin Marris）は，多数の大規模株式会社によって駆動される市場経済をコーポレート・エコノミーと位置づけた（Marris, 1972）。だが，この文脈の議論では市場経済に代えて，むしろ組織経済という言葉を用いるほうがより適切かもしれない（Simon, 1991）。なぜなら，コーポレート・エコノミーでの価値創造は，市場で個別に取引を行う原子的な個人とい

うより，むしろエンパワーメントを享受し，「パーパス（存在意義）」による行動のコーディネーションが行われる形で集団的な認知活動に従事する組織によって行われるからである（Ghoshal et al., 1999）。実際，すべての会社は，社会における分業の場面で資産を所有・利用するために組織を必要としているだけでなく，法の下で法人格を賦与されているため，肉体・精神をもたない会社それ自体に代わり，実際に認知・行動してくれる自然人を必要としてもいる（Iwai, 1999）。かくして，組織を動かすべく，会社それ自体に代わって意思決定や経営の実践に取り組む経営者やそのチームに求められる創造的・革新的な能力や資質―― DMC（dynamic managerial capabilities: 経営者のダイナミック・ケイパビリティ）――が重要な意味をもつ（本書第6章）。

　前述したように，会社は，法の下で自然人と同様の権利・義務を有する法人とみなされ，その資産（モノ）とその持分を共有する資本家（ヒト）とのあいだに入り込むことによって，ヒトにたいしてはモノとなりうる法人否認説の見方だけでなく，モノにたいしてはヒトになりえもする法人実在説の見方という両義性をもつ。

　法学者がこうした法人企業の制度的特徴のなかでとりわけ強調するのは，株式会社への金融資本の取消不能なコミットメントを株主にたいして容易に実現させられるようになったという点にほかならない。それによって，会社資産は株主ではなく会社それ自体に帰属することになった。株主にとって自分の資産を会社から一方的にひきあげるのが困難になるため，会社にしてみれば，大規模資産を要する巨額なプロジェクト投資や人的資本投資などがより容易に行えるようになるだろう。このような特徴は，「資本のロックイン（capital lock-in）」あるいは「実体の遮断（entity shielding）」などとよばれる（e.g., Blair, 2000; Hansmann et al. 2006; Deakin, 2012, 2017; Stout, 2005）。

　前述したように，会社は，制度経済学，経営史，法学などの多様

な視点から考察されてきた。人々の認知に作用し，彼らの行動を導くことができる道徳や哲学が，制度を永続化する力をもつことに加え，株式会社が，社会制度にとどまらず政治制度となりうる（Berle, 1954）。道徳や哲学などの価値は，信念が個人に，パーパスが会社の行動に，そしてイデオロギーが政治経済にそれぞれ影響を与えるという点で，あらゆる存在にたいして影響を及ぼす（谷口, 2022a）。

　そして，会社が政治制度に転化する点についていえば，21世紀のデジタル時代において，一国のGDP（Gross Domestic Product: 国内総生産）を凌駕するほどの巨大な株式時価総額をもつ少数のコーポレーション——第2章で論じるように，とくに「テック・モノポリー（tech monopolies）」と揶揄されるいわゆるGAFAなどの少数のプラットフォーム企業ないしビッグテック（big tech）——を想起しよう。これらは，自らの経済支配力を政治権力の増大のために悪用し，政治と結託して社会的厚生を犠牲にするかもしれない。われわれは今日，経済支配力と政治権力が相互に働きを強めあうという「メディチの悪循環（Medici's vicious cycle）」のリスクにたいして十分な注意を払う必要がある（Zingales, 2017）。

　とはいえ，バーリ・ミーンズ流の第3の道が示唆する社会制度としての会社の理想像ですら，組織経済としてのコーポレート・エコノミーにおいて容易に実現できるとは限らない。だからこそ，会社の無責任や不適切な国家介入を回避しうるためにも適切なガバナンスが必要となる。この点で，コーポレーションを規範的な領域に位置づけ，その活動に効率性だけでなく社会正義を反映させる必要がある（Deakin, 2017）。

　事実，株式会社における有限責任は，経営に関与しない投資家による無責任・近視眼的な利益追求や判断の放棄を助長しかねない。資本形成のにない手は，資本主義の進化プロセスにおいて投資家から会社それ自体へと移行した。さらに，資本家が会社権力にたいし

て行使してきた経済的な抑止力である市場による判断は，株式会社の興隆によって競争とともに衰退していった（Berle, 1954）。

このように資本主義の進化は，消えゆく手仮説が明らかにしたようにスミス的な分業プロセスを進展させただけでなく，資本のにない手すら変化させもしたといえる。加えて資本主義は，資本の無限増殖を目的としたシステムなのであって，差異性から利潤を生み出すという原理を維持しながら進化してきた（岩井，2000）。チャンドラー的企業，ないし所有と経営の分離に特徴づけられた大規模株式会社は，産業資本主義の重要なにない手となっていた。そして，大量生産による製品を国内市場において安価かつ広範に流通させてきた産業資本主義は，経済のグローバル化と情報化を経験してグローバル資本主義へと変貌し，市場経済の純化をおしすすめたことで不安定な存在と化した（岩井，2000）。

この過程において，価値創造の源泉は容易に専有化できない稀少な資産，すなわち人的な認知資産へとシフトしてきたため，ガバナンスにかんしていえば，物的資産の所有権にかかわる残余コントロール権と比べて，自分の人生をかけた投資に従事する才能にめぐまれた創造的な人材のエンパワーメントを実現するための所有権の役割のほうが重要性を増してきたようにみえる（Rajan and Zingales, 2000）。

この点で，ビッグテックによるスタートアップ企業の買収をつうじたプロフェッショナル人材の獲得を考えよう。グローバルな規模でのエコシステムの創造によってデータを差異化し，利潤を生み出してきたビッグテックは，有望なスタートアップ企業を買収した結果，稀少かつ専門的なグローバル人材を囲いこむ。ビッグテックの経営者は，そうした稀少なナレッジワーカーを粗末に扱って彼らの尊厳を損ねたり，あるいは彼らの選好に反するような仕方で強引に伝統的な株主価値を追求するとすれば，両者の関係はやがて破綻し，彼ら志の高い有能な人材による市場への退出を招来するかもしれな

い（Aoki, 2010a）。

したがって，資本に求められる要件をもっぱら抵当化の可能性に限定し，貨幣ないし資産の貨幣価値を資本とみなす仕方にたいして，本書は与するものではない（e.g., Hodgson, 2014）。資本主義の進化にともない，社会科学の諸分野において物的資本，金融資本にとどまることなく，人的資本，社会関係資本などといった一連の新しい概念が生まれてきたのには，それなりの理由がある。とくに今日の「VUCA（volatile, uncertain, complex, and ambiguous: 流動的で，不確実で，複雑で，曖昧な）」世界では，より多くのイノベーションが求められるにつれて，すぐれた人的資本の重要性が高まってきた（Zingales, 2000）。

たとえば，2022年に生成AIのChat GPTを発表して注目されたオープンAI（OpenAI）は，非営利法人のオープンAI, Inc.（OpenAI, Inc.: 以下，Inc），その完全子会社のオープンAI GP LLC（OpenAI GP LLC: 以下，GP），Incが所有しGPが支配する持株会社，利益上限つき会社である営利法人のOpenAI Global, LLC: 以下，Global）からなる。つまり，非営利法人による営利法人のガバナンスという形態を採用する。そしてこの企業は，「すべての人類にとって安全かつ有益なAGI（Artificial General Intelligence: 汎用人工知能）の開発」をパーパスとして掲げている。こうした高貴な思想の下に2015年，非営利的な研究組織として設立されたのである。その後，2019年には，技術開発に必要な多額の資金調達のために営利的なGlobalを設立し，マイクロソフト（Microsoft）などからの投資をうけいれた（https://openai.com/our-structure）。

しかし，この企業では2023年11月に突然，理事会によってサム・アルトマン（Sam Altman）CEOが解任されるという事件がおきた。その原因については，現時点ですらくわしく説明されていないが，AI（Artificial Intelligence: 人工知能）の安全性を重視するEA（effective altruism: 効果的利他主義）を支持する理事会が，AIにかん

する技術開発を優先するe/acc（effective accelerationsim: 効果的加速主義）を支持するアルトマンを解任したのではないか，と解されている。

　だが重要な点は，オープンAIの共同創業者の1人であるグレッグ・ブロックマン（Greg Brockman）もアルトマンに連帯して当社を辞職し，マイクロソフトへ転職する道を選んだだけでなく，オープンAIの従業員のほぼすべても彼らに同調したという事実である。マイクロソフトのケビン・スコット（Kevin Scott）CTOは，そうした従業員に向けて，自社の新しいAI研究所でアルトマンと一緒に働きたいという彼らの熱意に謝意を示し，前職と同額の報酬を支払うというメッセージをXにポストした（X@kevin_scott, November 21, 2023）。

　さらに，彼らはその前日，オープンAIの理事会にたいして総退陣を求める文書を提出し，彼らの労働環境の復元を求めたのだった。すなわち，

　　　われわれは，能力，判断力，そして自社のミッションや従業員への配慮を欠いた人々のために，あるいはそうした人々と一緒に，働くことはできない。われわれは，以下に署名することで，オープンAIを辞め，サム・アルトマンとグレッグ・ブロックマンが新たに立ち上げるマイクロソフトの子会社に参画する。既存の理事会メンバーが総退陣し，（…）サム・アルトマンとグレッグ・ブロックマンを復職させないのであれば，われわれはすみやかに行動を実行にうつす（https://s.wsj.net/public/resources/documents/openai-letter-board-2023.pdf）。

しかも，従業員770名のうち90％超が当文書に署名し，理事会にたいして脅しをかけたという。

　こうした「従業員革命」が奏功したこともあり，結果的にアルト

マンとブロックマンの2人はオープンAIに復職することとなった。従業員革命家は、もはや組織という機械の部品でもなく、経営者にとって従順なエージェントでもない。彼らは、人類を対象とした高貴なパーパスに共感して入社し、最先端をいくエンジニアとしての矜持をもってチームとして仕事に取り組んでいるのである。彼らのケイパビリティは、特定の文脈に埋没してしまうような企業特殊的なものではなく、むしろ、すぐれたチームと創造的な労働環境さえ用意されれば、広範な文脈に適用しうるという意味で一般的特殊性（Stigler, 1951）をもった人的資本とみなすほうがより適切だと思われる。

　他方、日本でも人的資本経営をつうじた個人のリスキリングなどのケイパビリティ進化が支持されつつる。その契機の1つとなったのが、『人材版伊藤レポート』（経済産業省、2020）である。それによれば、企業には、基本的なパーパスに立ち返り、持続的な価値創造を志向し、CHRO（Chief Human Resource Officer）の設置をつうじた人的資本経営の実行が求められる。

　こうした動きは、2021年6月のコーポレート・ガバナンス・コード改訂に反映され、人的資本投資とその開示が強調された。そして、人的資本経営による価値創造の促進に向けて実践の事例やアイデアを広く共有すべく、『人材版伊藤レポート2.0』（経済産業省、2022）が新たに発表されるにいたった。本書第5章では、これら2つのレポートに先立って2014年に発表された『伊藤レポート』（経済産業省、2014）に焦点をあて、それが日本のコーポレート・ガバナンスの制度変化の指針となった点を検討する。

　アルトマン解任後、オープンAIの暫定的CEOをつとめたミラ・ムラティ（Mira Murati）CTOが述べたように、「オープンAIは人がいなければ何物でもなくなってしまう」（X@miramurati, November 20, 2023）ということである。とりわけ会社の価値創造や価値獲得にとって、すぐれた希少人材がもつ最先端のケイパビリティが不可欠

となり，重要な差異性をもたらす源泉になるにつれて，会社はその人材を手放したくないとますます感じるようになるだろう。他方，その人材は，会社にたいする交渉力を高められるだろう。

こうした状況において，その人材が会社にたいして，「公正な賃金，従業員の安全，大衆向けの合理的なサービス，そして事業の安定化」（Berle and Means, 1932/2000, 356）に特徴づけられたバーリ・ミーンズ流の第3の道はもとより，世界規模・人類規模のグランド・チャレンジにかかわる問題解決を会社にたいして強く求め，積極的に発言したり，従業員革命に着手することは大いにありうる。結果的に会社は，その人材が市場へと退出するのを防御するために，その発言を無視するわけにはいかなくなる。

ここで，これまでの議論をふまえたうえでコーポレート・エコノミーの概念化を試みよう。すなわち，

コーポレート・エコノミーとは，会社，政府，業界団体，宗教団体などの多様なコーポレーション（永続的な社団組織）を中核とした政治経済システムである。このシステムにおいては，何らかのコーポレーションが政治と結託して社会的厚生の損失をもたらすことがないようにそれを規律づけるだけでなく，一連のスティクホルダーによる無責任や判断の放棄，さらに不適切な国家介入を事前に防御するためのガバナンス・ルールを必要とする。つまり，個人の道徳と合理性を促進し，それぞれを社会正義と集合認知へと昇華させ，多様なコーポレーションに高次の外部性を内部化させるような問題解決のための制度の設計・実効化が求められている。これまでにコーポレート・エコノミーを生み出した資本主義の進化プロセスの今後の進展においてすら，スミス的な特化の進展や差異化が依然として持続していくかもしれないが，だとしても，局所的な利潤追求と大局的なサステナビリティ・トランジションとの適切なバランスが

つねに求められよう。このことは，個人を土台とするマルチレベルの主体・存在によるケイパビリティ進化が不可欠であることを含意する。

1.3. フリードマン・ドクトリンを超えて

1.3.1. フリードマン・ドクトリンとは何か

　国家の境界を超えたグランド・チャレンジのなかには，たとえば，気候変動のように一国の政府がもつ能力では対処しきれないほど重大な外部性にかかわる深刻な問題が含まれる。政府が無能で，個人が非力なとき，何らかの形で会社にたいして交渉力をもつステイクホルダー——たとえば，前節でみた志の高い有能な人材——が，自らが関与する会社にたいして株主価値最大化ないし株主利益最大化以外のパーパスの実現を求めて発言し，左派と右派とのあいだの政治的なイデオロギー対立を超えた高次の問題である重大な外部性の解決を期待するというのは，問題解決のための1つの糸口になりうるのではないだろうか。

　サステナビリティ経営とは何かについて検討するにあたって，「フリードマン・ドクトリン」は1つのベンチマークとなりうる。すなわちそれは，1976年にノーベル経済学賞を受賞したミルトン・フリードマン（Milton Friedman）の見解に由来する。つまり，CSR（corporate social responsibility: 企業の社会的責任）とは，競争環境の下，株主のために利潤の増大に取り組むことにほかならず，それ以外の活動は，短期的にはよき評判の確立につながるかもしれないが，長期的には自由社会の土台を根底からゆるがしかねない，という見解がそれである。

　こうしたフリードマン・ドクトリンは，会社の目的は株式価値最大化であるという流れを社会において支配的なものにし，自然法則

のごとく広く普及させたことで，社会はもとより，自然環境，人類に大きなダメージを及ぼすほどまでになった（Mayer, 2019）。フリードマンは，会社を諸個人の集合体とみなす契約理論的見解に依拠し，会社は諸個人の社会的責任とは異なるいかなる社会的責任も負うべきではなく，ただゲームのルールにしたがってプレイするという点でのみ社会的責任を負うものだ，と考えた（Zingeles, 2020）。彼によれば，資本主義の下で，政府はゲームのルールの決定・調停・遵守にかかわる役割をはたす一方，会社はゲームのルールの範囲内で株主価値最大化を目的として行動する。資本主義は，自発的交換をつうじて経済活動の組織化を実現する競争的なシステムなのであって，そこで会社は，機会主義に堕することなく競争にしたがいさえすればよい（Friedman, 1962）。かくして，慈善的なフィランソロピーも，芸術文化支援を意図したメセナも，いずれにせよ会社にとって不要な社会活動ということになる。これらは，自由社会の土台を破壊するものでしかない。

　フリードマンがかつて在籍していたシカゴ大学（University of Chicago）にあるスティグラー・センター（Stigler Center）は，彼の論考が発表された1970年から50年が経過した2020年に彼の記念論文集を発表した。そのなかで，2016年のノーベル経済学賞受賞者であるオリバー・ハート（Oliver Hart）は，政府が十分に適切な仕方で物事を実行できない場合，個人ではなく会社が比較優位をもつような社会活動が存在しうることを，フリードマンが見誤っていた点を指摘する（Hart, 2020）。さらに，外部性が重大な問題になり，向社会的な投資家が現れるようになったとき，彼らは，会社にたいして株主価値最大化ではなく株主厚生最大化（shareholder welfare maximization）を求めるようになる可能性がある（Hart and Zingales, 2022）。われわれは，サステナビリティ時代の会社を検討する際，こうしたパラダイム・シフトを念頭においておく必要があろう。

　その結果，以下の2つの点を認識しておかなければならない。す

なわち第1に，会社は，永続性をもつ社団組織であるコーポレーションの一部をなす。そして，法的装置として，経済組織である企業に法人格を付与し，個人の生物学的寿命を超えた経済活動，および組織における多様なメンバーによる認知的分業によって集合認知を可能にする（e.g., Aoki, 2010a; Deakin, 2012, 2019）。

　第2に，局所的な利益追求を超えるためのサステナビリティ経営におけるパーパスの重要性についてである。オックスフォード大学（University of Oxford）のコリン・メイヤー（Colin Mayer）が中心人物の1人として執筆にかかわったEPI（2020）は，パーパスが「なぜ会社は存在するのか」という存在意義を意味するものとみなし，会社が社会問題を生み出すことによる利潤追求を否定する。さらにパーパスは，「どのように会社は行動するのか」という価値観，「会社は何をするのか」というミッション，そして「会社はどこにインパクトを生み出そうとしているのか」というビジョンとは異なる点を指摘する。

　概して経済学では，自由市場の下での利潤や効率性の追求，さらに合理的な経済人による自己利益の追求が強調されてきたため，人間の倫理が等閑視されてきた。われわれは，このように倫理が犠牲にされてきた現状を改善し，利潤とパーパスとをうまくバランスさせるべく人間本性を事業へととりこんでいく必要があろう（e.g., Mayer, 2016; Taniguchi and Fruin, 2022; Taniguchi et al., 2023）。このように，両者の適切なバランスを欠いた「自由放任」の新古典派経済学にもとづき，株主価値最大化を是とするフリードマン・ドクトリンは，市場，もしくは市場の延長にすぎない契約のネクサスとしての会社の一面にしか注力しておらず，サステナビリティ時代においてはもはや陳腐化したようにみうけられる。しかし後述するように，このドクトリンは，アメリカにおいて反ESGという新たな装いをまとって，しぶとく息を吹き返しつつあるようにみうけられる。

　むしろわれわれは，会社にとどまることなく，これを超えたさま

ざまな存在——個人，地域経済，産業，国，地球など——をも含む持続可能性全体を志向したシステムの再配置——生産や消費などの経済活動の様式をよりサステナブルな形へと移行・転換していくというサステナビリティ・トランジション——の促進・ガバナンスの仕方を考える必要があろう。つまり，現代企業がESGやSDGsなどに関連した一連の社会課題の解決に向けた企業家精神を開発・醸成する仕方を理解することが不可欠なのである。そのためには，フリードマン・ドクトリンを超えて，企業の収益性とサステナビリティ・トランジションに向けた高貴なパーパスとの連結が重要なカギとなりうる（e.g., Foss and Grandori, 2020; Mayer, 2019; Taniguchi et al., 2023）。

1.3.2. バーリ・ドッド論争再考

1930年代に法学分野で生じた「バーリ・ドッド論争（Berle-Dodd debate）」は，会社や経営者の役割にかんして株主主権，あるいはステイクホルダー主義のいずれの立場に依拠すべきか，にかかわる大論争とみなされる。換言すれば，会社において経営者に信託された支配力は，株主利益のために向けられるべきである（Berle, 1931），あるいは，株主だけでなく従業員や消費者などのステイクホルダーの信託者たる経営者は，利潤追求にとどまらない社会的責任をはたすべきである（Dodd, 1932），といった会社の基本的な存在理由にかかわる論争だった。結局のところバーリは，会社が大学への寄附行為などの社会貢献に従事する現実的な変化をふまえ，エドウィン・ドッド（Edwin Dodd）のステイクホルダー主義に譲歩するにいたったのだが（Berle, 1954, 1959）。

しかしサステナビリティ時代において，バーリ・ドッド論争において示された2つの立場を相互背反的なものとみなすことはミスリーディングであり，会社の財務パフォーマンスを改善するためのコーポレート・ガバナンスは，会社の社会的なインパクトにかかわる

他の問題を悪化させてしまうかもしれない点に注意しなければならない（本書第5章）。そのため，株主に代わって経営をモニター（監視）する取締役は，会社の財務パフォーマンスだけでなく，会社そのものの真摯さ，そして会社が社会問題を生み出すリスクをもあまねくモニターすべきなのである（Hill, 2020）。

　すなわち今日，会社を概念化するうえで，株主主権とステイクホルダー主義といった立場を二者択一的にとらえる見方はいくぶん時代遅れだといえるのかもしれない。したがって，両者の緊張関係を示すために用いられてきた左右に揺れ動く振り子のアナロジーはもはや機能しなくなったように思われる。むしろ，矛盾するようにみえる両者の立場を高次で止揚（アウフヘーベン）する必要があろう。この点で，HBS（Harvard Business School: ハーバード・ビジネススクール）のレベッカ・ヘンダーソン（Rebecca Henderson）がいうパーパス主導型企業は示唆的である（Henderson, 2020）。つまり，短期的な株主価値最大化ではなく社会ではたすべきミッションを優先するとともに，すべての従業員にとって個人成長の機会や信頼をもたらすような大局的な共有価値を重視する企業であり，そこでは，共有価値に根差したパーパスが全社でうけいれられている。

　そして，パーパス主導型企業に向けた転換は，パズルのピースの1つの改善を積み重ねていくタイプのインクリメンタル・イノベーションではなく，パズルのピースの組み合わせ方を根本から変えてしまうタイプのアークテキチュラル・イノベーションとして特徴づけられる（Henderson, 2020, 2021）。こうした変革は，既存事業を掘り下げる掘削（知の深化: exploitation）と新規事業の創造・開拓に取り組む探査（知の探索: exploration）とを同時追求するのに必要な両利き（ambidexterity）としてのDC（dynamic capabilities: ダイナミック・ケイパビリティ）を必要としていよう（e.g., O'Reilly III and Tushman, 2008; Tushman and O'Reilly III, 1996）。漸進的に進展するインクリメンタル・イノベーションとしての掘削による効率性

の増大が探査に必要な資金の実現につながる一方，劇的な変化をともなうラディカル・イノベーションとしての探査によって将来的に掘削を実行するための土台が構築されうる（Lewis et al., 2014）。パーパス主導型企業は，高次のメタ・ケイパビリティとしてのDCの開発・蓄積をつうじて利益とパーパスとを整合させ，両者を同時追求する（e.g., Henderson, 2020; Henderson and Serafeim, 2020; Henderson and Van den Steen, 2015; Taniguchi et al., 2023; Teece, 2016, 2017; Winter, 2003, 2017）。

　しかし，「前サステナビリティ時代」においては，CSRを株主のための利潤最大化——株主価値最大化——とみなすフリードマン・ドクトリン（Friedman, 1970）がたしかに支配的であったようにみえる。実際19世紀以来，「株主志向の会社法のイデオロギー」（Hansmann and Kraakman, 2001, 439）が主流になったという事実は，コーポレート・ガバナンスや会社法にまつわる制度を株主主権のアングロ・アメリカ型モデルへと収斂させるうえで主な圧力として働いた。それによって今日でも，会社は，（1）所有者とは区別される法人格，（2）所有者と経営者にたいする有限責任，（3）投資家による所有権の共有，（4）取締役会の下での経営の委託，（5）持分の譲渡可能性，といった5つの特徴を有することになった（ibid.）。

　株主主権は，株主と経営者が会社を介して結ぶ契約を特徴づけるエージェンシー関係に注力したエージェンシー理論において正当化された。そもそもバーリは，制度経済学者のミーンズと共同で，アメリカの大規模株式会社を対象とした実証研究を行い，株主が経営者を有効にコントロールできない所有と経営の分離という現象を明らかにした（Berle and Means, 1932/2000）。このことは，経営者をプリンシパルである株主のエージェントとみなし，両者のあいだの情報の非対称性やインセンティブの不整合から生じるエージェンシー費用を節約することで，株主価値の毀損を防ぐためのコーポレート・ガバナンスの制度設計が論じられる契機となった（e.g., Jensen and Meckling, 1976; Shleifer and Vishny, 1997; Tirole, 2000）。さらに，(1) 会社は契約のネクサスとして機能する法的擬制にすぎず個人ではないので，会社に個人と同列の社会的責任を求めることはミスリーディングである，(2) 会社行動は均衡プロセスの結果とみなされる点で市場行動と何らかわりがないので，会社の内外の区別にかかわる企業境界の問題は意味をなさない（Jensen and Meckling, 1976）。市場メカニズムは，ユビキタスに作用しうるということである。

　問題は，経営者がエージェンシー関係の下では株主にたいするロイヤルティ（忠誠）を欠いてモラル・ハザードに堕し，株主の便益を犠牲にしてまで自己利益を過剰に追求してしまうという点にある。そのため経済学者は，こうしたエージェンシー問題を是正するための最適な制度設計や資本構成の研究をすすめてきた。そして，株主主権にもとづくエージェンシー理論が大学やビジネススクールの学生たちにたいして教育されてきたため，理論，実務にかかわらず株主価値最大化を是とするイデオロギーが主流となり，それにもとづいた無道徳な理論が将来の経営者候補である学生たちを道徳的責任や社会的義務から解き放つことになった（Ghoshal, 2005）。

　ただし，ランドール・モルク（Randall Morck）によれば，支配的なエージェンシー理論が想定しているケースは，エージェンシー問題の一面をとらえているにすぎない。すなわちこのケースは，ある主体が他者のエージェントとして行動すべき場合に（それによって社会的厚生がより大きくなるが），自分のために行動してしまう失敗——タイプⅠのエージェンシー問題——に該当する。しかし，また別のタイプⅡのエージェンシー問題が生じる可能性が残されているのである。つまりそれは，ある主体が自分のために行動すべき場合に（それによって社会的厚生がより大きくなるが），他者のためにエージェントとして行動してしまう失敗を表す（Morck, 2008）。

　モルクは，ロイヤルティにもとづく自己犠牲行動から満足感をえるという人間本性に着目した。さらに，取締役会を構成するメンバ

ーがCEOにたいして過剰なロイヤルティを示し，その権力に過剰なまでに服従してしまう傾向に注目した。その結果，CEOの悪い戦略を本来モニターすべきはずの取締役がCEOに過剰服従することに起因したガバナンス不全が会社の悪いパフォーマンスをもたらしてしまう可能性を問題視したのだった。モルクによれば，人間は，自己利益の追求だけではなく，反面，権力者にロイヤルティを示すことで自己犠牲の追求によっても，効用を高められる。

　だがエージェンシー理論は，個人の狭小な自己利益の追求にのみフォーカスし，会社の株主価値最大化を目的関数として想定している。かくしてこの理論では，われわれがサステナビリティ時代をむかえ，地球，国，人類などにかかわる気候変動，貧困，食糧不足，高齢化社会などの難問であるグランド・チャレンジに直面したとしても，会社をつうじてこれらの課題を解決する余地は認められない。もちろん，会社がこうした問題解決に従事する際のミクロ的基礎は個人の向社会的行動によって構成されよう。しかしエージェンシー理論にとって，個人による自己利益の追求からの逸脱や会社によるグランド・チャレンジへの取り組みは，株主価値最大化を妨げる費用でしかない。

　エージェンシー理論をはじめとする主流派経済学の人間モデルは，合理的な経済人（ホモ・エコノミカス．別名エコノミック・マンないしエコン）にほかならない。経済人は，社会から切り離された存在で自己利益の追求を最適な仕方で実行する。しかし現実世界の人間（ホモ・サピエンス）は，コミュニティにおける社会的義務をもたない過少社会化された経済人でもなく，制度に規定された社会的義務に従属した過剰社会化された社会学人（ソシオロジカル・マン）でもないのであって，社会のネットワークのなかに埋め込まれる形で他者と相互作用している（e.g., Granovetter, 1985）。

　たとえば，江戸時代の日本の村落共同体でみられた村八分の慣習は，そのメンバーが農業生産のためにみんなで利用する灌漑システ

ムの管理・メンテナンスに参加するかしないか次第で，社会生活において協力的な扱いをうけるか社会的に排除されるかを決めるものだった（e.g., Aoki, 2001; 玉城, 1982）。こうした慣行は，経済取引と社会的交換とを連結することで村人のインセンティブ制約を緩和した（Aoki, 2001）。さらに，「灌漑システムの管理・メンテナンスに参加しなければ，社会生活で村八分にあうことになるだろう」という期待を生み出し，灌漑システムの管理・メンテナンスと村の協力的な社会生活の双方が安定的に実現するにいたった。

　かつてHBS学長をつとめたウォレス・ドナム（Wallace Donham）は，すべての個人にたいして，自分の経済的地位と社会的義務とを調和する必要性を説いた（Donham, 1927a）。とくに経営者という職業にかんしていえば，生物学的に安定した人間本性と急速な環境変化の双方を扱う倫理学の構築と実務的な倫理システムの開発を求める一方，会社内の関係のガバナンスだけでなくコミュニティの他の集団と共生していく権利をも勘案すべきだと考えた（Donham, 1927b）。かくして，経済的な利益追求と社会的義務に根差した向社会的行動との調和に加え，会社内外のステイクホルダーのコーディネーションに目配せしていた点でいえば，ドナムの見解に向社会的なステイクホルダー主義の萌芽が確認されよう。

　さらに，向社会的行動を促すモチベーションとして，（1）善行に取り組む内発的な利他主義，（2）寄附金が税控除の対象となる場合に寄附を行うといった物質的なインセンティブ，（3）「自分がどんな人か」を決める行動に配慮するといった他者の眼と自分の眼からみたイメージへの関心，といった3つが指摘できよう（Bénabou and Tirole, 2010）。ここでは，イメージへの関心を考慮に入れた場合にえられる重要な命題を記しておきたい（ibid., 8）。すなわち，

命題1. 向社会的行動は，その可視性，すなわちそれが社会からの敬意にもたらすインパクトが大きくなると増える。

> **命題2**. イメージへの関心が大きい場合，物質的なインセンティブの影響力は弱まっていく（あるいは，ゼロにもなりうる）。

したがって，向社会的行動を促進するためには，その可視性を高めるとともに主体がイメージへの関心を大きくするような仕掛けが必要となろう。

　この点でいえば，ソニーグループ（本書第5章）や丸井グループ（本書第6章やインタビュー（I））などのように，社会にたいして共有価値やパーパスを主体的・先制的に発信することで社会課題解決への取り組みを可視化していく一方，投資家を含むすべてのステイクホルダーとの対話をつうじて自社のイメージへの関心を再帰的に高めていくことが求められる。それとは対照的に，「ESGウォッシュ」や「グリーン・ウォッシュ」などの中身のない表面的なみせかけのために資源を浪費している会社も存在している事実を忘れてはいけない。こうした会社では，パーパスに根差した企業文化が生成・共有されることはなく，サステナビリティ時代の会社に求められる多面的な問題解決ができないばかりか，そのために不可欠なケイパビリティを創造することもかなわない。

　エージェンシー関係の文脈におかれた経営者は，向社会的な投資家からステイクホルダー主義とみせかけて資金を集めつつ，彼らの便益を犠牲にして経営主義にはしることもありうる。株主からの隔絶が進展し，彼らにたいする説明責任が少なくなれば，経営者自身の自己利益の追求にとって有利になっていく。だがそれによって，株主や経済全体に破壊的な影響がもたらされうる（Bechuk and Tallarita, 2020）。

　もちろん本書は，やみくもにステイクホルダー主義を擁護するものではない。したがって，会社は広範なステイクホルダーにたいす

る社会的責任をはたすべきであり，向社会的行動を志向すべきだ，という規範的な主張に終始するつもりはない。むしろ，NST（new stakeholder theory: 新ステイクホルダー理論）がいうように，急速な環境変化のなかで進化しうる会社の戦略や社会的役割を説明する明確な基準をもつ理論が必要だと考える（e.g., McGahan, 2021, 2023）。NSTは，ステイクホルダーがもつ複数アイデンティティ——たとえば，従業員であると同時にESG投資家である，あるいは，株主であると同時に顧客であるなど——を勘案し，ステイクホルダー・エンフランチャイズメント（会社とステイクホルダーとのあいだの紐帯の寿命），および価値分配（会社で実現可能になった価値の分配の仕方）を説明しようと試みる。会社で生み出される価値は，ステイクホルダーがそれぞれの資源を共同価値創造にコミットしなければ実現しない（McGahan, 2021）。そして価値分配では，分配的正義が問題になろう（Donaldson and Preston, 1995）。

　さらに本書は，日本の文脈に焦点をあて，国を動かすリーダーが求められる点を主張する。とくに，生成AIやEV（Electric Vehicle: 電気自動車）の台頭などに代表されるテクノロジーの進化や気候変動の深刻化などによって環境の不確実性がますます高まり，変化が加速しているグローバル経済における日本の立ち遅れは，VUCA世界のなかで多くの創発的問題が生じているにもかかわらず，国の政治経済を動かすべきリーダーの大衆化・高齢化，それにともなう彼らのケイパビリティの劣化・陳腐化によって，CDギャップ（人間のケイパビリティ［Capabilities］と環境が突きつける問題の難しさ［Difficulties］とのあいだに存在するギャップ: e.g., Heiner, 1983; Taniguchi and Fruin, 2022）が拡大している点に起因するように思われる。ここで，日本の危機を克服し，真の意味で持続可能な発展を実現するためには，国家の比較制度分析（本書第3章）が重要な意味をもつと論じておこう。

補論．サステナビリティ時代のイデオロギー対立
——アメリカにおける ESG と反ESG

2019年8月，アメリカ大企業の財界団体であるビジネス・ラウンドテーブル（Business Roundtable: 以下，BRT）が「Statement on the Purpose of a Corporation」（会社のパーパスにかんするステートメント：以下，BRTステートメント）を発表した。このなかで，会社がすべてのステイクホルダーに価値をもたらすような仕方でステイクホルダー資本主義への転換を支持する，という雄弁な主張がなされた。こうしたBRTによる画期的な試みは，世界のリーダーたちにたいしてパーパスに依拠したステイクホルダー経営の重要性を認識させたという意味で，1つのマイルストーンとなったことにまちがいはないだろう。

しかし問題は，その後，パーパス主導型のステイクホルダー経営が実効化されてきたかどうかである。実際，2019年のBRTステートメントは「ショー」であった可能性が高く，BRT参加会社にステイクホルダー経営への転換の意図はなかったのではないか，という懐疑的なスタンスを示す重要な研究が存在する（Bebchuk and Tallarita, 2022）。この研究は，BRTステートメントの発表に名を連ねた181社を対象として，これらが発表後2年のあいだに発行してきた一連の刊行物を調査した。主な結果は，(1) コーポレート・ガバナンス・ガイドラインを変更した会社は一般的にステイクホルダー経営にかんする言葉を追記していないし，ほとんどが株主主権の支持にとどまったままである，(2) ほとんどの会社が株主総会招集通知においてBRTステートメントに名を連ねたことさえ言及していない，(3) すべての会社が株主価値と連動する形で取締役報酬を支払い続けており，ステイクホルダー経営の指標を採用していない。すなわち，パーパス主導型のステイクホルダー経営の必要性を主張しはじめた張本人がそれを実効化しておらず，依然として株主主権が支配的だということが明らかになった。

さらに特筆すべきは，アメリカにおいては政治分野で明確な反ESGの動きが生じつつあるという事実である。とりわけアメリカでは，次期大統領選挙を2024年にひかえるなかで，「ESGか反ESGか」は政治的な問題とみなされるようになり，政治的なスタンスやイデオロギーの論争点——単純化すれば，「民主党か，共和党か」——へと還元されつつある。こうした対立は，少なくともドナルド・トランプ（Donald Trump）政権の末期にさかのぼることができよう。2020年11月のこと，彼は大統領選挙で敗北していたにもかかわらず，反ESGのスタンスをとるブライアン・ブルックス（Brian Brooks）の下でアメリカ通貨

監督庁（OCC: US Office of the Comptroller of the Currency）は，CO_2排出によってかならずしも環境友好的とはいえない石油ガス業界にたいする融資を銀行に継続させようとする「フェア・アクセス・ルール（Fair Access Rule）」を提案した。そして結果的に，このルールは2021年1月に公布され，4月には施行される予定だった。しかし，公布後まもなくして施行延期が発表された（Price and Dollar, 2021）。このルールの苦し紛れの導入は，共和党の政治力をつうじた石油ガス業界による巻き返しだったと解されよう。

さらに，共和党が支配する19州の司法長官は，ブラックロック（BlackRock）のラリー・フィンク（Larry Fink）CEOに向けて反ESGレターを送った。周知のごとくフィンクは，投資先企業に「フィンク・レター（Fink Letter）」を送り，会社のESGへの取り組みを後押してきたESGのアイコンだった。彼が手にした反ESGレターの内容は，ガバナンスにかんして多様な目的を掲げたブラックロックの活動は州法に抵触するおそれがあること，そして，市民の貴重な資金を最大可能な投資リターンの実現に向けて有効に活用していないようにみえる，などといったものだった（Heim, 2022）。

先の19州には含まれていないが，フロリダ州でも反ESGの動きがあった。2023年5月，反ESGのアイコンであるロン・デサンティス（Ron DeSantis）知事が州の公的資金をESG投資に回すことを禁じる州法案に署名した。彼は，2024年の大統領選挙に出馬を予定していたこともあり，保守派の支持を固めるべく反ESGを政争の道具として利用したようにもみえる（彼は結局，共和党予備選挙に立候補したものの，2024年1月に共和党候補者の指名争いからの撤退を発表した）。他方，ESGアイコンであるフィンクは2023年6月，ESGが政争の道具として利用されていることを鑑み，この政争にかかわりたくないので，ESGという言葉を今後つかうことはないと述べた（Frank, 2023）。

株主主権とステイクホルダー主義のあいだを左右に揺れ動いていた振り子は，どうやらアメリカでは，政治のドメインでそれぞれリベラル派のESGと保守派の反ESGといったイデオロギーの装いを新たに身につけ，保守派の反ESGのほうへと——右派サイドへと——揺れ戻しつつある。その背後には，株主総会におけるESG関連の株主提案の質の低下もさることながら，2022年2月にはじまったロシアによるウクライナ侵攻に起因したエネルギー価格の高騰があることは否定できないだろう。さらに，2023年10月にはじまったイスラエル・ガザ戦争によって，世界情勢をとりまく不確実性はより高まったといってよい。

1.4. 本書の概要

　以下，本書におさめられた各章の要約を示しておくので，本書の読者が学習・研究をより有効にすすめていくうえでの導きの地図として，それを活用して頂きたい。

　「第I部　理論・分析編」は，本章から第3章までを含む。「第2章　サステナビリティ時代の会社」では，サステナビリティ時代の会社という本書の主題に焦点をあてる。従来，会社の持続可能性といえば，利益追求や財務パフォーマンスにかかわりのある持続的競争優位という戦略論の概念と結びつけられてきた。だが，この持続可能性は，概して局所的なものにすぎない。21世紀の環境変化をふまえれば，会社より高次の地域社会や地球などの大局的持続可能性を犠牲にして，自社のレント（超過利潤）の実現に特徴づけられた局所的持続可能性をもっぱら優先するような会社は存続が危ぶまれうる。

　「第3章　国家のサステナビリティの政治経済学に向けて」では，比較制度分析の視点から国家をゲームの均衡とみなし，ミクロ・レベルで個人が大衆化する結果，マクロ・レベルでは国家のサステナビリティが損なわれてしまう可能性について論じる。大衆化の進展というプロセスにおいては，特別なケイパビリティをもたずに自分の現状に満足してしまう凡庸な人間としての大衆人（mass man）が，特別なケイパビリティをもち高次の規範にしたがう選ばれし人間としての高貴人（noble man）を駆逐していく。

　「第II部　事例研究編」は，第4章から第6章までを含む。「第4章 地域経済の発展とサステナビリティ経営──小田原モデル」は，小田原市周辺地域に存在する企業やNPO（nonprofit organization: 非営利組織）などの観察からえた経験的事実を土台として，サステナビリティ経営の1つの理念型──小田原モデル──を導き出すことを目的とする。小田原モデルは，当該地域における多様な組織が

二宮尊徳の報徳思想という共有価値にもとづいたサステナブル経営のあり方である。

「第5章　サステナビリティ経営とパーパス──ソニーグループ」は，21世紀のVUCA世界において1つの大きな潮流となりつつあるように，ROE（return on equity: 株主資本利益率）を超えてパーパスに根差したサステナビリティ経営をどう実現していくべきかを検討することを目的とする。とくに，日本経済の失われた30年における日本企業の衰退という厳しい現実に目を向け，2014年のいわゆる『伊藤レポート』が少なくともROE8％を目標とするというコーポレート・ガバナンスをめぐる制度変化を導くフォーカル・ポイント（Schelling, 1960）として機能したことを論じる。

「第6章　サステナビリティ経営とDMC──丸井グループ」では，丸井グループのサステナビリティ経営にかんする事例研究を試みる。とくに創業家3代目 青井浩代表取締役社長CEOを中心に当社がどのようにESGへの取り組みを強化してきたかを論じるつもりである。青井社長は，未来投資・小売・フィンテックといった三位一体の事業展開をつうじて「インクルージョンの丸井」という新機軸を構築しつつある。そして，青井社長がサステナビリティ経営を実践するうえで，どのようなメンタル・モデルを抱いているのかについて浮き彫りにする。

そして，「第III部：インタビュー編」では，サステナビリティ経営にかかわる興味深い取り組みをされてきたお三方を対象にインタビューをさせて頂き，サステナビリティ時代の会社やリーダーのあり方についてご意見を伺った。基本的にはその際，(1) VUCA時代のリーダーに求められる要件，(2) リーダー観と人間観について，(3) 課題先進国 日本の今後，(4) 将来世代へのメッセージ，を共通テーマとして3つのインタビューを実施した。

すなわち第1に，「インタビュー (I) 人新世における人間観の深耕『サステナビリティ経営の真髄』再考」では，本書第6章でも取

り上げた青井社長に焦点をあてる。彼は，『サステナビリティ経営の真髄』（2022年，日経BP）を出版された日本・世界を代表するサステナビリティ経営の実践者の1人である。青井社長への超世代的なインタビューにより，21世紀の人新世における経営のあり方，「人間とは何か」という人間観の深耕に加え，気候変動，食糧危機，ロシアによるウクライナ侵攻などのサステナビリティ問題について知見を導く。

　第2に，「インタビュー（II）将来世代のための食のサステナビリティ」では，権浩子　子どもの食卓代表取締役社長に焦点をあてる。彼女は，税理士事務所や外資系証券会社の勤務を経て，第一子の妊娠・出産を機に専業主婦となり，食事への強いこだわりをもつ。その後，自らの経験から，働くママの安心を増やしたいと思い，おいしくて安心・安全な幼児食の普及に取り組む。これまでの食の啓蒙活動，保育園の給食の監修，行政と生産者を守る取り組みなどをふり返り，将来世代のための食のサステナビリティについて知見をえる。

　そして第3に，「インタビュー（III）VUCA世界のリーダー育成と地球のサステナビリティ」では，佐野尚見　松下政経塾前塾長・パナソニックホールディングス元代表取締役副社長に焦点をあてる。とくに彼は，2008年から2021年まで長きにわたり松下政経塾で理事長，塾長をつとめ，政治・経済・経営に携わるリーダー育成に尽力してきた。松下政経塾初代塾長にしてパナソニックホールディングス創業者，そして「経営の神様」としても世界的に知られる松下幸之助翁より直接の薫陶をうけたリーダー育成のプロフェッショナルに，21世紀のVUCA世界に求められる地球規模の理想的なグローバル・リーダー像，そしてリーダーシップのあり方について伺う。

第 2 章

サステナビリティ時代の
会社

2.1. 前サステナビリティ時代からサステナビリティ時代へ

　本章では，サステナビリティ時代の会社という本書の主題について深掘りしていく。従来，会社の持続可能性といえば，利益追求や財務パフォーマンスにかかわりのある持続的競争優位という戦略論の概念と結びつけられてきた（e.g. Barney, 1991, 2002; Teece, 2009）。そして，持続的競争優位の確立のためには，他社の新規参入や模倣を妨げるような何らかの独占的要素――たとえば，独特なブランドやBM（business model: ビジネスモデル）などの隔離メカニズム（Rumelt, 1984）――が求められる。これによって業界平均より高い収益性を実現し，存続・繁栄を続けていくことができれば，利益追求をつうじて会社の持続可能性は満たされるのかもしれない。

　しかし，個々の会社の利益追求は私的で狭小で局所的な話にすぎない。サステナビリティ時代において，諸個人の多様な個性を認め，尊重しあうといったD&I（diversity and inclusion: ダイバーシティ・アンド・インクルージョン）に重きをおき，日常的に地域社会や地球環境にやさしいエシカル消費に取り組むZ世代の若者は，ESGやSDGsに真摯にむきあう会社やその製品・サービスに共感する傾向がある。こうした21世紀の環境変化をふまえれば，会社というレベルより高次の地域社会や地球などの大局的持続可能性を犠牲にして，自社の局所的持続可能性を優先するような会社は存続が危ぶま

れるだろう（谷口，2012）。ESGやSDGsが注目されるサステナビリティ時代において，会社にはより高みに上ることが求められている。

アメリカの大手企業CEOによって構成された財界団体BRTにせよ，資産運用会社ブラックロックのラリー・フィンクCEOによるおなじみの「フィンク・レター」にせよ，株主主権のイデオロギーにもとづく株主利益最大化に代えて，ESGを射程としたステイクホルダー経営を是とする方向へと，多くの経営者のマインドセットをシフトさせるのに寄与してきたようである。そして，サステナビリティ時代の会社は大きく変化しつつあるようにみえる。しかし他方，こうした変化を，前サステナビリティ時代へと引き戻そうとする反ESGの動きも確認されつつある（本書第1章）。たとえば2023年5月，保守派として知られるロン・デサンティス フロリダ州知事は，州の公的資金をESG投資に回すことに加え，ESG債を販売することを禁じる法律に署名した（e.g., Binnie and Kerber, 2023）。また，共和党は同年7月，この月を「ESG月間（ESG month）」とよび，反ESG政策の審議に注力するようになった（e.g., Warmbrodt, 2023）。事実，会社がESGに従事することによって人間の道徳性が搾取され，民主主義に悪影響が生じてしまうといった懸念に注目するウォーク資本主義（woke capitalism）の見方もありうる（Rhodes, 2022）。BRTに加盟している企業のなかでさえ，表面的にESGに従事しているふりをするだけの「ESGウォッシュ」に堕しているものもあることはいなめない（本書第1章）。

しかし，前サステナビリティ時代の代表的な規範であった株主主権は，1830年代以降のアメリカの裁判で生成したが，当時の会社は，株式が市場で流通していない閉鎖的な非公開会社（閉鎖会社）であった。だが後に，この規範は，株式が市場で取引される公開会社にも拡張的に適用されるようになり，すべての株主が平等に扱われる点に加え，株主が非株主のステイクホルダーにたいして優位性

をもつ点を含意するようになった（Smith, 1998）。そして，1919年のミシガン州最高裁判所（Michigan Supreme Court）によるダッジ対フォード判決（*Dodge v. Ford*）は，アメリカの法体系が取締役にたいして株主利益最大化の法的義務を課している，と主張する株主主権論者にとって代表的なエビデンスとして扱われるようになった（Stout, 2008）。

　とくに，フォードの大株主だったヘンリー・フォード（Henry Ford）は，「より安くよりすぐれた車をつくるとともに，より高い賃金を支払う」(ibid., 165) ことを望み，リバールージュ工場（River Rouge factory）建設に向けた特別配当支払の停止を試みたのだった。しかし，当社の少数株主だったジョン（John）とホレス（Horace）のダッジ兄弟は，少数株主を抑圧するようなそうした試みを不服として提訴にふみきった。結局，ミシガン州最高裁判所は，下級審裁判所と同じく特別配当支払を認めたものの，工場建設差し止めについては下級審裁判所の判決を覆すにいたった。他方，裁判官は，事業の意思決定については経営者の裁量に任せるという事業判断原則（business judgment rule）を示した（Bainbridge, 2004）。フォード自身にとって工場建設と高賃金は利潤最大化やレント維持の手段ではなかったのであって，彼はすべてのステイクホルダーへの善行を意図していたようである（Roe, 2021）。

　リン・スタウト（Lynn Stout）は，会社が株主利益の追求にとどまらず，関係特殊投資の促進，ステイクホルダー利益の追求，そして会社自体の存続にも従事しているという現実の正しい理解を妨げかねないという理由で，株主主権論のよりどころとなってきたダッジ対フォード判決を法学教育のために用いるのをやめるべきだ，と論じる（Stout, 2008）。彼女によれば，株主主権論が株主による会社の所有，および唯一の残余請求権者としての株主といった特徴をもつ点を含意するならば，こうした見方は，誤ったエビデンスにもとづく悪い議論とみなされる。むしろ会社において，すべてのステ

イクホルダーが尊重され，彼らにも利益の共有が認められるだろうという期待が生成することで，経営者のロイヤルティ，従業員のコミットメント，そして政府の支持などが促進されるようになり，株主利益の増大に資することになりうる（Stout, 2002）。

対照的にスティーブン・ベインブリッジ（Stephen Bainbridge）によれば，ダッジ対フォード判決は，1919年の時点でよい規範となっていただけでなく，今日でもそうあり続けているので，法学部の教員はこの判決を教育の場面で利用し続けるべきだ，と主張する。そして，この判決は，現代の学界において非公開会社に限定されたルールとしてではなく，一般的な株式会社に広く適用しうるルールとして認識されているという（Bainbridge, 2022）。

しかしダッジ対フォード判決は，1980年代にネオリベラリズムのイデオロギーが台頭するまで学界で無視されてきたのであって，20世紀のあいだはほぼ，アメリカの政治経済の秩序と整合していなかったために有効に活用されてきたとはいえない（Rhee, 2023）。実際のところ，研究者や実務家などのほとんどがコーポレート・ガバナンスの目的として株主利益最大化をうけいれ，株主主権論を支持するようになったのは，1990年代になってからだと考えられている（Stout, 2012a）。その際，1970年に発表されたミルトン・フリードマンの論考（Friedman, 1970）がはたした大きな役割を無視することはできないだろう。

とはいえ，株主利益最大化に根差した思考様式は，さまざまな株主がおり，彼らそれぞれが多様な価値観をもちうるという現実を無視している（Stout, 2012b）。このように株主が異質性をもつ場合の利益相反から生じる費用は，所有権の配分における相対効率を左右しうる（Hansmann, 1988）。したがって株主主権論者は，多様な株主の存在を無視し，「忍耐強さをもたず，機会主義的で，自己破壊的で，さらには他者の利益にたいして精神病質的な無関心を決め込む」（Stout, 2012b, xxi）ような単一的な人間モデルへと，株主を還

元する傾向がある。

　われわれは，スタウトの立場を支持したうえで，法人としての会社の文脈において，株主利益の追求と多様なステイクホルダーの存在を尊重したサステナビリティ経営の追求とを相互背反的にとらえない。そして，株主主権というより取締役主権を容認し，株主が他のステイクホルダーによる関係特殊投資を促進するために自分の手足をしばることにより利益を享受するための手段として取締役主権をみなすものである（Stout, 2002）。かくして，残余請求権者として会社を所有する株主が，彼らのエージェントである取締役を支配するプリンシパルであるというエージェンシー関係は，会社の文脈においては適切とはみなされない。企業の所有者と経営者との人間同士の契約は，エージェンシー関係とみなされるかもしれないが，物理的な肉体をもたない会社は，取締役のように経営を行う人間と契約を結ぶことはできない。つまり，会社と取締役とのあいだには，信頼によって仕事をまかせるという信任関係が存在することにならざるをえない。この関係は，一方が他方の利益のために忠実に仕事をしなければならないという倫理的な忠実義務を負うことによって成り立つのである（岩井, 2021）。岩井克人のいうように，会社と取締役との信任関係は，株主と経営者との契約関係に還元できるものではない。

　次に，前サステナビリティ時代の昭和日本に注目しよう。その頃，戦後復興に向けて経済成長に邁進し，経済成長は至高とみなされた。そして，日本経済のためならば，あるいは会社の存続・成長のためならば，地域社会の犠牲もやむなし。そんな風潮が昭和日本を支配していたのではないかとさえいいうる。そして，昭和生まれのX世代を含め，それよりも年上の高齢者世代のなかには，そうした風潮を当然視している者もいまだにいるかもしれない。人々が経済優先の思考習慣や行動パターンを共有し，それを当然視する。後述するように，経済による人間の認知・行動にたいする支配は，「経済

の根源的独占」とよびうる（Taniguchi and Fruin, 2022）。

　もちろん、経済学的な意味での独占も重要である。会社の持続可能性についての1つの含意である持続的競争優位は、こちらの伝統的な意味にかかわりをもつ。理論的にいえば、独占の下では、無数の企業がプライス・テイカーとして競争するような完全競争市場よりも、生産量が少なく、価格が高く設定される。それによって、デッドウェイト・ロス（社会的厚生損失）が生じてしまい、社会的に非効率な状態がもたらされる。他方で現実的に、独占企業は、地域経済の中核ないし国の中核に君臨し、支配力を行使することで社会に弊害をもたらすことがあった。昭和日本における代表的な公害である水俣病をおこした会社にせよ、昭和日本の石油ショックの救世主たる原子力発電事業に依存し、福島第一原発事故をおこした会社にせよ、独占がもつ負の側面を露呈させた。

　そして、21世紀においてはデジタル化が進展し、さまざまなタスクにデジタル技術が適用されることでオペレーションの効率化や新しいBMの創造などがもたらされた。こうしたデジタル時代をむかえ、独占は新しい属性を示すようになった。こうした新しい独占の象徴的な存在であるテック・モノポリーは、魅力的なマルチサイド・プラットフォームをつくり、そこにより多くのユーザーやより多くのサプライヤーを集めて強力なエコシステムを生み出した。それによって、高い水準の収穫逓増を実現し、最高の人的・物的資産と強大なネットワーク効果を享受することができた（Taniguchi and Dolan, 2018）。テック・モノポリーは、その株式時価総額が国のGDPに匹敵、ないしこれを凌駕するほどまでに大成功をおさめた。しかし他方、市場からの競合他社の排除、そして経済目的のための政治システムの支配といった可能性はいなめない（Lamoreaux, 2019）。この点にたいする懸念は、デジタル化以前の古い独占にもデジタル化以後の新しい独占にもあてはまるだろう。

　ただし古い独占は、企業が既存のレントをめぐって競争を展開す

るような静学競争の下での1つの結果とみなされ，企業はオペレーション効率の改善や競合品の模倣などに取り組んでいた。これにたいして新しい独占は，企業が将来のレントをめぐって競争を展開するような動学競争の下での1つの結果としてとらえられる。この場合，企業は新奇性を導入するためのイノベーションに従事しなければならないのである（Petit and Teece, 2021）。

　資本主義は，時間をつうじて競争の性質の変化をともない発展してきた。しかし資本主義が発展するにつれて，資本収益率（r）は経済成長率（g）を上回るようになった。このことを示す有名な不等式 $r > g$ は，資本主義が格差の拡大をもたらすという含みをもつ（Piketty, 2014）。しかし，ますます豊かになった富裕層は，財力と人脈を駆使して政治との結託を意図しうる。政治と独占企業の癒着によって，資本主義は市場経済ではなく計画経済と手を組むようになる（Zingales, 2012）。この特徴もまた，デジタル化前後にかかわらずあてはまる。とはいえ，こうした問題を解決するうえで，過去を未来に外挿するような見方や現状維持をよしとする不作為は桎梏になりうる（本章第3章）。

2.2.　会社と持続可能性

2.2.1. 持続可能性は会社に限定されない

　経済組織としての企業は，会社という法的装置をつうじて法人格を付与されることによって，個別に行動するそれぞれの主体のケイパビリティを超えた組織的なタスクを実行できるようになる（e.g. Aoki, 2010a; Deakin, 2019）。そして会社は，それぞれの主体のケイパビリティの総和以上となりうる組織ケイパビリティの開発・利用によって長期的によい経営を維持できるとすれば，組織メンバー間の協力に由来する準レントを享受できよう（e.g. Aoki, 2010a; Chandler, 1990, 1992; Fruin, 1983; Nelson and Winter, 1982; Winter,

2017)。こうした準レントの分配は，コーポレート・ガバナンスにかかわる制度の問題なのである（e.g. Aoki, 1984, 2001, 2010a)。したがって，会社の持続可能性を考えるうえでガバナンスを無視できない。

　本章は，会社と持続可能性について検討するが，その際，以下の3つの点を重視する。すなわち第1に，会社は社会において不可欠である。経済活動の中心的なにない手として，人々の雇用，モノの製造・流通，そして新規設備投資などを行っている会社。その存在なくして，われわれの生活は成り立たないという意味で，会社は社会において不可欠である。換言すれば，会社は社会に埋め込まれている。会社は社会のなかに埋め込まれることで，CSRの名の下に将来的な収益の増大のために社会関係資本への投資をすすんで行うようになる（Aoki, 2010a)。このことは，21世紀のサステナビリティ時代における会社によるESGやSDGsへの積極的な取り組みをみれば適切に理解できよう（青井，2022)。

　第2に，われわれは会社の存続・成長を重視する傾向がある。会社には，経済を支える重要な存在として存続し，これまで蓄積してきた技術や知識などのケイパビリティを未来へと継承していくことが期待される。そして，その経済活動にかかわりをもつステイクホルダーをより豊かにすべく，さらなる成長が求められる。会社の存続・成長は，われわれにとって重要事項となる。Penrose（1959）は，会社の本質を考えるうえで，その成長を促進する一方，その成長率を制限する要因が重要な意味をもつことを力説した。彼女によれば，とくに会社の成長は企業家精神によって左右される。

　そして第3に，サステナビリティ時代において，持続可能性は会社に限定されない広がりをもつ。会社が重要な意味をもつことに，まちがいはない。ただし，会社の存続・成長を支えている人々とその家族，そしてそれがオペレーションを展開する地域社会と国，さらには地球への配慮なしには，会社の持続可能性は成り立たない。

したがってわれわれは，会社より低次，高次のレベルにおかれた多様な存在の持続可能性を意識する必要がある。

　つまり，会社もさることながら，個人，グループ，産業，地域経済，国，そして地球といった多様な存在の持続可能性に目配りする必要がある。倫理的により正しいガバナンスをつうじてこれらのあいだの階層化した複数のエージェンシー関係を解決することによって持続可能性を実現すべきだ，と考えられる。そしてその際，品格，尊厳，文化，ダイバーシティがカギになるだろう（Pitelis, 2013）。実際のところ近年，会社には，自己利益の追求を超えた長期的かつ賢明な視点からのパーパスの再定義・実行が求められつつある。

　しかし会社の持続可能性は，利益追求や財務パフォーマンスと結びついた持続的競争優位という戦略論の概念に結びつけられることが多い。製品・サービス，あるいはBMなどの面で際立ちをもつ会社は，競合他社の追随を許さないほど優位な状態を実現している。そうした際立ちは，業界の平均的な水準よりも高い収益，すなわち超過利潤をもたらすものと期待される。

2.2.2. テック・モノポリーの成功と資本主義の変化

　際立った会社は，多くの人々の注目の的になる。そして，社会のさまざまなニーズを画期的な仕方で満たすことで超過利潤のみならず，良好な社会関係資本をも享受できよう。だが反面，その際立ちは競合他社による模倣の対象になりやすい。つまり，その会社の競争優位は，競合他社の模倣によって徐々に崩されていく。したがって，会社の持続可能性を考える際，隔離メカニズムをつうじて他社による模倣を妨げ競争優位をいかに維持できるかがカギとなる（Rumelt, 1984）。このことは，完全競争にかんする経済学の議論を想起すれば理解できるだろう。企業間競争が激しくなるにつれ，新規参入によって超過利潤は消失していく。競争が貫徹した状態では，会社が提供する製品やサービスは，だれの目からみても個性のない

凡庸なコモディティになってしまう。どれも同質的で差別化されていない。そして経営者は，価格と限界費用が一致するよう合理的に生産量を決定するだけの計算機になりさがる。つまりどの経営者も，アプリで片づきそうな凡庸な仕事しかしない。

このように競争の貫徹によって超過利潤が消失した状態は，「ゼロ利潤条件」とよばれる（Teece, 2009）。DC論は，会社がいかにしてゼロ利潤条件を突破し，競争優位の確立・持続を実現できるかを問う。そしてそのカギを，市場でビジネスを行う機会を機敏に発見する「感知」，そのビジネスをものにするためのBMのデザインや投資に取り組むという「捕捉」，そして環境変化をふまえて継続的な変化に取り組んでいく「転換」といった3つの活動に支えられたDCに求める。そして，組織としてDCの開発・創造に成功した企業は，すぐれた経営者が策定するよい戦略，そして企業の歴史をつうじてうけつがれてきた独特な文化や規範のようなシグネチャ・プロセスなどに支えられつつ，イノベーションをつうじて持続的な利潤追求に取り組むことができる（e.g. Teece, 2014, 2016）。

当然，DC論を含む戦略論でいう企業の持続可能性は，個別企業の持続的競争優位といった限定的な意味をもつことに注意しよう。とくに資源ベース論によれば，企業の持続的競争優位はそれがもつ資源の特性によって左右されるという（Barney, 1991, 2002）。つまり，ある資源が価値をもち（V: valuable），稀少（R: rare）であれば競争優位につながるし，さらにそれが競合他社にとって模倣困難（I: inimitable）で，他に代わりの選択肢がない（N: non-substitutable）ということになれば持続的競争優位につながる。したがって，企業の持続的競争優位のカギは，VRINのI——模倣困難性——にあるといえよう。

他方，資源ベース論よりも先んじて競争優位の源泉を考察したのが，ポジショニング論である（Porter, 1980, 1985）。競合他社と比べて，より低いコストで競争に勝ちにいくのか，あるいはより高い質

やサービスで勝ちにいくのか。市場を全体的に攻めるのか，あるいはその一部であるセグメントを狙うのか。ポジショニング論によれば，これらの組み合わせによって，他社とのあいだに違いをつくりだす必要がある。このようにポジショニング論は，異なるKSF（key successful factor: 主要成功要因）にかんする基本戦略を軸としたポジショニングによって競争に勝つ，というシンプルなシナリオを提示した。

　しかし今日，ポジショニング論が対象とした1980年代，そして資源ベース論が対象とした1990年代とは異なる形で，環境は大きく変化した。21世紀において，グローバル化が進展し，人々の活動は国境を越え，市場は拡大した。そしてICTの発展は，人々の行動様式やビジネスの仕方を変え，新しい可能性を生み出した。

　さらにデジタル化の進展によって，人々の生活をはじめ企業の経営にはDX（デジタル・トランスフォーメーション）とよばれるような劇的な変化がもたらされつつある。他方，米中貿易戦争に由来して中国企業がグローバル・サプライチェーンから締め出されるというデカップリングの問題が創発した。そして，習近平総書記下の中国共産党による共同富裕政策をつうじたテンセント（Tencent）やアリババ（Alibaba）など大規模なデジタル企業への規制強化もある。他方，アメリカを母国としたプラットフォーマーとよばれる際立ったビッグ・ファイブ──GAFA（グーグル［Google］，アマゾン［Amazon］，フェイスブック［Facebook］，アップル），あるいはGAFAM（それら4社にマイクロソフトを加えた別名「ビッグ・ファイブ」）などといったアクロニムが示す一連のテック・モノポリー──にたいする規制強化の動きは，EUを中心にグローバルな課題となりつつある。

　会社の持続的競争優位をほぼ一瞬にして吹き飛ばしてしまうほど，デジタル化の破壊力はすさまじい。競争それ自体が，ハイパー・コンペティションなどといわれるほどの劇薬に変貌した。実際，人間

の知能にたいする優越性と人間による制御不能を意味するシンギュラリティに2045年頃には到達するだろうとされるAIはもとより，モノとインターネットとの接続によるデータの有効活用を表すIoT（Internet of Things: モノのインターネット），クラウドを活用して蓄積・解析されるビッグデータは，4IR（The Fourth Industrial Revolutin: 第4次産業革命）の土台になる。そしてわれわれは，移動手段をシームレスに統合するMaaS（Mobility as a Service: サービスとしてのモビリティ），映画やドラマなどのサブスクリプション，そして高齢化社会におけるロボットを活用した介護サービスなど，実に多様なテクノロジーの発展をまのあたりにしている。

　デジタル化に関連したイノベーションの中心には，プラットフォーマーが君臨する。問題は，これらの企業は成功しすぎたがゆえ，国のGDPに匹敵するないしこれを凌駕するほどの株式時価総額をもつ強大な存在になった点にある。そうしたプラットフォーマーは，その強大さのゆえテック・モノポリーとすらよばれているのである。彼らにとって可能なビッグデータの創造・利用を基盤として，資本主義の性質は根底から変わりつつある。そう，監視資本主義である（Zuboff, 2019）。彼らはわれわれの生活のプライベートな部分にまで忍び込み，われわれを一介のデータとして断片化してしまう。われわれが彼らのプラットフォームを利用するたび，われわれの行動履歴は彼らに捕捉されている。

　他方，テック・モノポリーは，魅力的なマルチサイド・プラットフォームをつくり，そこにより多くのユーザーやより多くの補完主体を集めて強力なエコシステムを生み出した。そして，彼らが築きあげた独占のランドスケープを変えてしまうほどのブレイクスルー的なイノベーションに成功した有力な新規参入企業や創発的なプラットフォーマーにたいして，早期に買収をもちかけるなどして過剰に反応してきた（Taniguchi and Dolan, 2018）。

　それにとどまらずテック・モノポリーは，とくに若者同士の社会

的比較を過剰なまでに助長し，彼らのメンタルヘルスの悪化を招くことすらあった。この点にかんして2021年，フェイスブックとインスタグラム（Instagram）は，プロジェクト・デイジー（Project Daisy）というパイロット・プログラムを実行した。その結果，双方のプラットフォームで試験的に「いいね」の数を表示するのをやめた。しかし，この対策によってすらも，10代の若者のメンタルヘルスの悪化を防ぐことはできず，生活の改善につながらないことが示された。にもかかわらず，上級役員たちは，マーク・ザッカーバーグ（Mark Zuckerberg）にたいして，少なくとも表面的には対策を講じているようにみえるという理由により，その採用を進言した（Mak, 2021）。

とはいえ，テック・モノポリーは，われわれの生活を含め一国の政治経済にたいして大きな支配力を行使しうるまでに成長した。彼らは大成功を遂げた。テック・モノポリーが主導するデジタル資本主義は，経済支配力と政治権力が相互に補強しあうといういわゆるメディチ悪循環の温床となりかねない（Zingales, 2017）。

2.2.3. 前サステナビリティ時代の会社

前サステナビリティ時代の会社は，地域経済の中核ないし国の中核に君臨し，独占的な支配力を行使することで社会に弊害をもたらすことがあった。以下，水俣病をひきおこしたチッソ（当時は新日本窒素肥料［新日窒]），そして福島第一原発事故とそれに関連した一連の問題——世界では，総称して「フクシマ（Fukushima)」とよばれる——をおこした東京電力（現在は東京電力ホールディングス）にふれよう（e.g. Taniguchi and D'Agostino, 2012a, b)。第1に，チッソは主に1950年代，それが君臨する企業城下町の水俣において，アセトアルデヒドの製造過程で生成された有機水銀を含んだ工場廃水を垂れ流し，水俣湾や不知火海を汚染した。そこでとれた魚介類を食べた地域住民は，原因不明の奇病に悩まされた。チッソの水俣

工場附属病院長だった細川一は1956年，原因不明の中枢神経系疾患の発生を水俣保健所に届け出た。これにより，水俣病が公式に確認された。そして彼は1959年，アセトアルデヒド製造工程廃水をネコに投与するネコ400号実験によって水俣病の原因を突き止めた。しかしチッソは，結果を公表することなく被害を拡大させた（小林, 2021）。

　結果的に政府がその原因を明らかにし，水俣病として公害認定するまでに十数年もの時間を要した。チッソは，そのあいだですらアセトアルデヒドの製造を続けていた。そして，病気の原因究明に協力しなかっただけでなく，工場では無機水銀を使用しているという虚偽を述べもした。さらに悪いことには，地元漁民との闘争の結果として排水浄化装置を設置することになった場面で，有機水銀除去効果をもたない装置を意図的に設置するという虚偽すら重ねた。それによって，被害がさらに拡大したのはいうまでもない（丸山, 2010）。地域経済に支配力をもつチッソという独占企業は，工場廃水の垂れ流しにより社会的費用を負担せず，地域住民に虚偽を重ねて不利益をもたらし，不当な利潤追求を続けた。つまり，機会主義的行動（モラル・ハザード）に堕してきた。

　第2に，東京電力は，国の中核として独占的な支配力を行使してきた昭和日本を代表する会社だった（谷山, 2012）。そしてこの企業は，給電のための地域独占が認められてきた独占企業である。昭和日本の経済成長を，産業の血液である電力の安定供給，および関連産業への需要創出などをつうじて支えてきた。なかでも，バブル経済の只中にあった1990年に当時の社長 平岩外四が経団連会長に就任した事実は，政財界にたいするこの会社の影響力の大きさを物語っていよう。

　東京電力をはじめとする日本の電力会社は，地域独占だけでなく，電力の安定供給を名目とした発送配電一体，そして投資額に一定比率をかけて適正利潤を算定する総括原価主義を国によって認められ

てきた。その結果，さらなる利潤追求を実現するために，原子力発電所をはじめとする巨額設備への投資インセンティブが与えられた。とくに，田中角栄元首相が著した『日本列島改造論』にもあるように，原子力発電は戦後日本の経済成長の起爆剤と位置づけられた（田中，1972）。そして，実際にそうなった。また，彼が首相時代の1974年に立法したいわゆる電源三法は，日本列島の海岸線を覆いつくすほど活発な原発推進をもたらした。なるほど原発は，昭和日本の経済成長を支えた。

　しかし2011年3月11日，平成日本は東日本大震災を経験した。それにより，マグニチュード9.0の未曾有の大地震と15メートル近い大津波が福島を襲った。福島には，東京電力が運転する福島第一原子力発電所（フクイチ）があった。かつて軍の飛行場や塩田として利用されていた双葉郡の丘陵地に，原発は建設された。この土地は，原発が冷却水として必要な海水を取水しやすくなるよう低く削られた。結果的に原発は，海面により近い高さの土地に建設された（Taniguchi, 2022; Labib, 2014）。しかし，それがあだとなり地下の非常用電源は津波の影響をうけた。結果的に全電源喪失が生じ，冷却水の循環が止まり，冷却水の水面が低下し，それより上に核燃料が露出した。その露出した高温部の燃料被覆管のジルコニウム合金と水蒸気とが反応し，原子炉内で大量の水素が発生した。その結果，原子炉は水素爆発をおこした。放射性物質は近隣地域に飛散し，地域経済は深刻な影響をうけた。

　そもそもフクイチの建設は，福島出身の政治家や経営者が地域経済の持続可能性のためによかれと思ってすすめたものだった。したがって，地域経済の発展の起爆剤であるはずの原発が水素爆発により地域経済の破壊をもたらしたのは，歴史の皮肉としかいいようがない。だが問題は，フクシマは，天災ではなく人災だったという点に加え，いまだに続いているという点にある。大地震と大津波がおきる前に，フクシマはすでにはじまっていた。そして，当時の為政

者が東京オリンピック・パラリンピック誘致のために終息を宣言した後の今も，なお続いている。私は，こうした問題意識を共有するイギリス国営放送BBC（British Broadcasting Corporation: 英国放送協会）の編集者トゥイ・マクリーン（Tui McLean）の依頼をうけ，2021年3月，福島第一原発事故後10年という節目に世界で放映されたBBCの番組に特別協力・出演することとになった[1]。

ある面で独占は，企業にとってはよいことなのかもしれない。なるほど企業にしてみれば，独占は利潤を増やし，それ自体の存続・成長に寄与する点で，その持続可能性を高めてくれる。独占は善である。しかし社会にとって，独占はしばしば取り返しのつかない悲劇をおこすことがある。実際，水俣病や福島第一原発事故は，独占企業によってひきおこされた。独占は悪にもなりうる。このように，独占は二面性をもちうる。

ところで，そもそもポジショニング論は独占のこうした二面性を反映している。ポジショニング論は，社会にとって悪であるはずの独占を，個別企業にとっての善へと逆転したのである。しかし，ポジショニング論の経済学的な基礎となっているハーバード学派の産業組織論（industrial organization: 以下，IO）によれば，独占企業は価格と限界費用が一致する効率的な水準ではなく，それより低い非効率的な水準で生産量を決定する。この決定は，デッドウェイト・ロスという悪をもたらす。IOは，こうした弊害を防ぐために独占企業にたいする独占禁止法など法規制の厳格な適用を求める。他方でポジショニング論は，市場を独り占めする状態が企業に超過利潤をもたらすという善に注目した。では，いかにして独占的な状態をつくり超過利潤につなげられるのか，と。経済学的な意味での独占は，われわれの社会にとって重要な意味をもつ。

2.2.4. 経済の根源的独占

独占には，市場を独り占めするという経済学的な意味での独占も

さることながら，人間の生活様式の独り占めという別の種類の独占もある。オーストリアが生んだ哲学者にして文明批評家のイバン・イリイチ（Ivan Illich）は，人間の生活様式が特定の技術・製品などによって支配される状態を「根源的独占」とよんだ（Illich, 1973）。

たとえばわれわれは，移動手段として自動車を利用することを当然視する。それによって道路の設計にも影響が及び，歩道の幅より車道の幅のほうがますます広くなっていく。近い将来，人間は，テクノロジーの進化によって自動運転を当然視するようになろう。そして今日，他者との通話やチャットの手段としてスマホを利用することを当然視している。スマホの利用が当然視されるにつれ，街から公衆電話が消え，スマホを用いたキャッシュレス決済が浸透し，多くの物事がスマホをつうじて実行可能になっていく。われわれの生活は，スマホで埋め尽くされていく。

なるほど，かつて日本メーカーが優勢だったカメラ業界は，多くの人々がスマホの高性能カメラ機能を用いるようになったため，デジカメが売れなくなり大打撃をこうむった。結果的に，プロ仕様の高級カメラ路線やブロガー向けカメラ路線へとすすまざるをえなくなった（谷口・フルーエン，2021）。ここにも，デジタル・ディスラプションの爪痕がみられる。ある意味で，それはスマホの根源的独占がもたらした影響だとみなされる。

とりわけイリイチは，たとえば移動手段としての自動車が人間の生活様式を支配するという根源的独占によって，徒歩や自転車などを含む，人間にとって多様な選択肢が制約されることを問題視した。人間は，自ら歩くことができる主体から単に自動車で輸送される客体へと化す。これは，アマルティア・セン（Amartya Sen）がいう自由としてのケイパビリティにたいする制約といいかえられよう（Sen, 1985a）。それはつまり，人間が特定の技術によって選択肢の多様性を奪われることを示唆する。われわれは，便利さの代償として選択肢を奪われるという点で貧困化しているのである。

多様性の喪失という点で，われわれが物事を考える，知識を創造する，情報を伝達する，などという認知の側面において，経済による独り占めが生じうる。それは，特定の企業が経済を独占するという経済的な意味での独占とは異なり，経済がわれわれの認知・行動を独占するという意味を表す。要するに，人々のあいだで経済優先の思考習慣や行動パターンが支配的になり，当然視されるようになる。経済による人間の認知・行動にたいする支配。これを，経済の根源的独占とよぼう（Taniguchi and Fruin, 2022）。

　経済の根源的独占は，経済以外の物事にたいする注力をそぎおとし，経済の持続可能性を正当化する。たとえば，「従業員の生活を支えるためには，彼らがつとめる会社の存続・成長が不可欠である」といったロジックで，利潤追求を正当化する。「日本らしいモノづくりのためには，高質な電力の安定供給が不可欠である」というロジックで，原発再稼働や原発のリプレース・新増設を正当化する。「格差問題の解決のためには，富裕層から貧困層へのトリクルダウンが不可欠である」といったロジックで，経済成長を正当化する。このように，経済がわれわれ自身を，われわれの生活を固めていくのである。

　経済の根源的独占は，われわれに経済優先を唯一の着地点として規定する。それは，経済成長の機械化につながり，人間にとって思考停止装置となりうる意味では悪だといえるのかもしれない。われわれは本来，ロジックの背後に隠された一連の問題の検討をつうじて，経済に限定されない多様な着地点を見出せるかもしれない。しかし，その可能性は経済成長の機械化によって奪い去られてしまう。経済成長は必要だとしても，その機械的追求をサステナビリティ時代において見直すべきなのである。

2.3. 格差を広げる資本主義

2.3.1. 資本主義の社会主義化

　1971年にノーベル経済学賞を受賞したサイモン・クズネッツ（Simon Kuznets）は，経済成長すなわち1人あたりGDPの成長によって不平等が軽減されることを，1913年から1948年のアメリカを観察することにより見出した（Kuznets, 1953）。経済成長と不平等の関係性を示したのが，かのクズネッツ曲線にほかならない。これにたいして，トマ・ピケティ（Thomas Piketty）は，アメリカのみならずヨーロッパにおける19世紀以降の不完全なデータを推定し，長期的にみると，資本主義の下では不平等が深刻化してきたことを実証した（Piketty, 2014）。彼の有名な不等式 $r > g$ は，資本主義の重要な特性を要約したものである。それが示唆するのは，資本主義においては，富裕な資本所有者の所得と，かならずしも富裕とはいえない一般国民の所得とのあいだの格差が拡大する傾向がみられるということである。

　実際，富裕層は豊かな資産を運用するためのより多くの機会やテクノロジーに恵まれるようになった。2008年に生じたリーマンショックは，金融業界の優秀な人材がIT業界へと頭脳流出する契機となった。そして，複数のコンピュータで情報やデータを分権的に管理するブロックチェーンやそれにもとづくビットコイン，そしてAI投資などのフィンテックが発展を遂げた。それにより富裕層はますます豊かになり，その潤沢な資産を政治家への献金や寄付に回した。そして彼らは，規制からの自由とルールの支配を期待した。とくにアメリカの金融業界は，財力と縁故を駆使して規制緩和に向けた有利なルール設定をもたらした結果，強くなりすぎた（Zingales, 2012）。他方で政治家も富裕層の期待にこたえようとし，ネオリベラリズムのイデオロギーを掲げ，結果的に格差を広げてしまう政策を導入した。資本主義は，富裕層をますます富ませ，貧困層をますま

す貧しくする傾向に拍車をかけた。

　他方，テック・モノポリーは，指数関数的に飛躍的な成長を遂げた。すぐれたプラットフォームを基盤としたエコシステムにおいて，人は人をよび，情報は情報をよび，富は富をよぶ。こうした正のフィードバックがますます拡張され，彼らは一人勝ちした。そしてプラットフォーム資本主義は，短期契約にもとづくフリーランス・モデルを低熟練労働者へと拡張し，会社が負担すべきリスクや費用を労働者におしつけた。結果的に労働者のディスエンパワーメントをもたらし，ネオリベラリズムをさらに推進することとなった（Montalban et al., 2019）。

　だがルイジ・ジンガレス（Luigi Zingales）は，一人勝ち経済において企業家がロビーイングや汚職に手を染め，先発者利益の獲得だけでなく時間をつうじた支配力の維持につとめようとする点を疑問視した。そして，市場だけでなく政治をも支配する企業をどう統治するか，という問題を提起した（Zingales, 2017）。政治との人脈をつうじて富を獲得している企業や資本家の割合が増えれば，それだけ資本主義は不公平で腐敗しているという認識が広まるだろう（Zingales, 2009）。

　政治と独占企業の癒着によって，資本主義は社会主義化しうる。要は，資本主義は，「縁故資本主義（クローニー・キャピタリズム）」に変貌することにより，市場経済ではなく計画経済に道を譲るということである。これは，デジタル化前後にかかわらずあてはまる特徴だといえよう。この点をふまえるならば，コーポレート・ガバナンスはもとより，エコシステム・ガバナンス，さらにいえば変貌した資本主義というイデオロギーにたいするガバナンスも必要となろう。

　ガバナンスとは，本質的には制度設計の話である（e.g. Aoki, 2001; Tirole, 2000; Zingales, 1998）。その目的は，規律づけであり，モニタリングであり，ケイパビリティ移転をつうじた変化・転換の

促進である。そうした目的を有効にはたす制度をどう実現するか。ここにガバナンスのねらいがある。すでに，レベルを異にするさまざまな存在についての持続可能性が問題になると述べておいた。ここではさらに，さまざまな存在の持続可能性の整合化は，ガバナンスによって左右されると記しておこう。

　そして，サステナビリティ時代には新しいコーポレート・ガバナンスが求められるようになった（Hart and Zingales, 2022）。すなわち，ハートとジンガレスによれば，人口が増大し相互依存性が高まった世界においては外部性が深刻な問題となり，こうした問題を政府が解決できなくなっただけでなく，投資家のなかにはESGやSDGsに関心をもつ者も現れたため，会社は株主価値最大化という伝統的なパラダイムではなく，株主厚生最大化という新しいパラダイムへとシフトする必要があるという。

　周知のように，株主価値最大化というパラダイムは，利益追求活動と倫理的活動の分離を前提としたフリードマン・ドクトリンによって支えられてきた（Friedman, 1970; 本書第1章も参照）。しかし問題は，会社の究極的な株主は個人であって，カネだけでなくESGやSDGsのような倫理・社会問題にも関心をもち外部性を内部化すべく自らも努力しているので，会社にも外部性の問題を解決するよう求めることがありうるという点である（Hart and Zingales, 2017）。

　この点でいえば，前述した倫理的により正しいガバナンスがとりわけ重要な意味をもつように思われる。市場価値最大化や持続的競争優位などのカネもうけにかかわる会社の持続可能性にとどまらない，個人，産業，地域経済，国，地球など多様な主体・存在の持続可能性の整合化を考慮する場合，会社の持続的競争優位の実現はその他の持続可能性の実現を自動的に保証するものではない。何より存在論的な持続可能性の整合化には，すべての人々にたいして自分の行動がもたらす外部不経済を内部化するようにしなければならない。究極的な行為主体である個人が高貴な道徳心をもってその認知

と行動を変え，ケイパビリティを進化させることができなければ，格差を広げる資本主義や持続可能ではない会社をより持続可能な形に変えるサステナビリティ・トランジションは実現できないということである（e.g., Taniguchi et al., 2023）。この点で，会社はパーパスを掲げ，経済的な利益追求と社会的な問題解決とを両立させる必要がある（e.g., 青井, 2022; Taniguchi et al., 2023; 本章第5章およびインタビュー（I）も参照）。

2.3.2 豊かさの質を問いなおす

1929年大恐慌以前には，実はGDPという指標は存在しなかった。この指標を開発したのは，先のクズネッツにほかならない。NBER（National Bureau of Economic Research: 全米経済研究所）の創設者ウェズリー・ミッチェル（Wesley Mitchell）の下，彼は国民所得の推定方法について研究していた。そして，1929年から1932年のあいだのアメリカのGDPについてはじめて公式の推定値を発表した。政府は，大恐慌のあいだの経済損失に加え，国の軍事力を測定すべくこの指標を活用しようとした。これにたいしてクズネッツは，GDPから軍事支出を排除することを求めた。さらに彼は，GDPによって国の福祉を測定することはできない，とも警告した。このGDP開発者の警告にもかかわらず，GDPは国の豊かさを測定するための指標として誤用されてきた。

そもそもGDPには，無償の家事労働も新しいデジタル技術の価値も反映されない。われわれは，GDPの一連の欠陥にさほど注意を払わず，それを増やすために邁進してきた。だが，CMEPSP（Commission on the Measurement of Economic Performance and Social Progress: 経済パフォーマンスと社会進歩の測定にかんする委員会，別名スティグリッツ委員会）は豊かさの質を問いなおした。

われわれの豊かさを考えるには，もう1つの委員会に注目すべきであろう。すなわち，国連に設置されたWCED（World Commission on Environment and Development: 環境と開発にかんする世界委員会，別名ブルントラント委員会）である。この委員会は1987年，"Our Common Future"（地球の未来を守るために）という報告書を発表した。そのなかで，将来世代のニーズを損なわずに現代世代のニーズを満たすという「持続可能な開発」という考え方を提示した。

　そして今日，国連がらみのSDGsが注目されている。2015年9月に策定され，17の目標，169の達成基準からなり，すべての人々の人権の実現と経済，社会，環境の調和をめざす。SDGsにおける経済成長の位置づけについては，第8目標「働きがいも経済成長も」という形で経済成長の包摂性・持続可能性に力点がおかれる。とくに，各国の状況に応じた1人あたり経済成長率の持続を促す一方，若者，障害者，男性・女性，移住労働者を包摂したすべての人々の人間らしさを強調する。このように，SDGsは経済成長の質を問いなおす。

　しかし，将来世代のニーズを損なわずに現代世代のニーズを満たすことは，気候変動に代表される地球の持続可能性を脅かす深刻な問題によってますます厳しくなりつつある。2018年にノーベル経済学賞を受賞したウィリアム・ノードハウス（William Nordhaus）は，気候変動をひきおこす温室効果ガスの社会的費用に等しい炭素税による削減政策を主張してきた（Nordhaus, 2013）。削減政策の策定にあたって重要な意味をもつのが，割引率である。イギリス政府の『スターン・レビュー（The Stern Review）』（Stern, 2007）は割引率を1.4％とした。つまり，将来世代にかなり大きな配慮を示した。これにたいして，ノードハウスは割引率を4.1％とした。つまり，現在世代の経済成長に配慮したものの，将来世代にさほどの注意を払わなかった（e.g., Pollitt, 2011）。

　割引率の設定は，世代間衡平性にかかわる価値判断の問題であるため論争含みである。しかし気候変動は，地球の持続可能性にかかわる緊急性をもつ。つまり，危機感をもって取り組まないと，先延

ばしでは深刻化しかねない問題なのである。だからこそ，国連の関連組織が1988年に設立したIPCC（Intergovernmental Panel on Climate Change: 気候変動にかんする政府間パネル）は，この問題について科学的な根拠づけを与える意味をもつ。客観的なエビデンスに依拠して，われわれが気候変動の緊急性を理解し，認知と行動にかんして変化を生み出さなければ，地球の持続可能性は守られない。したがって，将来世代への高い配慮を示唆する低い割引率には一理あるといえるかもしれない。

　国連を中心に経済成長の質を問いなおす動きがみられるものの，環境，社会，経済といったトリプル・ボトムラインの調和をつうじた地球の持続可能性の実現についてはいまだ道半ばという感はいなめない。というのも，経済の根源的独占のためにわれわれは，自分の会社の持続可能性，ひいては自分の国の持続可能性を重視する形で，企業成長や経済成長を局所的に追求する人間中心的な開発主義を是としているからである。むしろわれわれは，自然に埋め込まれた存在として人間に限定されないあらゆる生命との共生を大局的に模索する生命圏平等主義を必要とする（Naess, 1989）。でなければ，サステナビリティ時代において多様な存在の持続可能性を調和しうる新しい資本主義には到達できまい。

　開発主義にもとづく経済成長がもたらした問題は，気候変動にとどまらない。大気・水質汚染，酸性雨，砂漠化，原発事故，生態系破壊，資源の枯渇など，枚挙にいとまがない。これらの問題を解決するためには，われわれ自身を経済の根源的独占から解放する必要がある。これはつまり，われわれの認知・行動を左右する人間中心的な開発主義という古いイデオロギーから離脱し，生命圏平等主義という新しいイデオロギーへの収斂を必要とする。つまり，人類が大企業をつうじた高度な産業活動によって地球環境に影響を与えることもやむなしとする人新世の開発主義という古い価値観を初期化し，生命圏平等主義という新しい価値観をインストールするための

アンラーニングが求められている。

1993年にノーベル経済学賞を受賞したダグラス・ノース（Douglass North）がいうように，イデオロギーとは，世界はこのようなもので，こうあるべきだ，といった世界観にかかわる主観的な認識なのである（North, 1988）。人間中心的な開発主義が1つのイデオロギーとして，われわれ自身のなかに深く根差し，われわれの思考様式・行動パターンを左右してきた（本書第3章）。この点こそ経済の根源的独占の要諦にほかならず，それによってわれわれは，経済成長への執着から逃れられぬままここまで来た（谷口，2015）。人間のための経済成長こそが善だ，と信じて。

しかしながら，経済成長は不可欠ではあるものの，今こそ，経済成長の質を問いなおすべきなのである。したがって，安易に脱成長を唱えるばかりでは何の解決策にもならない。むしろ，経済成長の根底にあるイデオロギーを問題視し，そのガバナンスを考えることで，サステナビリティ・トランジションに向けた代替的な経済成長のあり方を模索する必要がある。

前サステナビリティ時代の経済成長を支えてきた1つのイデオロギーである開発主義。開発主義とは，産業化に向けて政府が長期的な視点から市場介入を行うことである（村上，1992）。たとえば，チャルマーズ・ジョンソン（Chalmers Johnson）が「日本の奇跡」とよんだ戦後の経済成長は，通商産業省（現在の経産省）の産業政策によるところが大きいという1つの通説がある（Johnson, 1982）。この通説は，国の経済成長の原因を国の産業政策に求めるという点でやや単純すぎるきらいはあるが，それなりの支持を集めてきたのも事実である。そして，こうした通説がその妥当性をさておくとすれば，政府による市場介入を正当化し，促進したのもまた事実だろう。

しかし昭和の成功体験は，令和のVUCA世界において通用するようには思われない。たとえば，エルピーダメモリ，ルネサスエレクトロニクス，ジャパンディスプレイ，東芝，六ヶ所村など，経産

省が鳴り物入りで関与した案件は，税金投入のかいもなくことごとく失敗してきた。劇的な変化の時代に過去の成功体験を外挿してみたところで，社会にとって何もえられないこと，いやむしろマイナスであることが実証されてしまったようである。一寸先すら読めない，変化が常態のVUCA世界においては，過去の経験が未来にそのまま活用できないことを素直に認める非エルゴード的世界観が求められる（e.g. Davidson, 1991, 2007; North, 2005; Taniguchi and Fruin, 2022）。今日の有時において，従来の思考様式・行動パターンがそのまま有効だという見方は，単なる幻想にすぎない。したがって，半導体分野におけるTSMCやサムスン電子への補助金支援やラピダスの設立など，経産省の関与が気になるところである（以下の補論を参照）。

われわれが日本の政治経済をデジタル化が進展するとともに，ESGやSDGsへの関心が高まったサステナビリティ時代にふさわしい形に変革したいと望むのであれば，与件の下で最適解を導くことにたけた秀才官僚も，党で受け継がれてきたレガシーや財界とのしがらみなどの過去を重んじる剛腕政治家も，今日の有事においてはさほどあてにはならないのかもしれない。彼らのすぐれたケイパビリティは，平時においてこそ最大限に生かされよう。しかし日本は，少子高齢化，経済成長の鈍化，格差の拡大，シルバー民主主義，ポスト・コロナ，エネルギー問題，原発のバックエンド問題，安全保障，マイナンバーカード問題，デジタル化の立ち遅れはもとより，中台関係・朝鮮半島の不確実性の高まり，メディアの陳腐化，自民党一党支配の限界，ロシアのウクライナ侵攻から懸念される国防の問題，イスラエルとパレスチナの軍事衝突による影響，憲法改正にともなう人権侵害と立憲主義の破壊のリスク，サイバー戦争のリスクなどの一連の深刻な問題を抱えている。こうした状況では，非エルゴード的世界観にもとづく新しい問題解決の仕方が要請されている。今日，歴史は重要だとしてもそれだけでは十分でなく，未来へ

の跳躍を可能にする企業家精神——とりわけ勇気と越境力——も求められていよう。

補論. 長老支配とエルゴード的世界観の弊害

　小泉純一郎元首相はフクシマ後，原発推進から脱原発へと変節した（小泉，2019）。人災としてのフクシマ，そしてフクシマの遠因としての規制の主客逆転（すなわち，規制の虜）など，的確な指摘をしていた。これにたいして，日本の財界トップ組織である日本経済団体連合会（経団連）は，「日本を支える電力システムを再構築する—— Society 5.0実現に向けた電力政策」（日本経済団体連合会，2019）という報告書を発表した。それは，再生可能エネルギーの主力電源化，原子力の継続的活用，そして蓄電・蓄エネルギー技術開発と水素社会，といった三本柱からなる。とくに注目すべきは，「政府は，安全性が確認された原子力発電所の再稼働に向けた取り組みを一層強化するとともに，原子力の長期的な必要性を明示し，リプレース・新増設を政策に位置づけるべきである」（16：傍点著者）という記述である。

　実際，昭和日本において，原発がゼネコン，建設資材や原子炉のメーカーなど各業界にたいして経済的な波及効果をもたらしながら，経済を牽引した。このことを勘案すれば，フクシマ後もなお，経団連が原発回帰を意図するのは一理あるのかもしれない。しかし，「トイレなきマンション」ともいわれる原発が生み出し続ける放射性廃棄物は，どうなるのだろうか。核燃料サイクルの完成のために必要なケイパビリティの開発・蓄積がすすまぬ現状，とりわけ使用済核燃料に含まれたプルトニウムを取り出してつくられたMOX燃料を原発で燃やすというプルサーマル発電で，いつまでもお茶をにごし続けるのも難しいように思われる。地層処分も難しい，再処理も難しいとなると，結果的に使用済核燃料の行き場はなくなってしまうだろう。現代世代が原発により生み出された電気（グッズ）を消費する代わりに，原発から出た放射性廃棄物（バッズ）を将来世代に残すばかりである。こうした原発のバックエンド問題は，国や地域経済の持続可能性に深くかかわる。

　とくに，地域経済において核のごみのうけいれの準備を推進した北海道神恵内村の高橋昌幸村長は，「『トイレのないマンション』だと言われていますから，トイレを作る必要があると私は思っていました。（…）そういうことから起きる現象とかすべての現象に私が一切の責任を持つという思いで言いました。（…）私が全責任を持つと言っています」（東京新聞，2020：傍点引用者）と述べた。し

かし，このパラグラフの執筆時点（2023年8月）で73歳の高橋町長は，交付金によって短期的には地域経済を活性化できたとしても，いざ神恵内村で核のごみをうけいれ地層処分を行うことになったときには，さらに高齢になっているため，村長の職にあるともいえないし，存命しているともかぎらない。こうした高齢者が将来世代の住むことになる生命圏にたいして「全責任を持つ」ことは，その大胆な発言にもかかわらず不可能なのである。実際に彼は，2020年10月11日の住民説明会に先立ち，「いろんな心配などに私が答えられることには答えるし，専門的なことは国や原子力発電環境整備機構（NUMO）に照会した上でお答えすることになると思います」（ibid.：傍点著者）と述べた。つまり，まだ文献調査の段階だとはいえ，地域経済の持続可能性にかんする重要な意思決定を下した彼は，高齢であるばかりか，地層処分にかんする専門的なケイパビリティすらも欠く。にもかかわらず，「全責任を持つ」というのは，あまりに無責任ではないだろうか。

　これと同じことは，山口県上関町の西哲夫町長にもあてはまるように思われる。2022年，上関町長選で初当選した時点（10月）で75歳と高齢だった西町長は，中国電力と関西電力による使用済核燃料の中間貯蔵施設に向けた調査を容認する意向を示した。そもそも上関町では中国電力による原発建設計画があったが，福島第一原発事故により計画は頓挫した。原発推進派の西町長は，「町は急速に疲弊が進み，就任以来強い危機感を抱いている」と述べ，原発建設に代わる振興策を2023年2月に中国電力に要望した結果，8月には中部電力から中間貯蔵施設の関西電力との共同開発が持ち込まれたという（東京新聞，2023）。だが，原発にまつわる補助金をあてにした地域経済の発展計画は存立しにくい，あるいは，いずれ行き詰ってしまうことは歴史をみれば明白なのである。余生少ない高齢者がケイパビリティを欠いたまま行う大胆な意思決定は，将来世代にとっての難問の種子となりかねない。

　地域経済の短期的な発展のためだとはいえ，地層処分や使用済核燃料の中間貯蔵にかんする専門的なケイパビリティをもたずに「全責任を持つ」ことはできないし，かりにそうした知見をもっていたとしても，核のごみが自然と複雑に相互作用することで将来的にどのような影響をもたらすかを予見することはきわめて困難なのである。核のごみに含まれる放射性物質の半減期は人間の生物学的寿命をはるかに上回るという意味では，「全責任を持つ」という発言は，その発言者の意図とは裏腹に，責任の全放棄無責任としてうけとめられうる。さらに，想像をふくらませるとすれば，1つの村や町の局所的持続可能性を優先した核のごみにかんする意思決定を端緒として，ガラス固化体としてオーバ

ーパックに包まれて地下に埋設された核のごみが自然災害をきっかけに地下水に漏れ出すことで生態系が汚染され，国の大局的持続可能性に悪影響を及ぼす確率はゼロではないともいいうる。結果的に全体は，部分の巻き添えを食らう。フクシマの事例が示唆していたように，複合災害は，ブラック・スワンとして意図せざる形で生起し将来世代を悩ませることになるばかりか，その端緒たる意思決定者は，その発言の大胆さにもかかわらずすでに死んでいる。ここで強調しておかねばならないのは，私は，一般的に，高齢者がジェロントクラートとして経営や政治などの主要なポジションを占有し，専門的なケイパビリティをもたぬまま持続可能性にかかわる重大な意思決定をしてきたこと，そして，その傾向が続いていることに警鐘を鳴らしたいという点である。こうした現象は，長老支配の悪弊とみなされよう。いくら「全責任を持つ」と力強くいわれても，死んでしまっては責任の取りようがない。われわれは過去，経営や政治の文脈でこのような無責任を数多く目の当たりにし，みすごしてきたのである。

　長老支配の一端は，たとえば，海外へのアウトソーシング戦略によって日本において性急な原発推進を起動させた原子力委員会の正力松太郎元委員長，さらには福島県の地域発展のために原発誘致をすすめた東京電力の木川田一隆元社長，福島県の佐藤善一郎元知事，木村守江元知事の事例からも明らかである（谷口，2012）。原子力委員会委員長に就任した1956年において正力は71歳，そして東京電力が福島県への原発誘致の取りまとめを依頼した1961年において木川田は62歳，佐藤は63歳，木村は61歳と，いずれも高齢者の域に達していたとみなされ，しかも原発の専門的なケイパビリティを欠いていた。

　他方，原発自体も高齢化している。経団連は先の報告書において，60年以上の安全性についても検討すべきだ，と提言した。原発の運転期間の延長要請は，働きっぱなしで疲れはてた老人をムチで打ってさらに働け，というような過酷さを想起させるものであり，原子力安全という観点から問題含みであるようにみえる。

　さらに，中西宏明 経団連元会長は2019年3月11日，原子力エネルギーは遠い将来を含めて必要だという議論を深めるべきだと述べた。とはいうものの，脱原発団体との公開討論を拒否した。そして，彼が率いた日立は，イギリスのウィルファ・ネーウィズ（Wylfa Newydd）原発，オールドベリー（Oldbury）原発のリプレース案件を手掛けるホライズン・ニュークリア・パワー（Horizon Nuclear Power）を2012年に850億円で買収した。しかし2020年9月，ウィルファ・ネーウィズ原発からの撤退を表明した。今や原発は，シェールガス革命によってコスト高になり会社の持続可能性にとってすらプラスに働かないことは，

GEのジェフ・イメルト（Jeff Immelt）元CEOが指摘していたように，世界の常識となりつつある。

また悪いことに，東京電力は，原発事故を起こしただけでなく，かなり基本的なテロ対策すらも怠っていた。すなわち，柏崎刈羽原発での不正入室問題と侵入検知装置故障問題がそれである。2018年1月から侵入検知装置の故障が複数箇所で発生していた。そして，2020年9月には中央制御室の社員が同僚のIDカードを使い，なりすましで不正入室していた。結果的に東京電力は，2020年9月に不正入室問題を原子力規制庁に報告した。2021年1月には，侵入検知装置故障問題を原子力規制庁に報告した。

梶山弘志経産大臣（当時）は，「核物質防護は原子力事業者の基本だ」（東京新聞，2021）と述べた。そして，更田豊志 原子力規制委員会委員長（当時）は，「不正なのか，わかっていて意図的にやらなかったのか。あるいは知識が足りなかったのか。技術的な能力の問題か。それとも，なめているのか」（ibid.）と厳しい口調で断じた。原子力安全にかかわるシビア・アクシデントを起こして もなお，核セキュリティにかかわる基本すらできていない電力会社にたいして，残念ながら歴史からの学習を期待することは困難なようである。

フクシマから学ぶべき教訓は，地震国家 日本での原発推進はきわめて難問だということなのである。そして，もう二度と起こしてはならないが，廃炉や汚染水問題の解決など原発事故の収束に立ち向かうには有時の思考・行動が求められるということである。たしかに日本は，無資源国としてエネルギー安全保障の問題は重要な意味をもちうる。通説とは異なり，もはや現実には発電コストは安いとはいえない（大島，2011）ものの，ベースロード電源としての発電施設の利用可能性，およびフクシマ以前に享受した事業としてのうまみという観点から，政財界は原発推進への回帰にたいする野心を隠しもってきたようである。

そして，この「原発回帰」の野心は，岸田文雄内閣のときにようやく結実することになった。それまで原発の運転期間は，40年と法律で定められ，1回に限り最大20年の延長が認められていた。しかし岸田内閣は2022年8月，GX実行会議において「原発回帰」を決定した。これによって，既存原発の60年超運転，原発の増設・リプレース，次世代原発の開発などが，強権的かつ性急に決められたのである。とくに問題だと思われるのは，60年超も運転する原発の中性子照射脆化によるメルトダウンのリスクである。すなわち，鋼鉄でできた圧力容器が中性子によって経年劣化し，亀裂が入りやすくなるという点にほかならない。

さらに岸田内閣は2023年8月，福島第一原発にたまり続ける「処理水」ALPS（多核種除去設備）によってほとんどの放射性物質を取り除くことでトリチウム（半減期12.32年）しか残存していないとされるが，実際には，ストロンチウム90（同28.79年）やヨウ素129（同1,570万年）などが含まれた処理後も汚染されたままの不完全処理水（e.g., グリーンピース・ジャパン，2023）の海洋放出をはじめた。これも，福島県の地域共同体や漁業関係者などの意志とは対照的に，熟議を欠いたまま強権的かつ性急な反民主主義的な仕方で決められた。こうした仕方は，フクシマ以前の原発推進の図式と何ら変わることはない（Taniguchi, 2022）。

　2024年1月におきた能登半島地震は，原発立地の地形的リスクとそれに関連した地域住民の避難ルートの困難さを浮き彫りにした。この地震により，道路が寸断されてしまうことで集落が孤立してしまい，多数の孤立集落が生み出されてしまった。しかも，地盤がかなり隆起した地域もあった。こうした状況が該当する石川県珠洲市では，かつて珠洲原発の建設計画があったものの，この計画は2003年，地域住民の反対運動により凍結されたのであった（東京新聞，2024）。

　他方で今回，震度7の地震と3メートルの津波を経験した石川県志賀町の志賀原発では，多くのトラブルに見舞われた。この地震の結果，原発事故の避難ルートに指定されていた11本の道路のうち7本が通行止めになってしまったという（TBS, 2024）。岸田内閣が決定した原発回帰の政策が，原発立地の地形的リスクにかんする薄い知見——原発安全神話の発露——や災害時の地域住民の軽視にもとづいたままだとすれば，即時見直しが必要であることはいうまでもない。

　さらに，IRENA（International Renewable Energy Agency: 国際再生可能エネルギー機関）が発表しているように，世界で再生可能エネルギーは最も安価な電源となり，その普及の原動力となっているのが太陽光と風力なのである（IRENA, 2022）。しかし日本は，世界において再生可能エネルギーが主流になりつつあるサステナビリティ時代においてすら，フクシマ以前への原発回帰を決定したのである。さらにいえば，ロシアによるウクライナ侵攻を機に，世界では戦時に原発が敵国に占拠・攻撃されるリスクに注目が集まった。だが原発国家 日本は，敵国やテロリストに日本列島の海側に位置する多くの原発をミサイルで攻撃されるリスクだけでなく，前述のように杜撰なテロ対策によって核セキュリティが反故にされてきた原発が敵国やテロリストに占拠されてしまうリスクに注意を払うべきはずが，こうしたリスクへの対策が不十分のまま放置さ

れているようにみえる。そうしたリスクを勘案すれば，次世代原発の開発，廃炉，燃料デブリの取り出しなどにかんするケイパビリティ進化は支持されるとしても，既存立地での既存原発の運転延長・リプレースには懐疑的にならざるをえない。やみくもに原子力開発に反対するのではなく，むしろ原発事故，戦争，世界情勢などの状況の変化を勘案したフレキシブルなエネルギー政策を志向するという点で，日本には，原発推進と脱原発を止揚する形で非原発推進かつ非脱原発的なより高みに立った状態依存的な新しい視座が必要だと思われる（e.g.，谷口，2012; Taniguchi, 2022）。

　いずれにせよ日本は，世界的潮流となっている，広義にはサステナビリティ・トランジションに，そして狭義には再生可能エネルギーに，けっして乗り遅れてはならない。昭和のナイーブな原発推進に特徴づけられた古いエネルギー政策の経路への回帰によって再生可能エネルギーの可能性を排除することがあってはならない。そして，廃炉に向けた汚染水問題の解決や燃料デブリの取り出しなどにかかわるケイパビリティ進化とともに，新しい安全な核融合発電に向けた R&D の可能性の模索などに特徴づけられた非原発推進かつ非脱原発の道をすすんでいく必要がある。にもかかわらず，南海トラフ地震などのリスクが高まるなか，日本の中枢をなす政財界には，フクシマ以後は内に秘めてきた原発推進への野心を2021年9月の自民党総裁戦後になってあらわにし，その悲願を岸田内閣の下で結実させたことで，過去における平時の思考・行動を未来へと外挿しようというエルゴード的世界観がすけてみえる。だがわれわれは，非エルゴード的世界観にもとづく状態依存的な新しいエネルギー政策の経路へのシフトを必要としている。

　日本は危機に直面している。たとえば，EUは，2030年までにカーボンニュートラルを実現するという野心的な目標を掲げているが，日本は，同年までに温室効果ガス46％削減（2013年比）をうちだしたにすぎない。このままでは，日本のカーボンニュートラルは2050年と EU から20年立ち遅れることとなる。また，2021年10月に発表された第6次エネルギー基本計画によれば，2030年のエネルギーミックスは，非化石電源にかんして再生可能エネルギー36-38%，原子力20-22%，水素・アンモニア1%，そして化石電源にかんしてLNG（液化天然ガス）20%，石炭19%，石油など2%となっている（資源エネルギー庁，2021）。リスクを回避して現状にそった現実的なエネルギー安全保障の道をすすむのも1つの選択肢だが，野心的な目標をかかげてEUにひけをとらない飛躍を志向するのも1つの選択肢であるはずである。

　もちろん，日本をとりまく危機はエネルギー政策にとどまらない。コロナの

影響で，世界的に半導体の重要性が高まってきた。とくに，パンデミックによって世界的にテレワークの進展や巣ごもり需要の増大が生じ，PC，スマホ，ゲーム機などへの需要が急増した。しかし，多くの半導体メーカーは，これらに必要なPMIC（パワーマネジメントIC）やDDIC（ディスプレイドライバIC）などの8インチ工場で生産されるレガシー半導体ではなく，むしろ12インチ工場で生産される先端ロジック IC に注力していた。とくに，アメリカのテキサス・インストルメンツ（Texas Instruments）などの半導体メーカーは，8インチ工場が老朽化していたこともあり，台湾のTSMCなどのファウンドリへのアウトソーシングに依存した。しかしファウンドリの生産能力は，そうしたレガシー半導体への需要急増に対応できず，結果的に半導体不足が生じた。さらに2020年初期，需要が停滞した自動車用の生産能力をPC用などに転換した。だがその後，自動車にたいする需要が回復し，ファウンドリへの発注が再開されたものの，時すでに遅し。結果的に，MCU（マイクロコントローラ）など車載半導体の不足が生じることとなった（e.g., 野村證券, 2021; 大坂, 2021）。

　このように，産業のコメとしてわれわれの生活を支えるさまざまな製品の生産に不可欠なGPTとしての半導体。しかし日本企業は，半導体の市場シェアにかんして1988年50.3％から2019年10％へと深刻な凋落を経験し，しかも先端ロジックICの製造に必要なケイパビリティを欠いている（経済産業省, 2021a, b）。どうやら経産省は，IoT，自動運転，5G通信インフラなどに不可欠となる先端ロジックICの開発・製造に向けて「デジタルニューディール」の名の下にデジタル投資の加速化を企図しているようである。

　しかし前述したように，彼らが関与した案件は失敗を重ねてきた。デジタル投資に振り向けるべき予算は，非エルゴード的世界観の下で百戦錬磨の経験をつんできた目利きのできる民間のプロフェッショナルに活用してもらったほうが成功の公算は高まるのではないか。経産官僚をはじめとして，日本企業のサラリーマン経営者，日本の世襲政治家のなかには，前例を踏襲することで小さなカイゼンを積み重ね，大きな失敗を回避すること——その代わりに，大きな成功をとり逃すこと——に真面目に取り組んできた者が少なからず存在するようである。なるほど彼らは，諸条件が大きく変化しない状況下での問題解決の面では，エルゴード的世界観にもとづくすぐれた能力を発揮できよう。ただし，現状維持に向けた積み上げや前例踏襲など，彼らが導く解はあいにく無難かつ凡庸なものにすぎない。

　しかし，もはや昭和ではない。令和のサステナビリティ時代のVUCA世界において，現状維持は衰退でしかない。現状維持に真面目に取り組んだとしても，

今，目の前にある危機は打開できないだろう。過去の経験が未来にそのまま活用できないことを認め，現状に甘んじない非エルゴード的世界観にもとづく問題解決が求められている。かつてはすぐれていた日本の産業が今日，次々と立ち遅れていくなかで，われわれは，このことを肝に銘じておく必要があるだろう。

注
⑴　https://www.bbc.com/zhongwen/simp/world-56361399

第 3 章

国家のサステナビリティの
政治経済学に向けて

3.1. 分析枠組としての比較制度分析

　本章では，ゲーム理論と比較・歴史情報に依拠した制度の分析枠
組である比較制度分析の国家観に依拠し，国家をさまざまな主体の
戦略的相互作用から生成したゲームの均衡とみなす（e.g., Aoki,
2001; 2010a）。そして，ミクロ・レベルで個人が大衆化する結果，
マクロ・レベルでは国家のサステナビリティが損なわれてしまう可
能性について論じる。個人は，財産権の設定・保護にとどまらずウ
ェルビーイングの実現に不可欠な自由の保障をも期待して国家に依
存すればするほど，公による私への介入主義を何の疑いもなく許容
してしまう。

　かくして，特別なケイパビリティをもたずに自分の現状に満足し
てしまう「凡庸な人間」としての「大衆人」は，特別なケイパビリ
ティをもち高次の規範にしたがう「選ばれし人間」としての「高貴
人」を駆逐していく。スペインの哲学者のオルテガ（José Ortega y
Gasset）は，こうした人間の二分法にもとづいて，社会のさまざま
なドメインにおける大衆人による高貴人の駆逐を意味する「大衆の
反逆」という深刻な事態を鋭く指摘したのだった（Ortega, 1930／
1993）。

　とくに本章では，こうしたオルテガの基本的な問題意識を「コモ
ンズ（共有地）の悲劇」の観点からとらえなおす（e.g., Aoki, 2001;

Coase, 1960; Demsetz, 1967; Hardin, 1968; Ostrom, 1990, 1999）。そして，国の政治経済を動かすリーダーである政治家・官僚・経営者などといった重要な社会的地位が適切なケイパビリティを欠いた大衆人によって占有されるという政治経済における大衆化の進展によって，国家能力（state capacity）そのものだけでなく，将来世代にとってのさまざまな機会を可能にする国家の持続可能な発展が犠牲にされる形でコモンズの悲劇が生じる可能性に注目する。

　さらに，政府が地域社会や国家などの共同体に向けた大局的な善——共通善——を犠牲にしてまでも局所的な利益を追求するインセンティブとともに，民間主体から資源を徴収する権力をももつことで，民間主体にたいして財産権の侵害を試みる可能性が生じる点——経済システムの基本的な政治的ジレンマ（Weingast, 1995）——を重くみる。すなわち，政府によってその統治下にある市民の権理通義が侵害されるような「暴政」というゲームの均衡が国家の一形態として現実的に生成しうる可能性を懸念する（e.g., 福沢, 1995; 将基面, 2002; Snyder, 2017）。

　要するに本章では，国家に過剰依存した適切なケイパビリティを欠いた大衆が政治経済におけるマクロ的なパフォーマンスの低下，ひいては国家の非持続可能な衰退をもたらしかねないという点を問題視する。そして，政府と民間主体との戦略的相互作用の結果として国家が生成するにもかかわらず，大衆人としての政治家・官僚などによって占有された政府がさらに国家を占有する形で暴政を働く一方，主権者であるはずの非力な大衆人としての市民がそれを無批判に受容してしまう可能性を明らかにする。

3.2. 国家について理解する

3.2.1. 均衡としての国家

まず，国家とは何かというファンダメンタルな問題からはじめた

い。ここでは，国家にかんする領土と主権という2つの決定的な特徴を検討しよう（Nye and Welch, 2017）。すなわち国家は，地球上の一部分である特定の領土を統治する絶対的な権利としての主権を有する。そして，法律の作成，秩序の維持，国境内に住む人々の防衛などの役割をになう政府という装置を必要とする。とくに民主主義の下では，主権をもつ国民が選挙をつうじて選出した代表——プリンシパルである国民のエージェントとしての政治家——に加え，官僚にたいして政府の運営が委ねられる。

「国家」という言葉は，政府や国などといった言葉におきかえられることがよくあるが，本章では，国家を概念化するうえで，そうした用語法を超えた比較制度分析の視点に依拠する。すなわち，政治ドメインにおいて政府と民間主体とのあいだでプレイされるゲームの結果として内生的に生成する安定的・規範的な秩序・状態——均衡としての制度——という国家観を採用することにより，国家とは政府が設定するルールであるうえに政府が服すべき秩序でもあるという国家の二面性，さらには歴史や他の制度などの状況に応じて多様な国家形態が生成しうるという国家の多様性——複数均衡——を勘案したい（e.g., Aoki, 2001, 2010a; 青木・奥野・岡崎, 1999）。

3.2.2. 国家による暴力の独占
——自然国家とオープン・アクセス秩序

国家による統治には暴力の独占をつうじた正統性の確立が本質的だとするマックス・ヴェーバー（Max Weber）の見解は，広く知られている（Weber, 1947）。国家は，暴力を独占しうるからこそ，民間主体にたいして財産権の設定・保護が可能になるともいえる（North, 1981）。だが，暴力の独占が国家にとって本質的であるにせよ，いかにして国家は暴力を独占しうるのだろうか。とくに，この問題を考察するうえで，国家を，凝集的な単一主体とみなす代わりに，むしろ支配層におけるエリート間の関係が重要な意味をもち，

暴力の独占・制御を可能にもするような多面的な組織としてとらえなおす必要がある（以下の議論は，North et al.（2009）を参照）。

ノースたちは，組織としての国家にかんして2つの基本形態を提示する。すなわち第1に，経済システムにおいて資源や活動などへのアクセスの制限によってエリートだけに特権を与え，暴力を制御し，既存の政治システムの維持を図ろうとする「自然国家（natural state）」である。つまり，支配層に向けたレント創造による暴力の軽減にもとづく国家である。この国家形態の下では，市民が自衛のために暴力の使用を支持し，暴力と内戦が生じる可能性はつねに存在する。

第2に，強力かつ安定的な軍隊・警察に暴力の正当な使用を認め，これらの組織による武力行使を統制しうる政治組織を設定することで政治システムが暴力へのアクセスを制限する一方，経済システムへのアクセスの開放により政治システムへのアクセスも実現しうるような「オープン・アクセス秩序（open access orders）」である。この国家形態の下では，アクセスの開放（オープン・アクセス）が中核的な特徴をなし，国家の支配にまつわる競争は民主主義国家を含意する一方，経済における競争は市場経済を含意する。また，憲法と法の支配の双方を実効化することが，政府による市民の脅しを抑制し，暴力を制限する際の基礎をなすのだが，ここには競争が深く関与している。

しかしあいにく，経済学にせよ政治学にせよ，オープン・アクセス秩序において市場と民主主義が相互に働きを強めあっているという重要な事実をみすごしてきた。この点でノースたちは，「二重のバランス（double balance）」という見解を示し，理論的に経済学，政治学の限界を指摘する。すなわち経済学は，財産権の設定，契約の実効化，市場にとって不可欠な法の支配の創出といった役割を政治システムがはたす理由やプロセスを説明しないため，オープン・アクセス秩序の安定性を説明できない。他方，政治学は，民主主義

に焦点がしぼられ，アクセスの開放と政治的競争が与件とみなされ，オープン・アクセス秩序の富と生産性を説明できない。かくして，経済と政治とを分離して扱うのではなく，両者間の相互依存性に配慮した政治経済学が必要とされる。

　他方，ノースたちによれば，実際に国家のサステナビリティを確実にするには，経済，政治といったそれぞれのシステム内でコーディネーションがうまく実現されるだけでなく，異なるシステム間の適合性も求められるという。とくにオープン・アクセス秩序の下では，競争とアクセスの開放が重要な意味をもつ。そこでは，経済の開放と政治の開放とは相互に働きを強めあい，自然国家とはちがって，社会にたいして負の影響をもたらすようなレントの創造が制限される傾向がみられる。

3.2.3. 政府・制度・縁故資本主義

　概して，特定の集団が政府にたいして政策を求めるような関係性は，利権やイデオロギーといった主題の下で議論される（Mason, 1963）。とくに，介入主義を是とする大きな政府は，特定の利益集団が利権をえようと政府の庇護・贔屓を求めて政治プロセスに参加するという縁故主義の原因となりうる（Holcombe and Castillo, 2013）。とはいえ，縁故主義は数百万年もの長い歴史をもっており，近年になって市場経済に生じた特徴とはみなされない（Hodgson, 2019）。一般的に，政府の政策がもたらす影響にかんして政治家は，自分の選挙区の有権者にしか配慮せず，それ以外には無関心となりがちである。そして，自分の選挙区に加え自分の支持者である利益集団を対象とした「利益誘導政治（pork barrel politics）」（e.g., Weingast et al., 1981; Wittman, 1995）に従事するようになる。

　利益は，制度によって形成される（Friedland and Alford, 1991）。とりわけ，経済活動の利益が政治権力との結びつきに依存するようになったシステムは，縁故資本主義とよばれる（Holcombe, 2013）。

政治権力をもつ政治家が経済支配力をもつ一部の利益集団を優遇し続けると，利益誘導政治は縁故資本主義を招来しうる。そして，いったん政府の贔屓をえた幸運な民間主体は，自分の利権を守るべく，その政治家が選挙で選出され続けるよう，選挙活動の支援や有権者への働きかけなどに従事することが予想される。

　この点にかんして，レントの維持により平均利潤の永続的な保証へのアクセスを可能にすべく，企業はより多くの資源をレント・シーキングにふり向けるようになる（Munger and Villarreal-Diaz, 2019）。有力な利益集団が政治プロセスをつうじて政府の意思決定にたいしてますます大きな影響力を及ぼすようになると，経済はますます縁故資本主義の度合いを高める。縁故資本主義は，特権によるレントの創造という自然国家のロジックと整合するようにみえる。

　松山公紀は，国家の強制力ゆえに政府主導のコーディネーションでは多様性や実験が制限されてしまい，その結果，社会がより望ましい組み合わせを継続的に発見する機会が損なわれるという懸念を示す（Matsuyama, 1997）。そのうえで彼は，新しい制度を生成し，既存の制度をより成功した制度へと継続的に転換していく自由を維持し，オープンな実験を促進する環境を持続していく能力に，資本主義の成功のカギを見出した。つまり，自由とオープンな実験環境を持続していけるかどうかが，政治経済の盛衰を左右するということである。結局，国家の持続可能性は，多様性，自由，オープンな実験の成否にかかっているように思われる。

3.3. 個人と国家のミクロ・マクロ連環

3.3.1. 比較制度分析からみた国家の多様性

　比較制度分析では，国家をゲームの均衡として分析する際，政府と複数の民間主体とのゲーム的状況が想定される（e.g., Aoki, 2001, 2010a）。実際のところ，政府には民間主体の権利を侵害するという

カードが残されている。したがって政府は，民間主体から資源を徴収する権力をももつことで，民間主体にたいして財産権の侵害を試みる可能性を意味する経済システムの基本的な政治的ジレンマを，われわれは重視せねばならないことになる。かくして，われわれが政府の役割を論ずる際，政治権力が経済にたいして及ぼす影響を無視することはできない。前述したように，政治と経済の相互依存性を勘案した政治経済学の視点は本質的なのである。

　こうした認識の下で比較制度分析は，複数均衡として基本的な国家形態の多様性を浮き彫りにした（Aoki, 2010a）。すなわち，略奪国家（predatory state），結託国家（collusive state），相関的国家（correlated state），民主主義国家（democratic state）である。しかし，これらの国家のかたちは不変ではなく，とくに政治ドメインで生成したこうした政治的ガバナンスと，会社ドメインで生成したコーポレート・ガバナンスとのあいだの制度的補完性をもつ組み合わせは環境変化に応じて変化せざるをえない。

3.3.2. 道徳的判断とイデオロギーの役割

　以下において，個別的に日本のそうした制度変化をより詳細に分析するというよりは，むしろ一般的にマクロ的な国家の変化を理解するうえでミクロ的な個人の予想・行動の生成におけるイデオロギーの役割に注目しよう。しかし現状では，制度変化においてイデオロギーとケイパビリティがはたす役割を説明する理論が十分に発達していない（Langlois, 1994）。本章の試みは，こうした空隙を埋めることを意図したものである。その際，主体間の相互依存性によって特徴づけられるゲーム的状況を勘案し，ミクロ的な個人の予想・行動の単純な総和や延長によってマクロ的な制度の帰結を理解することはできず，個人とその周囲の環境，すなわちミクロとミクロとの相互作用，ミクロとマクロとの相互作用が重要な意味をもつことを認める（Schelling, 1978）。

換言すれば，個人（ミクロ）と国家（マクロ）が互いに構成しあうミクロ・マクロ連環を理解する場合，社会的事実から社会的結果へのマクロとマクロとのつながり，社会的事実から個人的行動の条件へのマクロとミクロとのつながり，個人的行動の条件から個人的行動へのミクロとミクロとのつながり，そして個人的行動から社会的結果へのミクロとマクロとのつながりを説明する必要がある（図1）（e.g., Abell et al., 2008; Aoki, 2001, 2010a; Bhaskar, 1978; Hodgson, 2004; Taniguchi and Fruin, 2022）。要するに，マクロの理解にはミクロ的基礎が必要となる（e.g., Abell et al., 2008; Felin and Foss, 2011; Foss, 2011）。

　イデオロギーとは，環境の解釈とともに，あるべき環境の構造化の仕方についての指針をも与えてくれるような集団の共有メンタル・モデルである（Denzau and North, 1994）。とくに人間は，不確実性に直面すると認知活動をつうじて解釈――ドグマ，神話，タブー，宗教，迷信など一連の名詞により表現されうるもの――を生み出そうとする[1]。

　他方，モデルではなくプロセス――動詞で表現されうる一連の活動の連鎖――を重視した制度の概念化――共有メンタル・プロセスとしての認知制度――もありうる（Petracca and Gallagher, 2020）。認知制度は，認知プロセスを可能にすると同時に構成する。そして，経済や政治などのさまざまなドメインにおける認知プロセスの拡張をつうじて社会による問題解決を実現しうる。

　制度は，共有予想として主体によって内面化されるという主観性と，「均衡の要約表象」「ゲームの内生的ルール」「共有知識の公的表象」あるいは「公的表象」として主体にとって外的に存在するという客観性をもつ（e.g., Aoki, 2001, 2007, 2010a, b, 2011）。比較制度分析は，こうした制度の客観性・主観性を明らかにしたのにとどまらず，ミクロ・レベルでの個人による予想の生成という認知活動がマクロ・レベルでの制度の生成につながるのに加え，制度が経時的

図1 ミクロ・マクロ連環の概念図

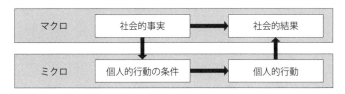

注：Abell et al.（2008, 491）の図をもとに作成

に個人の認知・行動に影響を及ぼしながら維持されていくプロセスとしての循環フローを示しもした（Aoki, 2010a）。つまりそれは，個人の予想（認知）から戦略選択（行動）へ，これらが集計されてプレイの均衡状態へ，これらが要約されて共有知識の公的表象へ，さらに共有予想かつ公的表象としての制度が個人の予想に左右する，といった流れが循環的に持続していくプロセスのことである。

　本章では，一連の名詞として表現されるノースの共有メンタル・モデルとしての制度観と，一連の動詞として表現されるペトラッカとギャラハーの共有メンタル・プロセスとしての制度観とのあいだに架橋を図るうえで，青木の循環フローにおける共有予想かつ公的表象としての制度観が重要な意味をもつと考える。またその際，経時的な制度の進化・持続において人間の道徳的判断という活動を支えるイデオロギーの役割を強調すべきだ，とも主張する。

　道徳的判断とは，共通善を促進する制度を設計するよう配慮し，何が良いことで何が悪いことかを決定するプロセスにほかならない（e.g., Treviño, 1992; Treviño et al., 2014）。このプロセスは，行動する際，内在的価値（intrinsic value）に根差した理由づけであるパーパスにもとづく実践的推論をともなう（Donaldson, 2021）。

　ここで，本章が経時的な制度の進化・持続において道徳的判断（動詞）を促す共有メンタル・モデルとしてのイデオロギー（名詞）に着目する理由は，それが諸刃の剣であるため，状況次第ではつね

に望ましい帰結をもたらすとは限らないからである。すなわちそれは，世界はかくあるだろうという実証的信念のみならず，世界はかくあるべきだという規範的信念をも含む世界観であり，人間の道徳的判断にとって不可欠な正の役割をはたしうる反面，特定の集団の狭小な利益追求を擁護する負の役割すらもはたしうる。

　イデオロギーには，集合的に維持される歪んだ信念という側面があり，それに起因して組織のパフォーマンスが低下したときにすぐに改革がすすめられるどころか，むしろ現実がもはやどうにも無視できなくなるくらい悪化するところまで改革が遅れて妨げられる可能性がある（Bénabou, 2008）。このような意味でイデオロギーは，価値負荷性をもった硬直的な思想的教義として，本来必要なときに個人の適切な行動を抑制しうる（Thornton et al., 2012）。

　だが，主体の行動変容を検討するうえで，自分自身，帰属する集団・組織，産業，地域，国家，地球などといった多様な存在論的な次元を仮定した場合，どの次元と同一化し，どの次元の規範を重視するか，あるいはどの次元の利得やサステナビリティを重視するか，といったアイデンティティや規範にかかわる認識論的な問題が重要だと思われる（e.g., Akerlof and Kranton, 2000, 2010; Smith and Wilson, 2019; Taniguchi and Fruin, 2022）。つまり，イデオロギーが個人に及ぼす影響は，存在論的な次元との同一化の仕方や自己イメージの種類に左右されうる。かくして，イデオロギーの働き方次第で，局所的な利得目標から大局的な規範目標へ，といったモチベーションの変化が生じる（e.g., Bernacchio et al., 2024; Lindenberg and Foss, 2011; Foss and Lindenberg, 2013）。それにより，個人は，局所的な道具的価値を追求することもあれば，あるいは大局的な内在的価値を追求することもありうる。

　次に，制度進化について考えてみよう。その際，ノースや青木による概念化は，制度経済学のなかで外在主義が影響力を強めていることを示した事例とみなされ，マクロ的に外生的な環境変化を重視

する結果，ミクロ的には行動主義的な刺激・反応にもとづく受動的な人間モデルを前提とせざるをえない点についてふれておきたい。外部環境の変化を契機とした受動的な適応に焦点があてられている点で，彼らの制度の概念化は，外在主義にもとづくとみなされるのである。

しかしながらそれは，あくまで制度変化のマクロ的基礎の理解に資する一面的な見方なのであって，さらに制度変化のミクロ的基礎を内在主義的なアプローチからとらえなおす必要もあるだろう。すなわち制度変化の推進力は，人間本性の多様性に根差した個人の企業家精神や組織のDCから内在的に生み出されうるということなのである（e.g., Helfat and Peteraf, 2015; Schumpeter, 1934; Taniguchi and Fruin, 2022; Teece, 2009, 2017; Winter, 2013, 2017）。

3.4. 政治経済について理解する

3.4.1. オルテガによる人間の二分法──高貴人 対 大衆人

ここで，大衆が社会的権力の座にのぼった点を『大衆の反逆』で記したオルテガによる，人間の二分法からはじめたい（Ortega, 1930/1993）。すなわちそれは，自分自身に多くの要求を課すことで困難な課題や義務に取り組む「高貴人（noble man）」，および自分自身に何の要求も課すことなく自己成長に向けた努力をせずに自分の現状を維持するだけの「大衆人（mass man）」である。前者は特別なケイパビリティをもつのにたいして，後者はそれをもたず，みんなと同じだと感じてもその事実に関知せず，むしろ喜びを見出す。前者は自分を上回る規範に自らを従わせるべく内在的な必要性によって突き動かされるのにたいして，後者は現状の自分に満足してうれしがっているにすぎない。そして，前者は少数派をなす選ばれし人間であるのにたいして，後者は大衆をなす凡庸な人間である。これらは，それぞれ1つの社会階級を意味するのではなく，あらゆる

社会階級に存在しうる人間の2つの種類を表す。

　さらに問題なのは，大衆人が道徳性をもたないという点である。そして大衆人は，可能性があり余った世界で生み出される欠陥をもった質の悪い人間を表す属としての世襲人に含まれるという意味で，貴族，甘やかされた子どもなどと同系の種だとみなされる。現代において大衆人が高貴人を社会のさまざまなドメインで駆逐し，支配的な存在になった状態こそ，「大衆の反逆」とよばれる深刻な事態なのである。

　高貴人は，内発的に行動できる主体的存在なのだが，大衆人は「慣性」にしたがい「外部から加えられる力」に反応するだけの客体的存在にすぎない。前述したように，制度経済学では，主に外部環境の変化を契機とした受動的な適応に焦点があてられていた。この意味で，刺激・反応にもとづく大衆人という人間モデルが仮定されていたとみなされよう。しかし前述したように，人間本性の多様性に根差した個人の企業家精神や組織のDCにもとづいて制度変化が生じうる。かくして，適切な資質をもつ高貴人を仮定することが重要な意味をもつ。

3.4.2. 政治経済における大衆化の進展

　とくに本章では，政治経済を動かす政治家・官僚・経営者など一連のリーダーにかかわる重要な社会的地位が大衆人によってますます占有されていく，という政治経済における大衆化の進展を問題にする。これら一連の社会的地位が重要なのは，道徳的・社会的価値の選択に必要なケイパビリティの比較優位性をもつとみなされるからにほかならない。

　しかし，自分の殻のなかにひきこもり，狭小な利得目標や現状維持にしか関心のない大衆人としての政治家にしてみれば，本来は高貴であるはずの社会的地位が求めるそうしたケイパビリティの要件を満たすことができない。他方，大衆人としての市民は，日常生活

で何らかの問題が生じた場合，国家が即座に介入し問題解決をしてくれることを期待する。国家介入は文明を脅かす最大の危険だ，というオルテガの警告にもかかわらず。

適切なケイパビリティを欠いた大衆人としての政治家・官僚などが多数を占める政府，そして適切なケイパビリティを欠いた大衆人としての民間主体が多数を占める社会。両者は，そうした最大の危険に無頓着なまま国家と同一化していく。

換言すれば，政府によってその統治下にある市民の権理通義（ないし権義）が侵害されるような暴政というゲームの均衡が国家の一形態として現実的に生成しうる（e.g., 福沢, 1995; 将基面, 2002; Snyder, 2017）。ここでいう権理通義とは，すなわち「人々その命を重んじ，その身代所持の物を守り，その面目名誉を大切にする大義」（福沢 1942，22）にほかならない。

とくに，均衡としての暴政が生成していると思われる現在の日本は，VUCA世界のなかで指数関数的に増え続ける解決困難な創発的問題に悩まされている。その結果，日本における個人と国家のミクロ・マクロ連環にかんして，政治家・官僚・経営者などのリーダー層が実際にもつケイパビリティと，国家として抱えている一連の創発的問題の難しさとのあいだの「CDギャップ（Heiner 1983）」は，縮小するどころか，むしろ拡大するばかりである。

日本では，政治家の社会的地位が高齢化や世襲化などで特徴づけられた大衆人によって占有されてしまったようである。彼らの不作為や不適切な判断・行動によって，問題がさらに深刻化し，次第に国家能力がむしばまれることで，将来世代のためのさまざまな機会を可能にする持続可能な発展が阻害されてきた――未来の日本が食いつぶされてきた――ようにみえる。これこそ，政治経済におけるコモンズの悲劇にほかならない。

コモンズの悲劇は，個人による資源の過剰利用によって社会において資源の枯渇が帰結するという社会的ジレンマの問題を表す。た

とえば，万人に開かれた放牧地を想定した場合，牧夫が多くの家畜を自由に放牧することで，やがて家畜が放牧地の牧草を食べつくし荒廃させてしまう状況を想起しよう。

こうした悲劇がもたらされる理由，およびそれを解決するための政策について，論者のあいだにはスタンスのちがいがみられることも事実である。概してそれらの見解は，「政府 対 市場」といった二分法に対応するものの，企業内部で作用するダイナミクスだけでなく，コミュニティによるCPRs（common pool resources: 共有プール資源）のガバナンスにかかわる制度的多様性をも勘案していない（Ostrom, 2010）。

結局，CPRsのガバナンスについていえば，国家管理も民営化も一意的な解ということにはなりえない（Ostrom, 1990）。CPRsとしては，たとえば水利，漁場，放牧地，森林，図書館，アイデアなどが挙げられる。それは，便益をえる主体を排除するための物理的・制度的な手段の開発が困難であるという特性を公共財と共有する一方，ある主体の消費が他の主体にとって利用可能な数量から控除されるという特性を私的財と共有する（Hess and Ostrom, 2003）。つまり，排除性と控除性が重要な意味をもつことになる。

本章では，国家経営にかかわる政策の策定・実行や制度設計に付随するレントをCPRsとみなす。そうしたレントは，政治ドメインにおいて政府にたいして国家経営に取り組むインセンティブを与えるが，与野党を問わず競合同士で占有しようと試みるCPRsであるため，政治的競争が進展するにつれてレントの消失もすすむと予測される。しかし，経済ドメインとは違って，政治ドメインでは政治権力の基盤たるレントが簡単に消失しないようにみえる。

政府にとっては，既存の政策・規制にかかわる掘削（知の深化）によってレントの消失を防ぐ一方，新しい政策・規制にかかわる探査（知の探索）によってレントの創出に取り組むといった両利きの活動が求められる（e.g., March, 1991; Tushman and O'Reilly, 1996）。

とくに，そうした両利きの活動に取り組む政治家としての社会的地位の配分は，選挙によって行われ，その地位を首尾よく占有するにいたった主体は，社会からの広範な役割期待を内面化できるかどうかというケイパビリティの問題が生じる（e.g., Dahrendorf, 1968）。概して政治家は，社会からの役割期待ではなく，むしろ特定の利益集団からの役割期待を勘案し，そうした集団の局所的な利益に資する活動に従事しがちなのである。彼らは，政治家としての社会的地位を占有することに成功したとしても，高貴さ，独立性，中立性などをあまねく欠くという点において，政治家とよぶのは不適格だとみなされる。要は，大衆人にすぎないのである。

　本章では，政治経済において大衆化がすすむことによって深刻な問題が生じてしまう可能性を示唆する。すなわち，既存の政治経済制度が短期的な政策を動機づける傾向を強めていく結果，世代間正義の実現にたいする桎梏がもたらされてしまう（Caney, 2018）。これはつまり，将来世代の声が政治経済のあり方に反映されにくくなることで，長期的には国家のサステナビリティが損なわれてしまいかねないことを含意する。明日より今のため，そして将来世代より現在世代のための政治や企業経営が優先されることで，国家や会社の持続可能な発展が犠牲にされうる。

3.5. 大衆人のための教育

　世界教育史の研究者であり，和光学園での生活教育実験に尽力した梅根悟は，子どもたちは長い歴史をつうじて戦争のために教育されてきたという見解を，かつて提示したことがある（梅根, 1955）。なるほど，戦いの危険がない集団には，子孫を教育することで身体の訓練や教訓の伝達を施す必要はないのかもしれない。

　ここでいう戦争とは，軍事戦争に限定されるものではない。戦争の主な特徴の1つは，意に沿わない人々の生活すらすべてを巻き込

んでしまうという暴力的な無差別性にある。たとえば，受験戦争も，就職戦線も，米中貿易戦争も，どれも自らの意志とは無関係に巻き込まれ，自助努力だけで容易に抜け出せないという点では無差別的である。実際，親は受験戦争の戦場に子を送り，教員は就職活動の戦場に教え子を送っている。他方，競争という戦いの場で活躍できる有能な企業戦士を「人材」やら「人財」やらと，美辞によりもてはやす経済界の教育観はさらに露骨な無差別性を感じさせよう。

　また，小学生から導入されているキャリア教育にしても，若年層の早期離職や就労意欲低下という課題に端を発しており，経済戦争の一環ととらえることができよう。他人のキャリアは教えられるという確定的かつ自信過剰なリバタリアン・パターナリズムの背景には，国のために生きる人材を創造する意図が透けてみえる。これは，国のために死ねる人材をつくっていた戦前・戦中の古い教育観と根本的には変わりないようにみえる。要は，死から生に衣替えしただけで，どちらも「国家のため」を是とする価値観にもとづく。

　国家は，個人の人生・運命を保有し，左右しうる。これは，オルテガが文明を脅かす最大の危険として認定した国家介入にほかならない。国家介入を個人にうけいれやすくしているのは，教育現場が手放しに称賛する利他主義だと考えられる。利他がないと社会がうまく機能しない場面もあるが，その使い方を誤ると自己犠牲を強要するだけの凶器と化してしまう点に，十分な注意を向けておく必要があろう。

　しかし，国家を運営する政府は，批判精神を危険物とみなしがちである。社会のあり方を熟慮するには，タブーに臆せず自由に発想してみる姿勢が求められる。疑問そのものに蓋をしてしまう思考停止ではなく，むしろ立ち止まって考える熟慮が重要な意味をもつ。たとえば，社会においてその存在が当然視されている学校というシステムは，そもそも必要なのだろうか。学校は，「教えられる必要」を教えているのである。この流れにそくして思索を深めていけば，

学校は，人々を制度がないと暮らせない制度依存に陥らせて，社会のあり方について吟味・検討を施し熟慮する能力を弱体化させているにすぎないとか，あるいは，人々が学校に期待する自由競争や実力競争とは裏腹に，元来の能力格差や社会的不平等の再生産に加担しているにすぎない，といった見方もできよう（e.g., Bowles and Gintis, 1976; Illich, 1971）。

　政府による介入主義を容易に実現するためには，すべての人々に現状維持で満足した大衆人にとどまってもらうことが望ましい。彼らには，批判精神もそれにもとづく熟慮もあまねく必要とされない。政府にしてみれば，彼らが賢くなり悪知恵を働かせるほどまでに成長することは，回避したい事態なのである。かくして人間成長は，大衆人のための教育により制約されているのかもしれない。

　変化が加速しているグローバル経済における日本の立ち遅れは，VUCA世界のなかで多くの創発的問題が生じているにもかかわらず，政治経済を動かしうるリーダーの大衆化・高齢化，それにともなう彼らのケイパビリティの劣化・陳腐化によってCDギャップが拡大している点に主に起因するように思われる。VUCA世界においては，創発的問題が指数関数的に増え続けている。にもかかわらず，政治経済を動かす政治家・官僚・経営者などといった重要な社会的地位が，本来はリーダーに必要とされるはずのDMC（経営者のダイナミック・ケイパビリティ）をもたない大衆人によって占有され，しかも彼らの高齢化がすすんでいる。これにともない，ティース流の用語法にしたがえば，彼らのOC（ordinary capabilities: 一般的ケイパビリティ）やSOC（superordinary capabilities: 超一般的ケイパビリティ）の劣化・陳腐化もすすんでいる。この事実は，日本という国家のサステナビリティにとって重大な危機だとみなされよう。こうした危機を克服し，真の意味で持続可能な発展を実現するためには，日本の政治経済にかんする比較制度分析に従事していく必要がある。

第 **II** 部

事例研究編

第 4 章

地域経済のサステナビリティ経営
——小田原モデル——

4.1. 小田原モデルの4本の柱

　本章では，小田原市周辺地域に存在する企業やNPOなどの観察からえた経験的事実を土台として，サステナビリティ経営の1つの理念型——小田原モデル——を導き出すことを目的とする。小田原モデルは，当該地域における多様な組織が二宮尊徳の報徳思想という共有価値にもとづいたサステナビリティ経営の1つの理想的なかたちである。もちろんそれは，地域の持続可能性のみならず個人，企業，国，地球など多様な持続可能性の同時実現に貢献する可能性をもつ。

　小田原モデルは，(1) 当該地域のさまざまな主体が報徳思想を共有価値としていること，(2) 彼らの協力によりD＆Iを実現すること，(3) 人間と自然の調和を是とする日本文化の象徴たる地位へと駆け上るための聖地として世界的な名声を確立すること，(4) 歴史をつうじて継承されてきたファンダメンタルなパーパスにこだわる老舗企業が多く存在すること，といった本質的な4本の柱によって構成される。

　以下で敷衍するように，本章では，ESGやSDGsにかかわる問題解決において，適切なパーパスをもつ企業による物事の適切な実行をサステナビリティ経営とみなす。小田原モデルに焦点をあてた本章では，経営者，企業に加え地域といった次元での分析を加味す

る。小田原モデルを産業集積としてとらえた場合，地理的な近接性という特徴をもつだけにとどまらず，それを構成する4つの本質的要素の点で独自性をもつとみなされる。

4.2. 地域経済のサステナビリティ経営の1つの理念型としての小田原モデル

4.2.1. 小田原モデルの特徴

ここで，サステナビリティ経営の1つの理念型とみなされる小田原モデルの特徴づけからはじめたい。すなわち，

　小田原モデルとは，小田原市周辺地域でさまざまな活動を展開する多様な個人や組織——たとえば，企業，NPO，神社，市町村など——が二宮尊徳の報徳思想を共有し，地域の持続可能性への貢献と整合的な仕方で他次元の持続可能性を同時実現しようとするサステナビリティ経営の1つの理想的な形態である。さまざまな主体は，報徳思想にもとづいて地域で協力し，互いの働きを強めあうような仕方で，健常者も障害者も含め，高い志をもつさまざまな主体が社会に参画できるようなD＆Iを実現する。さらに，自然の法にしたがい，それとは両立しえない人工物をできるかぎり排除する形で多次元の持続可能性の同時実現を志向するとともに，人間と自然との調和という日本の伝統に立ち戻り，日本文化の象徴たる地位へと将来的に駆け上るための世界的な聖地として先端芸術をつうじた創造的実験を試みる。そして，このモデルを構成する代表的な企業は，報徳思想はもとより歴史をつうじて継承されてきた価値観にもこだわり，独自の際立ったポジショニングをめざす。

　一般的に，こうした地域経済モデルは「クラスター」とよばれ，

相互依存性をもつさまざまな組織の地理的に近接したグループを意味する（Porter, 1998）。しかし，地域経済モデルと一口にいっても，これをグローバルな視野でとらえるとすれば多様たりうる点に注意しよう。すなわち，19世紀後半のイギリスでは，特定製品の生産に特化した小規模な企業が地理的に集中する産業集積が存在した（Marshall, 1961）。そうした「マーシャル的産業地域」では，主に地理的な近接性がもっぱら重要で，企業間のコーディネーションはさほど重要な意味をもたなかった。他方，ファッションや家具などの生産に強みをもつ「第3のイタリア」とよばれる産業集積に立地する差別化志向の中小企業のあいだには，マーシャル的産業地域より高位のコーディネーションがみられる。さらにシリコンバレーでは，専門的なケイパビリティをもつベンチャー・キャピタリスト，および新奇的なアイデアを生かしてBMの探求・実験を試みる起業家ないしスタートアップ企業からなる「革新的ネットワーク」が創発し，前者は後者に資金を供給し，イノベーションの成功による新しいテクノロジーの発展・普及・事業化に向けてコーディネーションをになう（Langlois and Robertson, 1995）。

　これら3つの産業集積を比較すると，主体の認知・行動がどれくらい相互に整合化されるかを示すコーディネーションの統合度という点で，とくに差異がある。すなわち，コーディネーションの統合度の低いものから並べると，マーシャル的産業地域，革新的ネットワーク，第3のイタリアといった順になるが，不確実性への適応力という点でみると，マーシャル的産業地域と第3のイタリアは，不確実性が小さい既知の変化に適しているのにたいして，シリコンバレーの革新的ネットワークは，不確実性が大きい未知の変化に強みをもつ（Langlois and Robertson, 1995）。

　小田原モデルは，これを産業集積としてとらえた場合，単に地理的な近接性という特徴しかもたないわけではない。とはいえ，中小企業間の高位のコーディネーションといった特徴をもつわけでもな

い。むしろ，それを構成する本質的な4本の柱の点で独自性をもつとみなされる。

4.2.2. 小田原モデルの共有価値としての報徳思想

ここでは，小田原モデルを支える共有価値である報徳思想についてふれておきたい。小田原市には，二宮尊徳を祀った報徳二宮神社が存在する。1894年4月，尊徳の教えを尊重する伊豆，三河，遠江，駿河，甲斐，相模それぞれの報徳社の総意によって，彼の生誕地である小田原市に報徳二宮神社が創建された。氏子組織をもたない本神社は，経済的に安定した運営に向けて報徳会館を建設し，結婚式などの事業活動に従事するだけでなく，報徳博物館を建設し，経済より道徳を大切にする報徳思想の普及・実践に取り組んできた（https://www.ninomiya.or.jp）。報徳という言葉は，かつて小田原藩主だった大久保忠真が尊徳の人生哲学を論語の言葉「以徳報徳」と称したことに由来するという（蓑宮，2017）。

尊徳の報徳思想は，小田原モデルの土台をなし，地域の政治経済を動かす経営者，社会企業家，政治家，官僚などの共有価値——多様な主体の予想・行動をコーディネートするフォーカル・ポイント」——として機能してきた。とりわけ本神社は，CSV（creating shared value: 共有価値創造）先駆者とみなされうる尊徳の推譲，すなわち「譲って損なし，奪って益なし」という報徳思想の世界観を体現してきた。そして，地域農業の後継者不在や耕作放棄地増大などの問題を解決するための小田原柑橘倶楽部の取り組みなどをつうじて地域の持続可能性にも尽力してきた（草山明久 報徳二宮神社宮司講演「二宮尊徳翁の一生と報徳運動—— CSV先駆者に学ぶ」報徳会館，2022年5月26日。以下，草山（2022）と記す。および，深野編（2016, 290）や蓑宮（2017, 126）も参照）。自分以外のものにたいする感謝にもとづき，自分の利得を自分以外のもののために差し出すことをいとわない精神，それが推譲の要諦にほかならない。

加えて尊徳は，すべての存在が協力しあうことで生まれる調和を是とする「一円融合」を説いた。一円融合は，あらゆるものが互いに働きを強めあう形で補完性が生じている状態である。すなわちそれは，企業と個人，企業と地域，企業と企業，すべてのものが協力して1つになることであり，現代的にはSDGsの実践につながる（蓑宮，2020）。さらに，「経済なき道徳は戯言であり，道徳なき経済は犯罪である」とする経済道徳一元論は，尊徳の一円融合を反映した見方だといえよう。

　とくに内村鑑三は，『代表的日本人』(1908/1995) のなかで尊徳を取り上げ，道徳を大切にする彼の見解を紹介した。尊徳は，道徳が経済に先立つことを強調した。つまり，行動を規律づける倫理的な価値観が重要な意味をもつ。そして，自然が人間にたいして努力の道徳的報酬をもたらしてくれる，という教えを示した。

　しかしながら，『代表的日本人』の5人のうち小田原の偉人 尊徳だけがこれまで映画化されてこなかった。そのため故蓑宮武夫 ほうとくエネルギー株式会社前代表取締役社長は，地元の有力企業の経営者たちを巻き込んで，尊徳の人生・世界観を広く普及するとともに，将来世代にも伝えるべく映画『二宮金次郎』の制作に向けて取り組んだ（残念なことに，蓑宮は2023年10月，メキシコで急逝された）。この映画は，2019年より上映された（蓑宮，2019）。彼は，小田原に映画館をつくることで，まちおこしの拠点にしようと計画・準備していた（蓑宮，2023）。

4.2.3. 報徳思想にかんする2つの注釈

　これまで尊徳の報徳思想は，小田原市周辺地域の持続可能性に貢献する多様な組織からなる小田原モデルの土台となっていることをみた。今日，尊徳の教えは，競争から共創への大転換をすすめるとともに，自然にたいする人間の畏敬の念を取り戻すという実践的な課題を，われわれに突きつけることとなった（草山，2022）。他方

で理論的には，実証経済学に人間を取り戻す一方，モラル・サイエンスとしての経済学を精緻化することで人間本性の理解を深めるとともに，他者を欺く機会主義（Williamson, 1975）を意味する「私曲」はもとより狭小な自己利益の追求にすらとどまらない，多様な人間本性の仮定に根差した経済・経営理論を構築するという課題を突きつけていよう（e.g., Taniguchi and Fruin, 2022）。

なるほど，フリードマンをはじめとする主流派経済学は，主体が自己利益——消費者が効用，企業が利潤——を追求する結果，競争を是とする市場のみえざる手に導かれることで，社会としてパレート最適という資源配分状態に到達しうる，とわれわれに教えてくれる。他方，戦略経営論は，企業が何をしないかを決め，差別化された価値を生み出す活動を組み合わせることで独特なポジションを確立せよ（e.g., Porter, 1996），あるいは，VRIN資源の開発・蓄積をすすめよ（e.g., Barney, 1991），といった指針の下で，競合より一頭地を抜くことで競争に勝つべきことを主張する。こうして従来の経済学・経営学は，利己主義にもとづく自己利益の追求と競争に焦点をあてる。

これとは対照的に，尊徳の報徳思想は，利他主義や協力の可能性に目を向けさせる。ここで，以下の2点について注釈を記しておきたい。すなわち第1に，利他主義は多義的で，自己犠牲をともなう利他主義に限られるものではないうえ，利他主義すべてが望ましいとはいえない。利他主義を考えるうえで有用な概念として，共感とコミットメントがある（Sen, 1985b）。すなわち，他者に生じる事象が自己の効用に影響を及ぼすために他者へと関心を向ける共感，および他者に生じる事象が自分の効用に影響を及ぼさないとしても，自分の道徳にもとづいて他者へと関心を向けるコミットメントである。とくにコミットメントは，自分を超えた広範なアイデンティティの力を反映しうる。つまり個人が，「われわれ」としてどのタイプ・次元の組織・集団と同一化してアイデンティティを抱くかが重

要な意味をもつ（Akerlof and Kranton, 2000, 2010; Sen, 1985b）。

　このように他者への関心については，個人の効用への影響の有無，ないし動機の自己ないし他者志向性によって左右されうる点で，近年では利他主義よりむしろ向社会的行動という言葉が用いられつつある（Einolf, 2008）。他者への思いやりに支えられた向社会的行動は，社会的弱者である障害者へのサポートという文脈で確認される。しかし問題は，社会において障害者は，健常者の正義を実行するための道具に成り下がってしまう可能性に服している点にある（伊藤, 2021）。全盲者は，晴眼者が利他的な親切心によって言葉での過剰な道案内や先取りしたケアを押しつけてくることで，自分の感覚で歩く自由を奪われてしまう。つまり健常者の利他主義は，障害者の選択肢の幅としてのケイパビリティを損ねてしまいかねない（Sen, 1985a）。

　第2に，競争を悪とみなし，これをあまねく抹殺してしまう非競争の世界はけっして擁護できるものではない。競争は，人間本性に内在する自愛心，活動意欲，自己実現，自己成長が表出したものとみなされ，社会を動かす力を生み出すエンジンとなりうる（塩野谷, 2005）。実際，哲人経営者の異名をもつ小林喜光 東京電力ホールディングス会長は，競争が人間本性であることを力説する（小林, 2019）。

　他方，ダイバーシティに配慮する組織は，多様な人々のケイパビリティを動員・統合する機会にめぐまれ，イノベーションを創出する可能性が大きくなる，と予想しうる。実際，マッキンゼー（McKinsey）がアメリカ，イギリス，カナダ，ラテンアメリカの多様な産業に属する366社を対象に実施したダイバーシティと業績との関係性にかんする調査によれば，経営陣における人種の多様性が高い上位25％の組織は，同業の他組織の中央値より35％ほど業績が高くなる（Hunt et al., 2015）。

　日本社会にありがちなのが，平等という理念の下に落ちこぼれを

なくし、「みんないっしょ」の同質化を是とするパターナリスティックな配慮である。それはそれで、ある面ではすばらしいことなのかもしれない。しかし個人や組織は、自らの個性・創造性はもとより、内面に秘めた反骨・批判精神——変化を生み出す猛獣に不可欠な要素——がそうした過保護によって犠牲にされてしまうとすれば、変化を嫌い現状に盲従するだけの家畜と化してしまう。そして結局、手取り足取りの過保護は、実は相手にたいする上から目線の見下しにすぎないことが大いにありうる。日本社会において家畜化につながる見下しがはびこる限り、家畜しか育たなくなってしまう。その結果、現状を打破できないという閉塞感だけが蔓延し、社会をより良き方向へと突き動かす変化の源泉たるとてつもない力——文字通りのアニマル・スピリット——をもつ猛獣は、やがて絶滅してしまうだろう。

　本来、競争というものは、個人が所属する組織の境界を越えて自分よりも上位の他者との上方比較によって個を磨き、新しいケイパビリティの開発・蓄積をつうじて個のダイバーシティにもとづきイノベーションを生み出すべきものであろう。しかし近年の日本においては、競争というゲームのルールが変化してしまい、ダイバーシティ由来のイノベーションという理想から乖離してしまったかのようである。すなわち人々は、自分が所属する、ないし近隣の組織内で、自分よりも下位の他者との下方比較をつうじて安心感をえるとか、あるいは、そうしたケイパビリティ進化の努力もせぬまま、比較可能な属性——たとえば、年齢、職位、職種、雇用形態、発言力など——を切り札として他者より優位であることを明示ないし暗示することで、他者にたいして不快感をもたらしがちである。いうなれば、同じ牧場のなかで、家畜は自分がせめてスタンディング（乗駕される）側にならぬよう、中身の乏しいマウンティング（乗駕する）にひた走る。

　問題は、ミクロ・レベルでみて個人が集団内で無意味なマウンテ

ィングに前のめりになる傾向を強めたことで，マクロ・レベルでみて日本がデジタル化のすすむグローバル時代にかつての国力を失い，逆に他国によるマウンティングの対象——中国，韓国にはモノづくりで出し抜かれ，中国，ロシア，北朝鮮には国防面でのリスクを突きつけられ，そしてアメリカには政治経済的に不遇を強いられるといったスタンディング社会——に成り下がりつつあるという点にある。日本は将来的に，多様性志向のイノベーション社会から遠ざかり，同質性志向のスタンディング社会としてこのまま「失われたX年」を積み重ねるしかないのだろうか。

　伊藤邦雄は，近年の日本企業の競争力喪失を「多様性敗戦」と適切に特徴づけている。ミクロ・レベルで日本企業の人々は組織内で多様性を押し殺してきたことで，深刻なイノベーションの機会損失が生じてしまった，と。彼はこうした実情をふまえ，異分野の他者との活発な交流をつうじて，パーパスにかんして多様性と対話の好循環を深めていくための社交性こそ，21世紀のリーダーに求められる要件であることを強調する（伊藤，2022）。つまり，対話が重要な意味をもつ。

4.2.4. 報徳思想とD&I
NPO法人アール・ド・ヴィーヴル

　ここでは，小田原モデルが報徳思想に依拠した一円融合によって多様な人々や組織を巻き込み，結果的にD&Iを実現してきた点に言及しよう。まずこの点で，2013年8月，障害者支援の目的で立ち上げられたNPO法人アール・ド・ヴィーヴル（以下，アール）に焦点をあてる。アールの萩原美由紀理事長は，障害者が自己選択をして自分らしく生きられる社会をつくりたいという信念の下，この組織を設立した（萩原美由紀 NPO法人アール・ド・ヴィーヴル理事長講演「人間の無限の可能性を考える」NPO法人アール・ド・ヴィーヴル，2022年5月26日。以下，萩原（2022）と記す）。彼女は，障害者にた

いしてアートをつうじた創造的活動のプラットフォームを提供した。それによって，彼らは自己選択と自己肯定感を実現する機会をえた。

　われわれの利他的な親切心は，障害者の自由を奪いかねない。そうした親切心の根底にあるのは，「障害者はかわいそうだ」という健常者の上から目線の傲慢や無理解ではないだろうか。健常者，障害者がわけへだてなく自分らしく生きられる社会こそ，人類にとってサステナブルな社会にほかならず，そうした社会でこそ自分で選ぶ権利と自己肯定感が満たされるのではないだろうか（萩原，2022）。

　日本では，障害者雇用促進法によって障害者雇用率制度が規定されている。この制度の下，企業は，雇用する労働者の2.3％に相当する障害者の雇用が義務づけられている。企業は，もしこの制度の要件を満たしていなければ，納付金を支払う必要がある。この点にかんして，雇用義務数より多くの障害者を雇用する企業にたいして調整金の支払いなどを行うといった障害者雇用納付金制度も設けられている。

Hamee 株式会社

　小田原市に本社をもつ Hamee 株式会社（以下，Hamee）は，障害者雇用率制度にしたがいアールの障害者を2名雇用し，彼らがアールに出向する形をとっている。彼らにしてみれば，一般企業で雇用されることで自己肯定感が満たされるし，自分の慣れ親しんだ居場所であるアールから支援をうけながら，今まで通りアートなどの創造的活動に従事できることは望ましい（萩原，2022）。

　Hamee の樋口敦士代表取締役会長は，「みんなが就職するなら起業する」という逆張り精神の下，小田原の地で「クリエイティブ魂に火をつける」ために起業した（樋口敦士 Hamee 代表取締役会長講演「クリエイティブ魂に火をつける」Hamee 本社，2022年5月26日）。このミッションを「クリたま」と略称する樋口会長は，お世話になっている地域を盛り上げていくことを強調する。その取り組みの1

つとして，小田原周辺地域に居住する正社員にたいして一律月2万円を支給する小田原手当の制度を設けている。もちろんそれは，小田原を愛してやまない小田原推しの表象とみなされよう。

そしてHameeのウェブサイトには，「小田原の地からサステナブルな社会の実現へ」と題するサステナビリティ経営へのビジョンが記されている。小田原をプラットフォームとして展開する，報徳思想に根差した一円融合の取り組みとしてのサステナビリティ経営。そして，地域，地球，多様な人間を包摂しようというサステナブルな社会。これらに配慮した樋口のビジョンは，なるほど壮大である。

こうした壮大なビジョンの原点は，たとえばパナソニックホールディングスを創業した松下幸之助にも確認できよう。彼にとって，経営とは「聖なるもの」であった。すなわち，物資の楽園に宗教の精神的安心を加味してこその人生を実現する（松下，1986）。そして，人間のための貧困の撲滅に加え，物質的豊かさと精神的豊かさを両立させる。こうした壮大なビジョンは，幸之助の真骨頂であった。かくして，水道哲学の下でモノづくりに邁進し，物質的豊かさを達成したところで，経営の仕事は未完成のままにおわってしまう。つまり，それだけでは，物心一如による繁栄を実現したことにはならないのである（谷口・フルーエン，2021）。

何より幸之助のビジョンは，アメリカのビッグテックや飛躍型のスタートアップ企業に共通する，人類や地球の持続可能性を念頭においたスケールの大きな野心的変革目標として位置づけられる（Ismail et al., 2014）。この点で，「小田原の地からサステナブルな社会の実現へ」というHameeのサステナビリティ経営のビジョンも，十分に野心的だとみなされよう。

4.2.5. 報徳思想と人工物の原罪への挑戦

われわれは，尊徳の報徳思想に依拠した一円融合による小田原の経営者や社会起業家などの挑戦から学ぶべきことが多いと思われる。

報徳思想は，人間が自然の法にしたがうべきことを含意する。しかし，時間をつうじた資本主義の発展にともない，概して20世紀には企業は巨大化し，経営，生産，マーケティングへの大規模な投資をつうじた効率的な大量生産と大量消費を前提とした「みえる手」の時代が到来した（Chandler, 1977, 1990）。そして21世紀，大量生産と大量消費の基調はそのままに，グローバル化による市場の拡大，さらにはIT革命やデジタル化の進展によって，企業は他の主体へのアウトソーシングによって厚みのある市場のケイパビリティを利用できるようになった。つまり，「消えゆく手」の時代が到来したのである（Langlois, 2007）。

　われわれの生活が企業による物質的豊かさの充足をつうじて便利になったのはたしかだが，幸之助のいう物心一如による繁栄については，いまだ道半ばといった感はいなめない。とくにそれは，人間が自然の法にしたがわなくなったことに起因するように思われる。この点について，2017年10月，小田原文化財団江之浦測候所（以下，江之浦測候所）という先端的な文化施設を建設した杉本博司ファウンダーは，人間は，自然の法にしたがうどころか，経済成長の名の下に自然を食いつぶしてしまう罪深き存在なのだ，と述べる（杉本, 2022）。

　実際，1971年，いよいよ地球では，地球資源にたいする人間の需要を示すエコロジカル・フットプリントが，生態系による地球資源の供給を表すバイオ・キャパシティを上回るというオーバーシュートの状態に突入した。つまり人間は，自然を食いつぶすことで地球の持続可能性に深刻な影響を及ぼしはじめたということである。換言すれば，この年を境に地球1個では人類の活動を支えきれなくなった。さらに，時間をつうじて事態は深刻化しつつある。地球は1971年に1.02個必要だったが，2018年には1.75個必要とするほどにまで，地球の持続可能性は損なわれた[1]。

　以下では，こうした深刻な現実をふまえたうえで，小田原モデル

を構成する企業のなかでも地球の持続可能性や自然との共存にたいして特段の注意を払う2つの企業と1つの文化施設に焦点をあてるとしよう。

株式会社鈴廣蒲鉾本店

まず，1865年創業のかまぼこの老舗である株式会社鈴廣蒲鉾本店（以下，鈴廣）からはじめよう。鈴木博晶 鈴廣8代目社長は，小田原への地元愛にもとづき地域の発展に貢献してきた経営者の1人である。鈴廣は，「老舗にあって老舗にあらず」という禅問答のような社是を掲げる。そうした社是を反映した取り組みの1つとして挙げられるのが，2007年のかまぼこの里の開設である。かまぼこの里は，顧客を起点としたかまぼこを中心とした新しいマリアージュの提案のためのプラットフォームとして位置づけられる。

他方，地球の持続可能性という点でいえば，2015年8月に完成した鈴廣の本社社屋ゼロ・エネルギー・ビルの取り組みにふれておく必要がある。すなわちそれは，小田原で戦後植林されたヒノキ，スギの木材を活用するとともに，建物内の1次エネルギー消費量を再生可能エネルギーの利用などによって正味ゼロにするというものである。この建物は，小田原の豊富な地下水を利用して相対的に夏は涼しく，冬は暖かい温度を有効に活用する。

さらに鈴木は，かまぼこの原料となる魚が育つ海の持続可能性を懸念する。小田原では1950年代頃，ブリがよくとれたという。1シーズンで約60万本もの漁獲高があった。しかし近年，海水と淡水がまじりあった汽水域が少なくなるばかりか，砂浜が砂ではなく石に覆われて海岸の要塞化がすすみ生態系が変化し，ブリがとれなくなった。彼の見立てによれば，砂と淡水の供給が減った原因は，ダムの建設にあるという。すなわち，神奈川県がすすめてきた酒匂川総合開発事業の2つの基幹施設である三保ダムと飯泉取水堰こそ，海の持続可能性を損ねている元凶だ，と。

そして彼は，死ぬ直前にダムを爆破するくらいの強い胆力をもっ
て海の持続可能性を守っていきたい，と強い決意をこめた（鈴木博
晶　鈴廣かまぼこ代表取締役社長講演「創業150年伝わる経営理念──サ
スティナブル経営を学ぶ」かまぼこ博物館ホール，2022年5月27日）。
以下，鈴木，2022）と記す）。

　加えて鈴木は，鈴廣という会社の持続可能性を支えるコア・コン
ピタンスを，魚のタンパク質を生かすケイパビリティに求め，人体
に悪影響をもたらす人工甘味料の根絶をつうじて安心安全な食の必
要性とそれに向けた自社としての貢献を強く主張する（鈴木，2022）。
究極的に食は，人類の持続可能性に作用するのであって，鈴廣は長
い歴史をもつ公器としての老舗企業という矜持の下，地域，地球，
人類の持続可能性への貢献という野心的な目標に取り組んでいる。
この点は，前述した経営の神様　幸之助やHameeの樋口などにも通
じるところがある。

ほうとくエネルギー株式会社

　地産地消の再生可能エネルギーの創出に向けたほうとくエネルギ
ーの取り組みをみよう。その設立の契機となったのは，2011年3月
の福島第一原発事故にほかならない。この事故よって原発の安全神
話は崩壊し，安全を犠牲にした原発推進によって莫大な利益をえて
きた政官財学協同体である原子力村が問題視された。原発に代わる
真のサステナブルなエネルギーを求めて，2012年12月，「将来世代
によりよい環境を残していくための取組，地域社会に貢献できるよ
うな取組，地域の志ある市民・事業者が幅広く参加する取組，地域
社会に根ざした企業として，透明性の高い経営」を理念に，ほうと
くエネルギー株式会社（以下，ほうとくエネルギー）が設立された。
地産地消の再生可能エネルギーによる地域活性化のために，故蓑宮
が代表取締役兼CEOをつとめてきた。そして，鈴木が取締役兼
CTOをつとめてきた[2]。

地域活性化という点で，ほうとくエネルギーは2014年，0円ソーラー事業を開始した。たとえば，ほうとくエネルギーが地元の大規模店舗の屋根に太陽光パネルを設置し，メンテナンスの責任も負う。そこで発電された電力は，その店舗に1キロワットあたり36円で15年間にわたって購入してもらう。しかし，ほうとくエネルギーによる設備投資の償却後，太陽光パネルとそれが生み出す電力はその店舗に帰属することとなる（蓑宮，2017）。

　小田原市内に70ヘクタールの山林を所有する辻村農園の辻村百樹8代目は，将来世代のためにクリーン・エネルギーを残そうとするほうとくエネルギーに，太陽光パネルの設置に適した農園の広大な平地を提供した（蓑宮，2016）。報徳思想にもとづく経済道徳一元論では，道徳が経済より優先される。辻村8代目の行動にもそうした優先順位が表れており，地域の持続可能性への倫理的義務が金銭的利益を上回っている。

小田原文化財団江之浦測候所

　さらに，小田原市江之浦地域につくられた江之浦測候所についてふれる。そのファウンダーである杉本は，現代美術の巨匠として名高く，カルティエ（Cartier）やエルメス（Helmès）などとのコラボレーションでも世界に広く知られている。ここでは，小田原モデルにおける江之浦測候所の位置づけを考えてみたい。江之浦測候所は，短期的な芸術活動のための独創的な人工物で終わるのではなく，超長期的な現代文明史をひもとくための遺跡になることを，彼は意図している（杉本，2022）。さらに彼は，相模湾を望む江之浦を有する小田原は，やがて日本文化の中心となるという（蓑宮，2019）。

　人間と自然との調和という日本の伝統——古代には正統だったが，現代では異端となったもの——に立ち返ることによって人間らしさを再確認し，人類の持続可能性を高められるかどうかを見定めるための実験の場，それが江之浦測候所なのではないだろうか。そして

それは，「杉本氏から『これからの小田原』へ贈られた，もっとも心のこもったプレゼント」（深野編，2016，298）でもある。

他方，自然と調和しない人工物，たとえば原発，ダム，人工甘味料などの類は本来，人類の持続可能性を損ないかねない異端のはずである。しかし奇妙なことに，これらが現代文明の下では正統化されるという転倒が生じてしまった。われわれ自身が自然との調和を是とする人間観を取り戻し，一円融合によって衆知を尽くさない限り，現代文明に由来する人工物の原罪から逃れることはできないだろう。報徳思想の聖地には，この点で比較優位があるように思われる。

4.3. 歴史をつうじたパーパスへのこだわり

株式会社ういろう

以下では，とくに小田原市周辺地域を代表する老舗企業のなかの2社に焦点をあてる。というのも，両社は創業時からのファンダメンタルなパーパスを大切にしながら，時代の変遷のなかで存続してきたという意味でサステナブルだとみなされるからである。

まず，小田原市にある株式会社ういろう（以下，ういろう）からはじめよう。それは代々，外郎家が営んできた企業で，その当主は藤右衛門という名前を世襲してきた。外郎家の始祖は，中国浙江省出身の高級官僚 陳延祐で，官職名である員外郎から名前をとり陳外郎と称した。彼は，明朝勃興の動乱で1368年に日本に亡命し，博多で生涯をすごした。卓越した医薬のケイパビリティをもつ延祐は，足利義満によって上洛を促されたものの，博多を離れることはなかった。結局，その子である大年宗奇が公家と同格の身分で京に移った（外郎，2016）。外郎家は彼の後，月海常祐，陳祖田と続いた。足利義政は，祖田の子定治に宇野源氏の姓を授けた。定治は，その資質と外郎家の名声ゆえに北条早雲に招かれ，1504年に小田原に

移住し，陳外郎宇野藤右衛門定治を名乗ることとなった（深野編，2016）。

　現在の第25代当主である外郎武は元々，銀行員だった。しかし，2004年に後継者指名をうけたことでういろうに入社した。先代である叔父が薬剤師だったこともあり，2007年には自ら横浜薬科大学に入学し首席で卒業，やがて薬剤師の国家資格の獲得に成功した。そして2017年11月，藤右衛門を襲名したのである。彼は，家業の一時的な受託者として当主を引き継いだ。

　ういろうは基本的に，「透頂香」という薬，そして「ういろう」という名の和菓子しか扱っていない。というのも，ういろうは，薬の原料だった黒糖を用いて和菓子をつくったからである。しかも，そうした独特な製品の組み合わせや生産の仕方については，家訓によって受け継がれてきたという。ういろうは，歴史をつうじて守られてきた家訓を忠実に守り，薬と和菓子という中核製品にこだわりその生産方法を守ることで社会からの信頼をえて，日本では650年ほど，小田原では500年ほど，超長期的に存続することができた。

　外郎は，ういろうがこれほど超長期的に存続できた理由として，(1) 外郎家は京都で公家の待遇をうけ，小田原で北条家の重鎮として武家の待遇をえてきたという特殊な家柄をもっていたこと，(2) 外郎家は効能が顕著だった薬をつくるケイパビリティをもち，医薬をコア事業としてきたこと，(3) 外郎家は一子相伝で薬と菓子を心を込めてつくり，無理に生産規模を拡大してこなかったこと，(4) 京都，小田原で地域貢献に尽力してきたこと，を挙げる（外郎，2016）。

　そして外郎は，代々引き継がれてきた家訓を大切に，社会との共存共栄に向けてあえてデジタル時代に逆行するような戦略──3ない運動──を掲げる。つまりそれは，スマホ決済はしない，ネット販売はしない，Go Toキャンペーンに加わらない，といった3つの「ない」に特徴づけられる運動である。それによって，心を込めた

製品づくりを大切にしながら会社の信頼構築に取り組んでいる[3]。

株式会社ちぼりホールディングス

次に，小田原市に隣接する湯河原町を本拠地とする株式会社ちぼりホールディングス（以下，ちぼり）に焦点をあてよう。樋口泉は1946年，山梨県甲府市でちぼりの前身である和泉製菓を創業した。1968年，湯河原町にあった梅屋の営業権取得にともない，社名をちぼりに変更した[4]。泉は訪欧時にイタリアで訪れたチボリの泉に，自分の名前と湯河原の名泉とを重ね合わせ，ちぼりを社名としたという。創業以来，ちぼりは「おいしいお菓子で，みんなのしあわせを創ります」というパーパスの下，75年以上にわたって存続してきた。

樋口浩司取締役会長は若かりし頃の1973年，ドイツに渡り，お菓子づくりの教授の薫陶をうけ，日本人初のマイスターとなった。浩司は，その師からお菓子の味の99％は原材料で決まることを学び，自然の恵みに人間は勝つことができず，いい原材料を自分で直接買い付けることの重要性を悟ったという[5]。

浩司の長男で，ちぼりの代表取締役社長兼CEOをつとめる太泉は，四民平等，すなわち「『身分は階級でなく職務上の役割分担』とした人間尊重の教え」が樋口家の家訓であり，従業員にとって不可能なほどぜいたくな生活を抑制してきたとふり返る。続けて，「大きくモウケない」「原材料は手抜きしない」「昇進差別はしない」といった点に注意してきたと述べる。そして彼は，パーパスにもとづくストーリーのない会社は共感がえられないとし，つぶれないことを理念として掲げ，つぶさないという実践に取り組むサステナビリティ経営の1つのあり方について論じた（樋口，2022）。

4.4. 地域の持続可能性に向けた総力戦

　総じていえば，ういろうにせよ，ちぼりにせよ，老舗企業として創業以来の伝統を守るために「何をしないか」を決めるという戦略（e.g., 樋口, 2022; Porter, 1996; 外郎, 2022）に注力してきたと解せよう。そして，これらの老舗企業は，先祖が残してくれたパーパスを忠実に守り，それを将来世代へ継承していくことで，とくに家，企業，地域などといった多次元で持続可能性に貢献してきた。この点でいえば，それらは組織で培われてきた価値観である企業文化やケイパビリティの時間をつうじた移転に寄与してきた（Hodgson, 1996）。

　われわれは，自然と人間との調和を是とした報徳思想を唱えた尊徳と，「根源」という人間を超えたみえざる自然や宇宙の摂理を強調した幸之助との接点を見出すことができるだろう[(6)]。さらにいえば，尊徳と幸之助のあいだには，危機から逃げずに人間として人間に向きあったという共通項がある[(7)]。たとえば，1802年に尊徳が経験した母との死別や洪水などによる危機，そして1964年に幸之助が経験した減収減益に端を発する熱海会談にいたる危機。われわれは，自然をテクノロジーによって支配するといった西洋の人間中心主義を超え，報徳思想をはじめとする自然のなかに埋め込まれた人間という人間観の下，地球や人類などにかかわる深刻な危機に対峙し，持続可能性の実現に貢献する必要がある（e.g., Dasgupta, 2021）。

　しかし持続可能性は，個人から家族，会社，地域，国，地球などといった形で広がるマルチレベルな事象である。多様な人間本性の理解を促進しつつ，人間が生み出す社会問題の解決をつうじてマルチレベルの持続可能性に貢献する必要がある。持続可能性への貢献について，「誰もやっていないからやるのか」あるいは「誰もやっていないからやらない」の選択は後々，大きな差をもたらす。われわれは，報徳思想とそれによって支えられた小田原モデルを学び，その知見を自分の身近な地域の持続可能性のためにいかしていくと

いう実践が重要な意味をもつ（佐野尚見 松下政経塾前塾長講演「総括」江之浦測候所，2022年5月27日）。この点において，本章が蓑宮（2022）のいう地域の持続可能性に向けた総力戦のための1つの足場となることを望みたい。

補論. CSR とパーパス

　近年，会社をとりまく環境は劇的に変化した。産業革命以降，長年にわたる人間の経済活動によって地球環境は深刻なダメージをうけてきた。とくに2006年4月，当時の国連事務総長コフィ・アナン（Kofi Annan）がニューヨーク証券取引所で発表したPRI（Principle for Responsible Investment: 責任投資原則）は，投資先企業によるESGへの取り組みを勘案すべきことを投資家に求めた。2015年9月に開かれた国連サミットにおいては，SDGsが採択された。これによって，誰1人取り残さない持続可能でD＆Iを満たした社会に向けた取り組みが，2016年から2030年にかけて展開されることとなった。さらに2015年12月，2020年以降の温室効果ガスの排出量削減などにかかわる国際的枠組であるパリ協定が第21回国連気候変動枠組条約締約国会議において採択された。これによって，すべての条約締結国が気候変動の取り組みに参加することとなった。このように，国連に関係した持続可能性にかかわる一連の動きによって環境への配慮が促進された。また，ブラックロックCEOのラリー・フィンクは2018年1月，会社は財務パフォーマンスに加え，社会全体に貢献すべきだ，と投資先企業のCEO宛に要望書――いわゆるフィンク・レター――を送付した。この要請にこたえる形で，アメリカの代表的企業のCEOからなる財界組織であるBRTは，国のすべての人々に経済発展の便益を均霑すべくパーパスの再定義を行うとした。かくして，短期利益を犠牲にしてでも，社会全体のための投資を促進するようなパーパスを求める企業が増えることになった（e.g. Gulati, 2022a, b; Henderson, 2021; Henderson and Serafeim, 2020; Henderson and Van den Steen, 2015）。

　そしてフィンクは2022年，「資本主義の力（The Power of Capitalism）」と題した要望書において，会社のパーパスをステイクホルダーとの関係性を深化させる土台とし，サステナブルなグリーン・エコノミーの実現に寄与すべきことを求めた。このように彼は，政府と会社の双方を活用することで資本主義の力は最大限に発揮されうると考えているようだが，後述するように政府の失敗はおこりうる。とはいえ，投資家のなかから，パーパスにもとづくステイクホル

ダーへの配慮を企業経営に求めるような変化が生じたことは画期的な出来事だといえよう。

フリードマン・ドクトリンとは異なり，株主は，単に経済的利益としてのボトムラインに関心をもつとは限らないため，会社が利潤ないし株主価値を最大化すべきだという見解が自動的に導かれることにはならない。そのため，株主が実際に企業経営に求めている要件やニーズを精査する必要があり，それが株主価値最大化とかならずしも一致するわけではない（Hart, 2020）。

たとえば，気候変動問題に対処するうえで，政府による取り組みや政府間協調が適切に機能するわけではない。実際，トランプ政権時代のアメリカはパリ協定から離脱し，鉄鋼業やそれを支える炭鉱業などのアメリカの国益を保護する道を選んだ（BBC, 2019）。つまりこれによって，気候変動問題に関心のあるアメリカの人々は，政府にたいして一時は適切な物事の実行を期待できなくなった。とはいえ，彼らが個人的に，自宅の屋根にソーラーパネルを設置したところで，あるいはEVに買い替えたところで，その温室効果ガス削減にたいする効果はきわめて限界的なものにすぎない。

かくして個人は，ESGやSDGsにかかわる問題解決において，政府の失敗が生じた場合には，適切なパーパスをもつ企業にたいして適切な物事の適切な実行——サステナビリティ経営——を期待することが可能となる。会社は，社会的・経済的事象のコントロールという点において政府と匹敵するほどの力をもつ（Donaldson, 1982）。

このように21世紀のサステナビリティ時代において，経済と社会の分離を前提にもっぱら利潤の増大を正当化するフリードマン・ドクトリンは陳腐化してしまった。もはや企業の収益性は，社会的なパーパスから完全に分離することができなくなったようにみえる。会社は，利潤最大化を超えたパーパスの追求を短期的利潤の犠牲の下に実行するのであれば，パーパス・ドライバーとなりうる（Henderson, 2021）。そして環境自体，CSRを促進するようなものへと変化してきたため，単に会社の経済的利益を超えて，社会・環境・経済にかんするインパクトを表すトリプル・ボトムラインがますます大きな意味をもつようになった（Elkington, 2018）。

CSRの主題は，社会における会社の社会的義務とインパクトにほかならない（Crane et al., 2008）。一般的にCSRは，会社がその社会的環境を改善するためにはたすべき義務を意味し，会社が自社のための価値創造を意図するようになった場合に戦略的CSRへと転化する（Husted and Allen, 2011）。より明確には，戦略的CSRは社会的責任にかかわる利潤最大化戦略とみなされ，競争力の強化に

つながる（e.g., Bansal and Roth, 2000; Baron, 2001）。しかし，戦略的CSRへの転化によって1つの重要な問題が招来されてしまう。つまり，会社は社会活動に取り組むうえで，利潤と善行とのあいだのバランスをどのようにとればよいのか，がそれである。

とはいえ利潤動機は，企業のアニマル・スピリットを喚起し，資本主義を駆動させる重要な力の1つであることにかわりはない（e.g., Teece, 2019）。だが事実として，会社による価値創造・獲得に向けた経済活動は，社会とますます連結しつつある（e.g., Aoki, 2001, 2010; Foss and Linder, 2019; Porter and Kramer, 2006, 2011）。それによって，会社はもっぱら利潤追求に集中すればよいとする見方は不十分なものになりつつある。

この点で，企業が競争に勝ち，カネもうけのための枠組——競争優位や持続的競争優位の確立による利潤の獲得・増大のための枠組——を提供する戦略論ですら，社会的転回を経験することになったのである（本書第2章）。つまり，従来のCSRは外部圧力への反応にすぎず，善行を是とする価値観の下，よき企業市民，フィランソロピー，持続可能性への配慮により評判の向上を図ろうとするもので，事業との結びつきが希薄である。しかし，経済を社会より上位にあるものとみなし，経済的価値を犠牲にして社会的価値の創造に向けて慈善的行動に従事するのが，CSRにほかならない。しかし，ポーターとクラマーのCSVは，社会的価値の創造によって経済的価値を創造することは自己利益にもとづく功利主義計算にかなうと考え，CSRを超えた2つの価値の同時実現を意味する。

だが結局CSVは，自己利益にもとづく功利主義計算の枠内にとどまり全体的な持続可能性への配慮を否定してしまう——会社の存続・成長を含意する企業レベルでの持続可能性を重視する——点で，前述したサステナビリティ経営とはいくぶん異なることに注意しよう。より正確にいえば，それは，経済的価値のために社会的価値の妥協をいとわないコンビニエント・パーパスと結びついている（Gulati, 2022b）。そして経営者にとって，この種のパーパスは何らかの目的をかなえるために都合よく利用できるツールにすぎない。会社は，自社の存在意義をふまえた道徳的リーダー・創造者となることで高みに上り，好都合なツールとしてのコンビニエント・パーパスではなく，組織に深く根差した意図としてのディープ・パーパスをもちうる（Gulati, 2022b）。そして，ディープ・パーパスをもつ会社は，尊厳，持続可能性，ダイバーシティなどの価値観を体現し，自己利益の追求にとどまることなく道徳にもとづき共通善に向けて行動しうる（e.g., George et al., 2016; Pitelis, 2013; Rupp, 2011; Taniguchi and Fruin,

2022)。

　ここで私は，2つの注釈を記しておきたい。すなわち第1に，利潤の増大と社会課題解決との両立をめざすCSVは希望的観測にすぎず，機会主義的行動によって莫大な利潤をえている企業，あるいは法律の文言しか遵守しようとしない企業を見落とさせる目くらましになってしまうかもしれない（Mintzberg, 2015）。第2に，株主価値最大化のための競争が激化し，企業が競争力を高めるべく政治と結託するような超資本主義の時代においては，そもそも社会を意識したCSRやCSVに取り組む余裕などないし，そうすべきではないのかもしれない（Reich, 2007）。

　実際，アクティビストのヘッジファンドは，企業によるCSRへの高位の取り組みをムダのシグナルとみなし，そうした企業を買収ターゲットとする傾向が強い。CSRは，企業が長期的なビジョンの下での行動と，多様なステイクホルダーの利益への配慮という双方の面で意図とケイパビリティをもつことを示すシグナルとなる（DesJardine et al., 2020）。したがって，企業がCSRに取り組むには，サステナビリティへの関心が高い長期的視野をもつ投資家の存在が不可欠となる。

　このような意味で，パーパス志向の企業によるESGやSDGsにかんする物事の適切な実行を意味するサステナビリティ経営は，企業のみならず投資家をはじめとした多様なステイクホルダーのあいだの戦略的相互作用の結果として創発するナッシュ均衡とみなされる。かくして，PRIなどによってESGやSDGsに関連した長期的投資に向けた投資家の意識，そしてサステナビリティ経営への取り組みをポジティブに評価する従業員や新規採用者の関心などが高まりつつある環境の下でこそ，サステナビリティ経営はますます存立しやすくなっていよう。したがって，サステナビリティ経営を後押しする補完的な環境や主体の動機の変化が求められる。この点で，パーパス志向のサステナビリティ経営は，ESGやSDGsなどの積極的な社会変革を志向する主体，とくに環境特殊的変革リーダー（ESTL: environment specific transformative leader）と，そのモチベーションの多様性を勘案したマルチレベル分析を必要としていよう（e.g., Aguilera et al., 2007; Aguinis and Glavas, 2012; Bies et al., 2007; McGahan, 2021; Robertson, 2018）。

　資本主義は進化し，テクノロジーも複雑化するにつれ，人類や地球の持続可能性にかかわる不確実性が高まったことにともない，グランド・チャレンジが生じている。そして，これらの解決は，過去，現在の仕組みが未来にもあてはまるだろうというエルゴード的世界観の下，平時での認知・行動にたけた政治

家や官僚のケイパビリティでは難しいかもしれない。したがって，不連続性や予測不可能性に特徴づけられた変化に対処すべく，政府や個人の代わりに，非エルゴード的世界観をもつアニマル・スピリットに満ちたリーダーや彼らが主導する営利・非営利組織がはたすべき役割は，ますます重要になっているように思われる。

注

(1) https://data.footprintnetwork.org/?_ga=2.18877944.1546345924.1704121884-1029326630.1704121884#/countryTrends?cn=5001&type=earth
(2) https://www.houtoku-energy.com/company/
(3) 外郎藤右衛門 ういろう代表取締役講演「老舗企業600年の歴史──長寿企業に持続可能性を学ぶ」外郎博物館，2022年5月26日。以下，外郎（2022）と記す
(4) https://www.tivoli-hd.com/about/history
(5) 樋口太泉 ちぼりホールディングス代表取締役社長兼CEO講演「美味しいお菓子で幸せを──創業以来受け継がれた社是」ちぼりホールディングス本社，2022年5月27日：以下，樋口（2022）と記す
(6) 金子一也 松下政経塾塾頭キーノートスピーチ「利他経営──二宮金次郎と松下幸之助」報徳会館，2022年5月26日
(7) 内田裕子 イノペディア代表キーノートスピーチ「利他経営──二宮金次郎と松下幸之助」報徳会館，2022年5月26日

第 5 章

サステナビリティ経営とパーパス
──ソニーグループ──

5.1. パーパスの派生物としての利潤

　本章の目的は，21世紀のVUCA世界において1つの大きな潮流となりつつあるように，ROEを超えてパーパスに根差したサステナビリティ経営をどう実現していくべきかを検討することに求められる，とくにその際，日本経済の失われた30年における日本企業の衰退という厳しい現実に目を向け，2014年のいわゆる『伊藤レポート』が少なくともROE8％を目標とするというコーポレート・ガバナンスをめぐる制度変化を導くフォーカル・ポイントとして機能したこと，21世紀における国連にかかわる動きが企業にたいしてサステナビリティ経営を求めるようになったこと，そして，日本企業のなかでもダイバーシティの観点から多様な人材・事業の育成に取り組んできたソニーグループが日本経済にたいして重要な含意をもたらしうることを論じる。

　近年，パーパスにたいする関心が高まりつつある。EPI（2020）によれば，パーパスとは，組織が「なぜ」存在するのかという組織の存在意義と同じ意味をもつ。われわれは，ミクロ経済学をつうじて企業の目的が利潤最大化であることを，他方で戦略経営論では戦略的企業の目的が競争優位の確立をつうじたレント（超過利潤）の獲得にあることを学ぶ。

　しかし，注意しなければならないのは，利潤は企業のパーパスが

生み出す成果であるとしても，利潤それ自体は企業のパーパスにはなりえないという点である（Mayer, 2016）。21世紀企業にとって，利潤はパーパスの派生物だ，と認識しておく必要がある（Mayer, 2017）。そして，即時にえられる短期的な利潤を犠牲にしてまで，社会全体に向けた投資を促すようなパーパスが求められつつある（e.g., Henderson, 2021; Henderson and Serafeim, 2020; Henderson and Van den Steen, 2015）。そうしたパーパスは，道徳に根差したディープ・パーパスや高貴なパーパスとみなされる（e.g., Gulati, 2022; Quinn and Thakor, 2019; Taniguchi et al., 2023）。

5.2. 日本経済の失われた30年と『伊藤レポート』

5.2.1. ゆでガエル国家 日本の不都合な真実

　変化に鈍感なまま経済パフォーマンスを悪化させてきたゆでガエル国家 日本。ここでは，日本経済の失われた30年をめぐる不都合な真実を概観しよう。第1に，1989年末の各国の株価指数を100として，後の25年のあいだの変化を株価指数の累積リターンで表すと，NASDAQは9.4倍，NYダウは5.9倍になっており，アメリカは総じて好調である。対照的に日本では，日経平均株価は38，TOPIXは42という形で大幅な株価下落が生じてしまった。

　第2に，過去30年における日本経済の停滞についてみてみよう。IMDの世界競争力ランキングによると，1989年当時，日本は第1位であったが，今では中国に抜かれ31番目である。さらに，世界の株式時価総額上位100社のリストの国別構成数についていえば，バブル崩壊後の1993年ですら日本企業は26社入っていたが，現在は1社しか入っていないというきわめて厳しい現実がここにある。世界の時価総額上位30社について1989年と2020年を比較すると，1989年には日本企業が数多く確認されたものの，今となっては1社も確認できないありさまである。また，1人あたり実質賃金の推移

をみてみると，日本はほぼ横ばいのままである（経済産業省「コーポレート・ガバナンス・システム（CGS）研究会」資料，2021年11月16日）。さらにショッキングなのは，日本は部長への昇進年齢が高く，しかも部長への昇進のスピードが遅いという事実である。今や，タイの部長の給料のほうが日本のそれよりも高いという現実である（経済産業省「未来人材ビジョン」2022年5月31日）。

　そして第3に，個別企業の資本生産性という点で日本企業と欧米企業の簡潔な比較を試みたい（2015年経済同友会資本効率最適化委員会の資料，およびアリックスパートナーズ（AlixPartners）による分析）。一般的に資本生産性は，当期利益の株主資本にたいする割合であるROEにより示される（図1）。GMS（general merchandise store: 総合スーパー），食品，衣料品，医薬品，化学品，トイレタリー，建設機械，総合電機，重機の8業種の比較から明らかになったのは，欧米企業と比べて日本企業のROEは，総じて著しく見劣りしているという事実である。そして，その原因を分析すると，日本企業の収益性（売上高利益率）が欧米企業のそれと比べて圧倒的に低いことが理解できる。

　マクロ経済学的にいえば，日本ではGDPの停滞が長年続いてきたことが最大の課題だと思われる。1.2億人近い人口を擁する世界第3位の経済規模を何とか維持している日本においては，多くの人々にとって国内市場だけで自活できさえすれば，食料自給率や移民の問題などはさておいて，一定の生活水準が保たれて互いに共存できることが重要な関心事なのだと思われる。こうした相互依存性の高さと現状維持バイアスの強さに特徴づけられる日本では，実際に百年企業の数は世界で一番多いという点からも新陳代謝が活発ではないといえる。

　古きものが新しきものを駆逐する。そして，古きものが安定的に未来永劫続いていく。このことは，世界が変わっても不変であるかのようである。失われた30年を経験してきた日本は衰退途上国に

図1　業種別にみたROE差異の要因分析

業種	ROE（株主資本利益率）		
	当期利益／株主資本		差異
GMS	Walmart　13.62	Seven & i　8.20	▲5.42
食品	Nestle　17.15	味の素　8.10	▲9.05
		キッコーマン　9.88	▲7.27
衣料品	Gap　22.45	ファストリ　19.40	▲3.05
医薬品	Pfizer　24.78	武田　3.23	▲21.55
化学品	BASF　11.31	三菱ケミカル　10.02	▲1.12
		東レ　8.76	▲2.55
トイレタリー	Uniliever　53.34	花王　18.65	▲34.70
建設機械	Caterpillar　31.13	コマツ　11.74	▲19.39
総合電機・重機	Siemens　13.04	日立　9.17	▲3.87
		三菱重工業　5.91	▲7.13

注：2015年経済同友会資本効率最適化委員会にて，アリックスパートナーズによる分析

ある，という厳しい現実に今われわれは直面し，相当の危機感を抱いて行動する必要がある。

5.2.2. フォーカル・ポイントとしての『伊藤レポート』

　日本は，2013年に閣議決定された「日本再興戦略」によってインベストメント・チェーンの最適化を目指すこととなった。急速な高齢化と人口減少に直面するなかで資本生産性を高め，長期的な国富の維持・形成を図ることが不可欠とみなされた。そして同年，経済産業省に設置されたプロジェクト「持続的成長への競争力とインセンティブ——企業と投資家の望ましい関係構築」において，経営者，投資家，研究者などが集結した。そして，約1年にわたる議論の成果として2014年，最終報告書がまとめられた。これが，すな

収益性	資産効率性	財務レバレッジ	その他
純利益／売上高	売上高／総資産	総資産／株主資本	
＋3.27	▲10.27％	▲1.85	＋3.43
▲9.93	＋1.33	▲1.12	＋0.67
▲9.51	＋4.45	▲6.03	＋3.81
＋7.86	▲8.66	▲6.70	＋4.44
▲17.81	▲0.55	▲0.02	▲3.17
▲3.59	＋0.18	＋1.68	＋0.62
▲4.48	＋1.48	▲0.24	＋0.69
▲7.61	＋3.16	▲26.97	▲3.28
＋0.18	＋1.59	▲24.85	＋3.69
▲6.05	＋2.99	▲2.49	＋1.67
▲9.33	＋1.22	▲0.46	＋1.44

を基礎としてその3年分の各指標を比較。

わち通称『伊藤レポート』にほかならない。この通称は，プロジェクトの座長をつとめた伊藤邦雄 一橋大学教授（当時）の名に由来する。

　『伊藤レポート』の意義は，ROE8％を目標として，資本市場における国民，投資家，運用機関などのプレイヤーの役割と規律を明確化し，さらなる企業価値の向上を駆動し牽引した点にある。つまり，多くの日本企業の予想を変化させ，株主志向型の行動を導いたという点で，『伊藤レポート』は，コーポレート・ガバナンスにかかわる制度変化の指針となるフォーカル・ポイントとして機能したとみなされる。

　具体的にはこのレポートを機に，2014年にスチュワードシップ・コード，そして2015年にコーポレート・ガバナンス・コードが導入された。これら双方のコードは，いわば車の両輪としてシナジー

図2　東証一部／プライム企業のROEと株主資本コストの推移

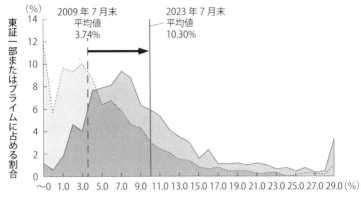

予想ROE

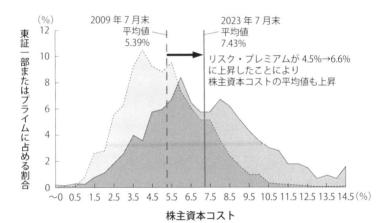

株主資本コスト

▨ 2009年7月末　▨ 2023年7月末

注：東証一部またはプライム上場企業（金融除く）。予想ROEは，親会社株主に帰属す
　る当期純利益（東洋経済予想にもとづく1年先予想）÷直近自己資本で計算。CAPM
　にもとづき株主資本コストを推計。リスク・フリーレート，リスク・プレミアムは
　弊社推奨値（2009年7月末は1.4％と4.5％，2023年7月末は0.6％と6.6％）とし，各
　時点の対TOPIX60カ月ベータを使用。野村證券に負う。

を生み，機関投資家サイドと上場企業サイドの双方から企業の持続的成長を促すことが期待された。とくに，形式的な立法化ではなく，イギリスで実践されたコードという方式が採用されたことが，迅速なガバナンス改革に大いに寄与したといえよう。その結果，14年のあいだにROEの劇的な改善がもたらされた（図2）。

　そもそもROEは，株主が拠出した資本にたいして，ある期間にどの程度の税引後利益を創出したのかを測定する指標である。さらにいえば『伊藤レポート』が重視した「ROE8%」という目標を上回ると，株価の代理変数といわれるPBR（Price Book-value Ratio: 株価純資産倍率）は正の相関で右肩上がりに上昇していく。またROEから株主資本コストを差し引くと株主にとっての剰余であるエクイティ・スプレッドがえられる。この値が，正であれば企業価値を増加させている一方，負であれば企業価値を毀損していることになる（図3）。

　問題は，企業サイドと機関投資家サイドとのあいだに，株主資本コストをめぐる認識ギャップが存在する点にある。バランスシートの資本の部について，経営者がそれを株主資本として理解すれば，株主が期待するリターンを満たす必要性を勘案しうる。しかし，自己資本として理解するとなると，それは株主に帰属するわけではないといった一種の錯覚をもたらしているようにみうけられることがある。結果的に，このことが株主資本コストについての認識ギャップに反映されているようである。実際，自社の株主資本コストの計算をしていない会社——株主資本コストの認識ギャップに陥っているとみなされる会社——が60%を占める一方，その計算をしていても結果を開示していない会社が多数を占める。

　周知のように株主資本コストの計算は，CAPM（Capital Asset Pricing Model: 資本資産価格モデル）にもとづいてなされる。その計算によって，個別企業の株式が株式市場全体と比較してどの程度の値動きをしているのかを基準に，リスクがあるために要求されるリ

図3　ROE8%の意味

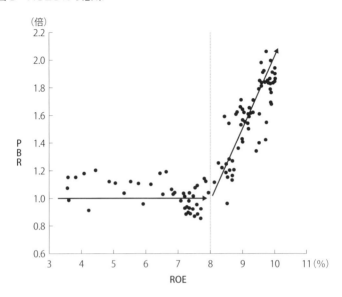

注：2004年1月以降の月次のTOPIXの12カ月先予想ROEとPBRをプロット（SMBC日興証券）。日本経済新聞（2015年2月3日朝刊）より著者作成。

ターンが，リスクのない投資先（たとえば，国債）を上回る形で求められることになる。つまり当然のことながら，リスクが高い投資にはそれなりに高いリターンが要求されることになる。

　そこで，野村證券金融工学研究センターによるJPX（日本取引所グループ）400社のROE，株主資本コスト，エクイティ・スプレッド，ESGスコア，PBRの比較分析に依拠して，化学業界37社に注目してみよう[1]（図4）。大手化学会社のうち住友化学，三菱ケミカル，旭化成のPBRは1倍割れとなっている。このことは，各社の株式時価総額が簿価純資産の額より低くなっていることを意味する。すなわち，会社がもし清算されたとしたら，清算価値は簿価を下回り株主に損失が生じてしまう。

図4　化学業界37社の指標

	予想ROE (%)	株主資本コスト (%)	エクイティス プレッド (%)	ESG スコア	PBR (倍)
クラレ	7.9	7.0	0.8	8.4	0.7
旭化成	6.4	9.3	−2.9	10.0	0.8
住友化学	3.7	8.6	−4.9	10.0	0.6
日産化学	19.3	6.9	12.3	6.4	4.1
東ソー	9.0	8.3	0.7	5.9	0.8
トクヤマ	9.7	8.8	0.9	3.9	0.8
デンカ	7.9	7.5	0.3	7.8	0.8
信越化学工業	16.1	9.3	6.7	6.3	2.4
エア・ウォーター	10.4	6.7	3.7	5.5	1.1
日本酸素HD	8.8	8.4	0.4	4.5	1.8
三菱瓦斯化学	8.9	10.4	−1.5	4.3	0.7
三井化学	12.9	9.5	3.4	8.4	1.0
東京応化工業	10.5	6.6	3.9	6.9	2.1
三菱ケミカルG	6.7	7.6	−0.9	8.2	0.8
KHネオケム	17.1	11.6	5.5	5.4	1.4
ダイセル	15.4	7.7	7.7	7.1	1.3
住友ベークライト	8.5	11.1	−2.6	5.9	1.1
積水化学工業	10.4	8.5	1.6	8.5	1.3
日本ゼオン	6.9	7.0	0.0	3.0	0.9
アイカ工業	9.4	6.1	3.3	4.9	1.5
扶桑化学工業	11.1	7.8	3.3	1.0	1.8
ADEKA	8.3	10.0	−1.7	5.1	1.1
日油	12.2	6.3	5.9	2.9	2.1
花王	10.1	4.2	5.9	6.9	2.6
日本ペイントHD	8.7	9.1	−0.4	7.1	2.6
関西ペイント	16.0	7.9	8.2	7.8	1.8
太陽HD	11.0	8.7	2.2	5.3	1.6
富士フイルムHD	8.2	4.7	3.5	8.1	1.2
資生堂	6.0	5.5	0.4	6.4	4.2
ライオン	6.9	1.5	5.4	5.3	1.5
コーセー	6.0	4.7	1.3	3.8	3.1
小林製薬	10.4	3.2	7.1	4.9	3.0
タカラバイオ	5.3	5.0	0.3	4.1	1.9
デクセリアルズ	27.0	9.6	17.5	5.9	2.5
日東電工	12.4	9.3	3.0	8.4	1.6
ニフコ	10.4	10.6	−0.2	10.0	1.8
ユニ・チャーム	13.3	2.7	10.7	6.7	4.9

注：2023年8月7日公表のJPX日経400採用銘柄。各指標は7月末時点。予想ROEは，親会社株主に帰属する当期純利益（東洋経済の予想にもとづく1年先予想）÷直近自己資本で計算。CAPMにもとづき株主資本コストを推計。リスク・フリーレート，リスク・プレミアムは推奨値（2023年7月末は0.6％と6.6％）とし，各時点の対TOPIX60カ月ベータを使用。ESGスコアは，MSCI ESG Ratingsにおける産業調整後スコア（0-10点）。以上は，すべて野村證券に負う。

他方，ROEとPBRについては順に，日産化学19.3％，4.1倍，信越化学は16.1％，2.4倍，花王は10.1％，2.6倍，そしてユニ・チャームは13.3％，4.9倍となっている。かくしてわれわれは，同一業界の企業のあいだにみられるPBRに反映された株式市場による評価の差異性に注目しなければならない。

　2014年の『伊藤レポート』以前の日本企業は，資本生産性，ROEの双方についてほとんど意識してこなかったように思われる。しかし当レポート以降，これがある意味でフォーカル・ポイントの役割をはたし，最低でもROE8％を達成することが，概して日本においては共有予想となったようにみうけられる。もちろん，8％というのは数値目標にすぎないのであって，各社が関与する産業，市場，成長段階などによって株主資本コストが異なる点を鑑みれば，どの企業にとっても株主資本コストを上回るROEを実現することがある種のルールとなった──当然視され，制度化された──ことは1つの事実だといえよう。この点で，『伊藤レポート』が日本企業のコーポレート・ガバナンスにかかわる制度変化においてはたした役割は大きい。

5.3.　サステナビリティ経営とパーパス

5.3.1. ROE を超えて

　次にわれわれは，ROEを超えていわゆる非財務価値も含む企業価値の向上について検討してみたい。その際，認識しておくべき重要な点は，ESG投資が21世紀のルールになりつつあること，そして企業価値の源泉が無形資産にあることである。これら2つの世界的潮流は，従来の企業会計のフレームワークの限界を浮き彫りにしつつあるといってよい。

　とくにESG投資の起源は，2006年にコフィ・アナン国連事務総長（当時）が金融業界にたいして，機関投資家に向けてPRI（責任

投資原則）を提唱したことに求められる。ESG投資では，投資先企業の中長期的な価値評価においてESGにたいする考慮が不可欠だとみなされる。近年，企業がCSRの一環として環境や社会への配慮を事業活動に組み込む傾向が高まっている。それにともない，投資家は投資リターンの向上のためにESGを考慮することが合理的だという考え方が主流となりつつある。証券アナリストの一般的な見方によれば，ESGの改善は投資家サイドのリスク認識を低下させるとともに，業績の変動や株価のボラティリティを低下させる結果，CAPMのβ値（ベータ：市場全体の株価指数変動にたいする各個別銘柄の株価の感応度）の安定化につながり，株主資本コストは下がることになるだろう。

　とくに日本では2015年，GPIF（Government Pension Investment Fund: 年金積立金管理運用独立行政法人）がPRIに署名し，国内におけるESG投資の拡大に向けた推進力が生まれている。他方，アメリカでは，株式時価総額に占める無形資産からの価値創出の割合が87％以上になったという現実もあり，投資家も投資判断において無形資産にかかわる非財務情報を重視せざるをえなくなった。このことは，企業価値評価において伝統的な企業会計のフレームワークでは十分に対応できないという限界が生じたことを含意する。かといって，そうした情報を「非財務」的とみなして会計の世界とは無関係のものとして外部化するのではなく，中長期的に企業価値を形づくる重要な要素とみなして内部化し，「将来財務」の測定に向けて尽力することが重要だと思われる。

　企業価値向上のためには，ROEの向上とともに株主資本コストの認識・引下げも重要な意味をもつ。とくに高業績企業は，ESG活動に向けて十分なゆとりをもつため，そうした活動をつうじてさらなる業績向上につなげることで資源ベースがより拡充されるといった具合に持続的な好循環が期待できる。ただし，ESG活動については，短期的にみて収益性が下がることがあっても，中長期的に

は企業価値向上に資するという予想，あるいは確信に近いものが，企業と投資家の双方のあいだで共有されることが重要だという意味で，双方のサイドにある程度の忍耐が必要となろう。

5.3.2. サステナビリティ経営の実践

　本書第1章でも論じたように，サステナビリティ経営とは何かを検討するうえで，株主主権を是とするフリードマン・ドクトリンを1つのベンチマークとして無視することはできない。しかしそれは，株主価値最大化を企業目的とすることを社会において当然視させ，自然環境，人類にたいして大きなダメージを及ぼしてしまった（Mayer, 2019）。フリードマン・ドクトリンにしたがえば，企業によるESG活動を軸としたサステナビリティ経営は，自由社会においては一切不要とみなされる。

　しかし，前述したPRIによる投資家や企業によるESGへの取り組みの推進をはじめとした環境変化は，企業にたいしてサステナビリティ経営を要請している。本書でもたびたび言及してきたように，1987年に国連のWCEDが発表した報告書では，将来世代のニーズを満たす能力を損なうことなく，現在世代のニーズを満たす開発に注意が向けられた。さらに，2015年に開かれた国連サミットでは，SDGsが採択された。また同年，2020年以降の温室効果ガスの排出量削減などにかかわる国際的枠組であるパリ協定が採択された。かくして，国連に関係した持続可能性にかかわる一連の動きによって環境への配慮が促進され，フリードマン・ドクトリンの妥当性が疑問視されるようになった。

　フリードマン・ドクトリンにたいして批判的な流れは，フリードマン自身にとってごく身近だった経済学界でも生じている。すなわち，株主はもっぱら経済的利益だけに関心をもつとは限らず，会社が株主価値最大化に取り組むべきだという見解が正当化されるわけではない。換言すれば，株主が企業に求める要件やニーズが株主価

値最大化とかならずしも一致するわけではない。

　株主はもとより社会の人々は，ガソリン車の廃止をすすめつつ EV を普及させる，あるいは温暖化ガスを排出する石炭火力発電や放射性廃棄物を出し続ける原子力発電を減らして再生可能エネルギーによる発電へと移行するなどといったサステナビリティ・トランジションにかかわる一連の問題解決を政府に期待しがちである（e.g., Bergek et al., 2013; Geels, 2011; Lindberg et al., 2019; Taniguchi, 2022; Taniguchi et al., 2023）。しかし政府は，そうしたサステナビリティ・トランジションに必要なケイパビリティをもたず，既存の公共事業や縁故主義にもとづいた利権を優先することで失敗するケースがしばしばみられる（本書第3章）。こうした政府の失敗が想定される場合，適切なパーパスと企業家精神をもつ企業にたいしてサステナビリティ経営の実践を期待することは一理あるだろう。

　21世紀において，経済と社会の分離を前提として株主価値最大化を正当化するフリードマン・ドクトリンは実務的にも理論的にも陳腐化したようにみうけられる。もはや企業の利益は，その存在意義としてのパーパスから完全に分離することができなくなった。つまり，企業による価値創造・価値獲得に向けた経済活動は，社会とますます連結し，企業は社会のなかに埋め込まれるようになった（e.g. Aoki, 2001, 2010a; Foss and Linder, 2019; Granovetter, 1985; Porter and Kramer, 2006, 2011）。それによって，サステナビリティ経営は市民権を広く獲得しつつある。

　企業は，自社の存在意義をふまえた道徳的リーダーとなることで，組織に深く根差した意図としてのディープ・パーパスをもちうる（Gulati, 2022b）。そして，ディープ・パーパスをもつ企業は，尊厳，持続可能性，ダイバーシティなどを大切にする価値観を体現し，自己利益の追求を超えてより高みをめざし，道徳にもとづいた共通善を志向しうるだろう（e.g., George et al., 2016; Pitelis, 2013; Rupp, 2011; Taniguchi and Fruin, 2022）。

この点にかんして，次節ではソニーグループの事例に注目する。とくに21世紀の企業は，グローバル化，デジタル化，気候変動などのメガトレンドのなかで，多様なステイクホルダーと協働して中長期的な企業価値向上をめざすだけでなく，さまざまな社会問題を解決していくことも求められている。われわれは近年，Covid-19の慢性化，米中貿易戦争，ロシアによるウクライナ侵攻，東アジアでの軍事的緊張関係への対応，イスラエル・ガザ戦争など，過去に類例のない深刻な問題に直面した。企業は，そうした劇的な環境変化に特徴づけられるVUCA世界において新しい経営の仕方に挑戦しなければならない。

　VUCA世界では，国や企業にとって「毎年GDP成長を実現する」「競争に勝つ」「持続的競争優位を確立する」などといった従来通りの目標を実現することはますます困難になりつつある。つまりサステナビリティ経営の要諦は，個人，企業，産業，地域，国，地球などそれぞれの存在を文字通りどう持続するかということで，時代はその方向にシフトしつつある。成長・繁栄から持続へのシフト。代表的な戦略経営論の1つであるDC論によれば，今の生活を維持するという現状維持に必要なのはOCであり，イノベーションに必要なDCとは本質的に異なる（e.g., Helfat et al., 2007; Teece, 2009, 2016）。しかし，劇的な環境変化によって，存続にさえ高位のメタ・ケイパビリティであるDCが必要になったようにみうけられる。存在が消えてしまっては，元も子もないのであって，活動の土台がないのだからイノベーションが生まれることはありえない。

　パーパスに根差したさまざまな存在の持続を志向するサステナビリティ経営の実践にあたって，以下の6点に注意しておく必要がある。すなわち第1に，企業はその活動を持続可能なものにし，自ら存続していくうえで適切な水準の収益性が不可欠である。企業が利益を獲得できなければ，R＆D投資や人的資本投資などをつうじて未来を確保するための好循環は望めないだろう。利益なくして，優

秀な人材にたいして魅力的な雇用機会を提供することはできまい。VUCA世界において価値創造に貢献しうる稀少な人材を確保できなければ、価値獲得をも期待することはできない。企業は、適切な利益を適切な仕方で獲得してこそ存続しうるという基本要件を理解しておくべきである（e.g., Nohria, 2015; Taniguchi et al., 2023）。

　第2に、とくに株式会社という企業形態を選択する場合、法の観点から会社の所有者である株主を最低限満足させることが必要である。このことは、アメリカで確認されるような過剰な株主偏重を擁護しているわけではない点に注意しよう。むしろ、自社のROEが株主資本コストを上回るかどうか、というリトマス試験の必要性を示唆するにすぎない。この点において、認知ケイパビリティとしてのフィナンシャル・リテラシーを実業界に広く適切な形で根づかせる必要がある。

　ちなみに企業価値向上は、十分なフィナンシャル・リテラシーと適切なコーポレート・ガバナンスのかけ算でさらに増幅されるものと考えられる。取締役会の議案には、フィナンシャル・リテラシーが求められる内容が多い。取締役会は、企業価値向上のための議論をする場と位置づけられるため、フィナンシャル・リテラシーが不可欠とされる。「企業価値向上の方程式（要約版）」（図5）が示すように、下段のＴ勘定部分は従来の経理・財務・経営企画といったドメインで、とくに右下の事業管理と事業戦略と財務戦略とのシームレスな連係が企業価値向上に資することになろう。2020年と2022年に『伊藤レポート』がアップグレードされた後はさらに、図の上段に掲げるテーマでの対応も求められるようになった。すなわち、一連の取締役会改革のテーマ、投資家との対話、ESG、TCFD、CEO/CFO/CHROの体制、人的資本経営などが新たなメニューとして加わった。今日では、この図の上段・下段すべてにたいする十分な知見と目配せが必要となっている。要は、フィナンシャル・リテラシーの実装が重要な意味をもつ。

図5　企業価値向上の方程式（要約版）

一連のガバナンス改革	価値協創ガイダンス	非財務情報	「人材ファースト」
コーポレート・ガバナンス・コード	企業理念	企業文化・組織風土	人材が戦略を主導する
スチュワードシップ・コード	パーパス	リスク情報	C3（CEO/CFO/CHRO）の時代
『伊藤レポート』	ビジネスモデル	サステナビリティ	Critical2%/Talent Cliff
取締役会改革	事業環境と未来への想い	ESG投資	経営人材の評価・育成・コーチング
投資家との対話	持続可能な仕組み／統合報告書	SDGs	CEO Succession
取締役会実効性評価		TCFD	外部経営幹部（CXO）招聘
社外取締役候補招聘			人的資本経営

これから

1．投資家との協創と錬磨

2．リスク負担——でも COSO ERM（2017）が前提

3．人材ファースト——CEO/CFO/CHRO の鼎立

4．二項対立を超えて——止揚

啓蒙　　　　　　　　　　　　　　　　　　　　　　　働きかけ

いままで

フィナンシャル・リテラシーにかんする知の深化・探索　財務キャリアのT勘定の事例

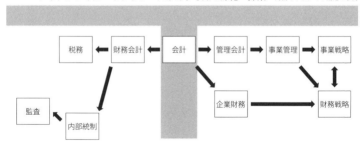

注：著者が作成・発表した資料を要約。

第3に，中長期的な視点でどのように多様なステイクホルダーと対峙していくかを考慮することが必須である。E，S，Gといった三要素だけで，彼らを十分な形で満足させることができるであろうか。とくに，中長期的な視点で企業価値を向上させるには，多様なステイクホルダーの利害をコーディネートすることで適切な経営を実現するというコーポレート・ガバナンスのあり方が重要な意味をもつ（e.g., Aoki, 1984, 2001, 2010a）。

　第4に，あくまでROEの確保を基盤としたうえでESGの取り組みを推進していくことが肝要なのであって，利益なきサステナビリティ経営は，企業の存続を危険にさらすばかりか，「ESGウォッシュ」と批判されることにつながりかねない。最近，フランスの大手食品メーカーであるダノン（Danone）は「使命を果たす会社」として，製品を介した健康の改善，地球資源の保護，将来を社員と形成すること，そして包摂的な成長の4つの取り組みを発表し，収益性を重視しながらも社会的なミッションをはたすパーパスの実践，さらにステイクホルダー資本主義を標榜してきた。しかし，2020年通年でダノンの株価は27%下落した。新型コロナの影響があったとはいえ，ネスレ（Nestlé）の2%下落，ユニリーバ（Unilever）の1%上昇と比べて見劣りする結果となった。このため2021年3月15日，エマニュエル・ファベール（Emanuelle Faber）会長兼CEOは，同日付で解任された。換言すれば，ROEかESGか，といった二者択一的な視点を採用するのではなく，むしろ両者の止揚によるリープフロッグを志向すべきなのである。企業は多様なのであって，同業他社を比較してもそれぞれがおかれた環境も大いに異なっていよう（Nelson, 1991）。さらに，同一の企業の内部においてすら，事業ごとにおかれた成長段階はそれぞれ異なるものである。

　第5に，サステナビリティ経営を実践する主体は企業に限定されるものではないということを認識しておくべきである。前述の小田原モデル（本書第4章）は，さまざまなリーダーを中心とした企業・

NPO・神社など多様な組織や主体がかかわった地域モデルである。また，経営の神様 松下幸之助がいうように，政治は国民全体を対象とした目標にもとづく経営活動——国家経営——にほかならない（松下，1994）。したがって，政治にたいして望ましいサステナビリティ経営の国家モデルを求めることには一理ある（本書第3章）。

　第6に，サステナビリティ経営の土台となるパーパスとは何かを理解しておくことは不可欠である。パーパスは，組織の存在意義である「なぜ」にかかわるという点で本質的である（EPI, 2020）。ここで，前述したグラチのディープ・パーパスを想起しよう。ディープ・パーパスをもつ企業は，単なる利益追求にとどまることなく道徳にもとづき共通善に向けて行動することもできる。ディープ・パーパスに根差した企業は，道徳的リーダーとして環境変化にかかわらず自社のパーパスを大切にしながら自社の存続を図り，経済と道徳の適切なバランスを見出すたゆまぬ努力を継続する。つまり，アダム・スミスが明らかにしたように，人間は利己心と共感とのあいだの適切なバランスを見出せる存在なのである。

　われわれの見解では，そうした個人というミクロが集計されて実現する企業というマクロでの経営は，利己心と共感との適切なバランスを反映した形で適切な利益追求を適切な仕方で実現し，自らの存続と他の存在——生物，地域，国，地球など——の存続を整合化しうるようなサステナビリティ経営を実現できるように思われる。とはいえ，それを実現するのは簡単な仕事というわけにはいかないだろう。

5.4. ソニーグループのサステナビリティ経営

　今までサステナビリテイ経営の意義を歴史的，実証的に述べてきたが，日本企業で近年刮目すべきベスト・プラクティスとなっているのが，ソニーグループの実践である。著者は新人のときから23

図6　ソニー連結営業利益の推移

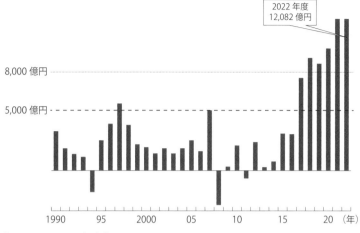

2022 年度
12,082 億円

8,000 億円

5,000 億円

1990　　95　　2000　　05　　10　　15　　20　（年）

注：ソニーグループに負う。

年間，まさにその企業文化のなかでインサイダーとしてすごしてきたので，経験知も含めた分析・紹介を試みるとしよう。ソニーグループの収益の柱は，ゲーム・音楽・映画などのエンターテインメント事業，エレクトロニクス，CMOSセンサー，そして金融事業である。営業利益のほぼ50％はエンターテインメント事業によって創出され，祖業であるエレクトロニクス事業は20％未満にすぎない。2010年代初期の業績低迷をへて，ここ数年でようやく安定的な収益を実現できるようになった（図6）。

　とくにソニーグループは，統合報告書『Corporate Report 2020』に明示されているように，パーパスと価値観を重視する。すなわち，「クリエイティビティとテクノロジーの力で，世界を感動で満たす」というパーパスの下，グループ社員が長期的視点での価値創造に向けて同一のベクトルで進んでいくのに必要な共有価値として，「夢と好奇心」「多様性」「高潔さと誠実さ」「持続可能性」といった4

つの価値観を定める。

　また2022年8月発表の統合報告書『Corporate Report 2022』（におけるCEOメッセージのなかで，吉田憲一郎社長（当時）は，「クリエイティビティとテクノロジーの力で世界を感動で満たす」というパーパスにもとづく企業文化について述べた（ちなみに2023年4月，吉田社長は会長の座につき，十時裕樹が新社長となった）。つまり彼は，感動の創出というパーパスを企業文化として定着させ，組織の多様なメンバーによって共有することが価値創造にとって不可欠だと考えた。そして当社は，エンターテインメント事業が生む感動をユーザーに届ける感動バリューチェーンの構築を重視するという。

　さらに，統合報告書『Corporate Report 2022』の価値創造モデルでは，自社を「テクノロジーに裏打ちされたクリエイティブエンタテインメントカンパニー」と定義する。そして，「ソニーがどこに向かうのかを示す経営の方向性は，クリエイターとユーザー，社員という『人に近づく』ことです。このように『感動』，『人』を軸にした経営を長期視点で進める」と記す。多様な事業のすべての基盤にテクノロジーがあるが，人の心を動かすのは創造力であり，これらはもちろん人なしでは実現しえない。ソニーグループのサステナビリティ経営にとって人的資本が最も重要だというのは，あながちいいすぎではないように思われる。

　また，スマートフォンの普及により誰もがコンテンツの作成・発信を簡単に実現できる時代となった今，クリエイターへのアクセスが重要な意味をもつ。ソニーグループも，この点に経営の軸足をおきはじめているようである。従来のWEB2.0時代では，ビッグテックがユーザー・サイドに軸足をおきデータを独占し，巨額のレントを獲得してきた。しかし彼らは，単にコンテンツ取引のためのプラットフォームを提供してきただけであって，クリエイターのように何かを創造してきたのではない。他方，「ネット民主化」に特徴づけられる新しいWEB3.0時代となると，クリエイターがビッグテッ

クのプラットフォームを飛び越え，コンテンツの発信・取引が可能になる時代がくるかもしれない。吉田社長は，過酷なIT産業での自社の存続を可能にするサステナビリティ経営の方向性として，創造力の源泉たるクリエイターに寄り添うことが重要だと考えている。とくに，クリエイターという個の育成と自社の成長とを両立するような共進化を志向した貢献型経営を意図しているという[1]。

　ソニーグループは創業以来，人材を「個」ととらえてきた。個の自律性と挑戦を尊重し，会社と社員が対等な関係を前提にして，「都度，お互いに選び合い，応え合う」企業文化を大切にしてきた。それをさらに進化させ，ソニーグループの人材理念を，"Special You, Diverse Sony" に，そして人事戦略のフレームワークを「個を求む」「個を伸ばす」「個を活かす」に再定義した。「個性あふれる多様な社員一人一人の生み出す価値を最大化し，ソニーグループの持続的な価値創出につなげていくことを目指す」と，安部和志執行役専務人事・総務担当は語っている。つまり，多様な個というミクロの成長なくして，企業というマクロの成長はないということである。

　福沢諭吉による『学問のすゝめ』初編刊行が1872年で，今年で150年あまりが経った。福沢は，「天は人の上に人を造らず，人の下に人を造らずと云えり」と冒頭に述べられた。しかしながら，人間は平等だといいつつも，「されども」から続く一文で，現実には甚だ不平等だという。それはなぜか。「学んだか，学ばないか」といったケイパビリティ進化への取り組みにおいて差異があるためである。だからこそ，「学問」を「すゝめ」る必要があった。そして，すべての国民が学べば，個人の自立と国家の独立が可能になるのだ，と。いわく，「一身独立して一国独立する事」である。

　当時の帝国列強に囲まれた日本の危急存亡のときに，日本の独立をいかにして守り抜くのか，そして個人がどう生きてゆくべきか，という意識改革を訴えかけた。幕末に欧米を3度も見聞してきた福

沢の見識は，ソニーグループにおける人材理念と相通じるものがあるように思われる（著者の知る限り，福沢以外に，明治維新前に3度も欧米を視察した人物はいない）。

ソニーグループが業績回復を実現し，史上最高値の株価を更新できた背景には，創業以来長年にわたって築きあげてきた企業文化の下で，合弁による新規事業参入──1968年のCBSレコード（CBS Records）との合弁による音楽事業にはじまり2013年のオリンパスとの合弁による医療事業にいたる──をくり返してきたことにより，多様な事業がダイバーシティをもつ人材のプラットフォームを生み出したこと，そして多様な人材が新結合することで価値創造につながる組織へと進化したことがある。さらに，エレクトロニクス，映画，音楽，ゲーム，金融などの多様な事業ポートフォリオと，外国人が50％をも占める多様な人材をパーパスとバリューの下でまとめた現在の経営陣のDMCもある。

とくに，吉田体制のDMCは，長期的視野に根差した構想・意思決定・実行といった認知・行動でのすぐれたケイパビリティによって特徴づけられよう。吉田社長は，社長に就任する以前，副社長兼CFOをつとめていたが，2018年4月に平井一夫前社長の後を継いだ。社長就任後，最初に着手した仕事の成果であるパーパスとバリューは，半年以上にわたる社内での慎重な議論を重ねた後，2019年1月に外部公表された。

その後同年6月，アクティビストとして知られるアメリカのサードポイント（Third Point）が半導体事業のスピンオフを求める提案書を出してきた。しかし9月，吉田社長の名前でサードポイントを含む株主に向けてレターを打ち返した。すなわちそれは，「半導体事業はソニーの成長をけん引する重要な事業の1つ。長期的な企業価値向上に資する」とし，取締役会が全会一致でスピンオフ提案を拒否したとの内容のものであった。つまり，パーパスとバリューについて，執行側が十分な議論と確信に満ちたまとめを準備していた

ことでもたらされた賜物ということになろう。

　また，長期的視野という点でいえば，1つの新製品を仕込んで日の目をみるまでに10年の忍耐が必要となることは他社と同じで，ソニーグループが例外というわけではない。だからこそCMOSセンサーの場合は，1970年からはじまった厚木工場でのCCD開発が基礎になっている。2006年にコニカミノルタからカメラ事業のαシリーズを買収した後，ソニーグループはミラーレスへと展開することができた。とはいえ，カメラ市場では2022年までの直近2年はかなりの高業績を実現できたものの，累積損失を解消するまでに11年もの年月を要した。さらに，1989年に買収したコロンビア・ピクチャーズ・インダストリーズ（Columbia Pictures Industries）の映画事業にしても収益に貢献するまでには，結構な年数を要した。ソニーグループは，いわば大忍という独特なDNAをあわせもつ点も特徴の1つとしてあげられよう（ちなみに，「大忍」という言葉は，パナソニックホールディングス創業者 松下幸之助が好んで用いた言葉である）。

　2021年に改定されたコーポレート・ガバナンス・コードは，「企業の中核人材における多様性の確保」として，管理職を中心に女性・外国人・中途採用者の登用についての考え方と測定可能な自主目標の設定，さらに多様性の確保に向けた人材育成方針とその実施状況をあわせて公表するよううたっている。しかし，多様性を確保しさえすれば，普遍的にどの企業でも価値向上を実現できるという見方はいくぶんナイーブかもしれない。

　創造的なチームにおける相互交流による約17,000件の発明を分析した実証研究（Flemming, 2004）では，発明という価値の創造は多様性と反比例すること，しかしながら，一方で画期的な発明は多様性の高い集団から生まれることも示唆されている。ソニーグループにそくしていえば，前述の1989年に買収したハリウッドの映画事業が，当時のエレクトロニクス事業の企業文化やビジネスモデル

とは不整合をきたし，PMI（Post Merger Integration: ポスト・マージャー・インテグレーション）に相当な月日を要し，収益を生み出すまでに多額の支出を要したことは事実だろう。

　他事業も含めた事業ポートフォリオの多様性ゆえに，ソニーグループはコングロマリット・ディスカウントと揶揄された時期もあった。たとえば，JPモルガン証券が2021年10月27日時点で試みた推計によると，25％のコングロマリット・ディスカウントが生じているともいえる。だが実は，その結果は，個別事業価値算定の前提によって左右され，これが絶対的な評価ではないという注意が必要だろう。この点にかんして，ソニーの経営陣も同様の立場をとり，コメントを差し控えているようである（図7）。

　だが一方，多様な事業を有するからこそ，そこからイノベーションが生まれる可能性は高くなる。もちろん組織は多様性があれば，リスクにたいして頑健たりうる。「卵は1つのカゴに盛るな」ということである。この点にかんして，ソニー生命を中心とした金融事業の安定的な収益基盤によって，エレクトロニクス事業の不調を補填してきた時期もあることをけっして忘れてはならない。そして，2023年になって金融事業については新たな展開を発表した。すなわち，半導体事業やエンターテインメント事業を中心にさらに中長期的な成長・拡大を志向していくには，これまでとは違う次元の投資が必要になってきており，また金融事業でも多くの資本が必要となり，キャピタル・アロケーションの観点から「投資の両立は容易ではない」と判断した。そのために金融事業（ソニーの100％子会社であるソニーFG）を税制適格スピンオフにより実質非課税で親会社から切り出し，独自の資金調達で成長を目指す戦略を描くこととした。スピンオフの実行後も同事業が社名を含むソニーブランドを活用し，ソニーグループ各社とのシナジー創出を継続できるように，ソニーグループがソニーFGの持分割合の20％弱を引続き保有する前提としている。これによって，ソニーグループ連結貸借対照表の

図7 ソニーの株式価値試算

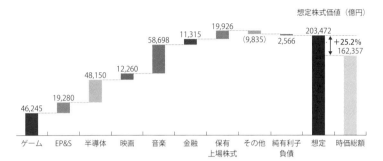

想定株式価値（億円）

注：2021年10月27日現在の情報に依拠し，SOTP（Sum-of-the-Parts: サム・オブ・ザ・パーツ）法にもとづく。各事業で稼得するキャッシュフロー創出力（EBITDA）の何倍が事業価値（EV）となるか（マルチプル）は業界ごとで異なるので，コングロマリットの場合，個別の事業ごとのキャッシュフローに当業界平均のマルチプルを乗じて算定して，これらの合計値で，企業全体の価値を測定している。本事例で，音楽事業を例に見ると，ソニーの音楽事業からの年間キャッシュフロー創出額2,446億円X業界平均マルチプル24倍を乗じて，5兆8,698億円の事業価値と算定される。同様にしてゲーム事業，映画，エレクトロニクス，金融事業などを算定して，全体合計し負債額を控除すると，20兆3,472億円の企業価値が算定される。一方で市場でのソニーの株価は時価総額16兆2,537億円なので，想定されている企業価値を25.2％も下回る計算となっている（コングロマリット・ディスカウント）。ちなみに年間キャッシュフロー創出力EBITDAは，営業利益＋減価償却費で計算され，EV/EBITDA倍率（マルチプル）の平均は8〜10倍といわれており，音楽事業の24倍というのは群を抜いていることがわかる。

出所：会社資料，FactSet，アナリストレポートにもとづき，JPモルガン証券が試算した結果を著者が加筆。

総資産32兆円のうち，金融事業が20.8兆円（実に65％）を占めるという実情にたいして，このインパクトも除かれるはずなので，ソニーグループ本体の資産効率を改善させる効果も期待できよう。中長期の成長戦略に合わせて，このような財務・資本戦略を打ち出してきていることは注目すべきである。

5.5. 異質性と多様性こそがカギ

　ここで結びとして，著者自身の経験にふれておきたい。著者がかつてのソニーに入社した頃の採用のキャッチコピーは，「出る杭を求む」「学歴無用論」であった。だからこそ，一風変わった「変人」が多く集まった。当時の盛田昭夫社長は，新入社員に向かって「ソニーに入社したことをもし後悔することがあったら，すぐに辞めなさい。人生は一度しかないのです。そして，本当にソニーで働くと決めた以上は，お互いに責任があります」と入社式で挨拶した。その後も，折にふれて「一人一人違った意見をもっているから価値がある。会議や議論の場では，それぞれの意見を，はっきりと発言してほしい。そこにあなたがいる意味があるのであり，そうしないのなら，いる意味はない」とも述べた。

　かくして，「自由闊達にして愉快なる理想工場」に集約された東京通信工業時代の共有価値から進化した，普通の人とは異なった「出る杭」になることをいとわない「変人」を大切にする企業文化こそ，ソニーグループの多様性の源泉，ひいてはイノベーションの源泉だ，といえるだろう。ゆでガエル国家 日本がこれ以上，ゆで続けられることなく失われた30年を止めて持続可能な国へと転換していくうえで，異質性と多様性はカギとなりうる。この点で，ソニーグループのサステナビリティ経営から学ぶべき教訓は重要な意味をもつように思われる。

注
(1) 太田洋子 野村證券金融工学研究センター所長を中心とした2023年8月7日付けでのJPX日経400採用銘柄の分析。
(2) 日本経済新聞 中山淳史編集委員による（中山，2023）

第 6 章

サステナビリティ経営とDMC
──丸井グループ──

6.1. 企業文化の重要性

　本章では，丸井グループのサステナビリティ経営とそのトップ・マネジメントのリーダーシップにかんする事例研究を試みる。すなわち，創業家3代目青井浩代表取締役社長CEO（以下，青井社長）のDMC──経営者レベルのスキル，外部とのつながり・人脈，メンタル・モデル──に焦点をあて，彼のリーダーシップの下で，当社がどのようにESGを軸としたサステナビリティ経営への取り組みを強化してきたかを論じるつもりである。とくに強調しておくべき点は，青井社長は，サステナビリティ経営をアプリとした場合，それを支えるOSとしての企業文化が不可欠だと考えていることである（青井社長による「特別講義」慶應義塾大学，2022年1月19日。以下，青井（2022b）と記す）。経営者は，企業文化のデザイナーとしてリーダーシップを発揚しなければならない（e.g., Barnard, 1938; Kreps, 1990; Selznick, 1957）。そして企業文化にもとづいて，環境変化の文脈で新しい経営の仕方を模索していく必要がある。

　丸井グループ創業者 青井忠治は，個人の自己実現と企業成長とを連環させる「丸井大家族主義の思想」を重視し，これにもとづいて日本初のクレジットカード発行，業界初のIBM大型コンピュータ導入などによって，戦後の高度経済成長期に人々の生活を豊かにすべく「月賦の丸井」という新機軸を打ち出すことに成功した（鳥

羽, 1987)。2代目青井忠雄は, 高度経済成長期とバブル経済期において若者をターゲットに百貨店として, 丸井限定のクローズド型の「赤いカード」による高価なDC (いわゆるデザイナーズ&キャラクターズの略称) ブランドの洋服の販売で成功を遂げ, 「ヤングとファッションの丸井」という新機軸をつくった (青井, 2019a)。そして青井社長は, 歴史的に進化してきた企業文化にもとづいて, 未来投資・小売・フィンテックといった三位一体の事業展開をつうじて「インクルージョンの丸井」という新機軸を構築しつつある。

6.2. 丸井大家族主義の企業文化

丸井グループ創業者 忠治は, 創業以前は丸二商会で家具の月賦販売に従事し, そこからのれん分けという形で中野にあった店を譲渡してもらい, 1931年2月17日に独立・創業した (より正確には, この店は借家だったので建物の譲渡はなく, 丸二の商号の下で営業が行われていた)。1935年3月, 阿佐ヶ谷支店設立の際にはじめて丸井の商号を用いた。1936年10月, 中野本店を「中央線唯一のデパート」と位置づけ, 丸井の商号で駅前に開店した。さらに1937年, 株式会社丸井を設立し, 個人経営からの脱却を図った。戦後1946年, 家具の現金販売で営業を再開し, その翌年, 戦前の本店跡地に中野本店を再興した (鳥羽, 1987)。

中野本店は戦火をまぬがれたものの, 中国人による不法占拠によって東亜閣という中華料理店兼結婚式場となった時期がある。忠治は, 中国人経営者とねばり強い交渉を続け, 敷地800坪の杉並区の自宅を売却することで立退料を工面してまで, 1947年1月末にようやく中野本店の取り戻しに成功した (鳥羽, 1987)。忠治は, 丸二商会で厄介な集金の経験を積んだことで, いかなる相手との交渉にも慣れていたため, 結果的に彼の交渉相手は, 敵対的な姿勢で対立するのではなく, 相手のことも考える忠治の寛大な姿勢に感銘をうけ

た（出町，2015）。

　忠治が着手した月賦販売は，実は伊予商人に伝わる手法であった。実際，丸二商会の従業員の多くは愛媛県出身であった。「伊予の椀舟衆」とよばれる舟による漆器類の行商団は，やがて舟をおりて九州を中心に販売活動を行うようになった。そして，彼らは上京した当初，料亭や集会所などで商品を並べて売る展示販売を行っていた。やがて，渡部清一郎が経営していた新宿2丁目の丸共から独立した村上市太郎により丸二商会がつくられた（鳥羽・田中，1981；若林，1985）。富山県出身の忠治は，この組織のなかでは異端児とみなされ，独特な企業文化に染まることなく，少し離れたところから客観的に物事を俯瞰する習慣がついたようである（青井，2019a；野中，2021；鳥羽，1987）。

　丸二商会の企業文化は，店員が商売の仕方を学習するとすぐ独立していたこともあり，ごまかし，いじめ，騙しなどといった具合に手段を選ばず，同僚を出し抜いて自己利益を獲得することを当然のこととみなすものであった。こうした意味で，機会主義的な企業文化であったといえる。こうした企業文化には，創業者の人間的な冷酷さ——長年つかえていた店員ですら，不正を働いたことが発覚するとすぐに警察につきだしたというエピソードに集約される不寛容——が部分的に反映されていた，と解されるだろう。しかし忠治は，「死んだ気になれば何でもできる」という気概をもって，難しい仕事とされた集金，行き届いたねばり強い接客，事業機会を捕捉する機敏な行動力などをつうじて，機会主義とは対照的に，自己実現に向けて真摯に取り組んだ（鳥羽，1987）。

　そして，彼の自己実現にたいする強いおもいの源流は，彼の高校時代にさかのぼることができよう。彼は，富山県立工芸学校（現在の富山県立高岡工芸高等学校）に入学してすぐ，当時の校長　伊藤宣良からアンドリュー・カーネギー（Andrew Carnegie）の訓話をきく機会をえた。「すべて汝がことなれ」。忠治は，この言葉を一生忘

れることなく，1963年には丸井の社訓とした。

　結局それは，「丸井大家族主義の思想」とでもよびうるものに昇華した（鳥羽，1987）。すなわち，それは個人の自己実現と企業成長とを連環させる思想を表す。これまで忠治は，店主である自分は親で，従業員は子供とみなす「企業＝家族」といった企業観をつうじて経営を行ってきた。しかしながら，企業成長にともなう大組織化や労働組合の生成などにともない，権威主義的な親としての経営者を中心とした家としての企業の経営を是とする経営家族主義は，もはや限界をむかえた。丸井大家族主義に根ざした企業文化は，新しい時代に適合したものへと変革する必要が生じた。

6.3. サステナビリティ経営の土台をなす共創

6.3.1. 会社の変化を支えた企業文化

　忠治は，1960年の日本初のクレジットカード発行，1966年の業界初のIBM大型コンピュータ導入などによって，戦後の高度経済成長期において人々の生活を豊かにすべく耐久消費財向けの「月賦の丸井」という新機軸をつくりだした（青井，2019a）。そして，「景気は自らつくるもの」という言葉を常々口にし，販売不振を環境のせいにするのは責任回避にすぎないとみなし，主体的な努力・創造性をつうじた業績向上の重要性を強調した（鳥羽，1987）。

　一方，長男忠雄は1955年，早稲田大学商学部卒業後，忠治の命をうけて中野忠男という通称で丸井に入社した。それは，社長の息子ということで周囲が特別扱いするのを避け，大成すべく試練をうけるためだったという（加納，1984）。彼は，類稀なるビジネスセンス——とりわけマーケティングの才能——にめぐまれていた。そして1972年，忠治の後継者として社長になった。忠雄は，高度経済成長期とバブル経済期において若者をターゲットに百貨店として，丸井限定のクローズド型の「赤いカード」による高価なDCブラン

ドの洋服の販売で成功を遂げ，「ヤングとファッションの丸井」という新機軸をつくった。すなわち，「丸井は若い人にファッションを赤いカードで売る会社だ」という成功の方程式を確立した（青井，2019a）。そして彼は，「小売業は時流適応業」というフレーズを用い，変化が激しい時代における迅速な適応を重視した（鳥羽，1987）。

そして青井社長は2005年，創業家3代目として忠雄の後を継いだ。現在，未来投資・小売・フィンテックといった三位一体の事業展開をつうじて「インクルージョンの丸井」という新機軸を構築しつつある。主として少子高齢化時代において，すべての世代を対象とした汎用性の高いオープン型のエポスカードの導入，そしてモノだけでなくコトも提供可能な不動産型商業施設への転換などを図った。

こうした丸井グループの変革の土台には，つねに「信用は私たちがお客さまに与えるものではなく，お客さまと共につくるもの」という創業者の言葉に由来する「信用の共創」というコアバリューがあった。これは，玉ねぎの芯のように本質的な価値だった（青井，2019b）。そして，一連の変革は経営危機から生じた。すなわち，青井社長就任後の2007年以降，環境変化にともなうBMの陳腐化，貸金業法改正，リーマン・ショックを主な契機として，丸井グループは深刻な経営危機に陥った。それによって長期視点の経営を重視するようになり，ESGの取り組みを活発化させた。青井社長は，1回本当に潰れそうになったので，跳ぶしかなかった，と回想している（日経ESG，2020a）。結果的に丸井グループは，際立つESGの取り組みによって跳ぶことができた。

丸井グループは，2015年から「共創経営レポート」という名の下，とりわけ投資家との対話を深めるべく統合報告書を発行するようになった。それは，「他社とは異なる個性を表現できる『自由演技』」の集大成として位置づけられる（青井社長との私信，2022年1月15日：傍点著者）。その作成にあたって社長自身，1年間で関連ミーテ

ィングに参加する回数は20回以上にも及ぶ。また，投資家が知り
たい情報のニーズを探るべく，1年あたり250回ほど投資家への個
別訪問を実施する[1]に負う。さらに，多様なステイクホルダーの
利益の調和を強調し，その出発点として2016年，ESG推進部を設
置した。

　結果的に丸井グループは，ブルームバーグ（Bloomberg）ESG開
示企業ランキングで世界小売業1位となった。そして，株価にかん
してESGプレミアムを享受するにいたった（青井，2022b）。株主と
の対話に配慮したESGを土台として，これを昇華させることによ
りステイクホルダーのためのサステナビリティ経営に取り組んだ
（丸井グループ，2019）。その結果，国内外で際立つサステナビリ
ティ企業として最高の評価をえるようになった。

　丸井グループは2019年2月，サステナビリティ経営の推進に向
けた「共創理念体系」を明示したこの体系は，「私たちのめざす姿」
「私たちの価値観」によって構成される。前者は，「MISSION：す
べての人が『しあわせ』を感じられるインクルーシブで豊かな社会
を共に創る」というパーパス，そして「VISION 2050：ビジネス
を通じてあらゆる二項対立を乗り越える世界を創る」というビジョ
ンからなる。他方で後者は，「お客さまのお役に立つために進化し
続ける」「人の成長＝企業の成長」という経営理念，そして「信用
の共創」「景気は自らつくるもの」という共有価値観からなる（丸
井グループ，2019）。

　さらに当社は，われわれの社会にみられるさまざまな二項対立を
乗り越えるためのカギをインクルージョンに求める。すなわち，こ
れまで見過ごされてきたものを取り込む」ことによって二項対立を
超克し，社会課題解決と企業価値向上の同時実現を企てる。より具
体的には，「これまで見過ごされてきたもの」とは，たとえば正規
分布を前提とすれば，その裾野部分ということになる。この看過さ
れてきた裾野部分をも取り込み，「すべての人」の「しあわせ」の

実現をめざすのである（ibid.）。このような丸井グループのサステナビリティ経営は，信用の共創に根ざした企業文化なしでは実現できなかったかもしれない。

6.3.2. イノベーションを持続できる組織をつくる

丸井グループは，2019年から無形資産を重視した知識創造型BMに注力してきた。このBMは，多様なステイクホルダーの共通利益を拡大するためのもので，創業以来の小売主導の労働集約型BMとも，2006年以降のフィンテック主導の資本集約型BMとも異なる（青井，2019b）。より具体的には，売り場の魅力を高めて集客力を高め，クレジットカードの新規会員を増やしていくことにより，テナントや顧客から生涯えられる利益の拡大に向けたSaaS（Software as a Service: ソフトウエア・アズ・ア・サービス）型BMである（日経ESG，2020b）。

また，当社のBMの土台となる無形資産とは，すなわち，組織の人々や組織自体が有する多様なケイパビリティである。なかでも当社は，社員一人ひとりが多様なステイクホルダーの視点に立ち「共感力」を進化させ続けることが，社会の問題解決につながる「革新力」を生み出す源になりうるとみなす（丸井グループ，2019）。要するに，共感と革新にかんするケイパビリティ進化という局面での個人の自己実現が企業成長につながる様子を理想として描く。

とくに青井社長は，丸井グループでの自らの経験をふまえ，イノベーションを持続できる組織をデザインするには，3つの効果的な方策を同時並行的に実行すべきだと考える（青井，2019a）。彼は，こうした組織デザインの面でリーダーシップを発揮してきた。すなわち第1に，「グループ間職種変更異動」という制度である。この制度の導入によって，素直に吸収し，「個人の中の多様性」というべき多様な視点から物事をとらえ考える力を高めるという個人のケイパビリティ進化に注力する（青井，2019a）。

第2に，価値観の共有である。丸井グループの本質は「信用の共創」を重視する当社独自の価値観にある。これを新しい時代のなかで進化させてどう共有するかが，変革を支える柱となりうる。ステイクホルダー間の利益の対立を超えた利益の調和を是とする価値観の共有は，インクルージョンと変化の双方を実現するための重要な要件の1つにほかならない。

　第3に，個人のイニシアチブを促進する「手挙げの文化」である。つまりそれは，丸井グループ独自の企業文化とみなされ，目的を定めて思考・行動を拘束することなしに対話をつうじて多様な意見の熟成を図る一方，論文の提出・審査といった競争プロセスをつうじてさまざまな従業員の自発的な意見表明を促進するような共有価値にほかならない。

　青井社長は，企業文化のイノベーションに取り組み，「強制から自主性へ」「やらされ感から楽しさへ」「上意下達から支援へ」「本業と社会貢献の分離から本業をつうじた社会課題の解決へ」「業績至上主義から企業価値志向へ」といった形で組織における共有価値のシフトを実現した（青井，2022b）。

　また青井社長は，サステナビリティ経営をアプリとした場合，それを支えるOSとしての企業文化決定的に重要な意味をもつと考える（青井，2022b）。そして2019年1月，サステナビリティ経営に向けて断固たる決意を記した。

　彼が志向するサステナビリティ経営の要諦は，「倫理的な責任」にもとづき，個別企業の持続可能性ないし持続的競争優位にとどまらず社会・地球環境の持続可能性をも斟酌し，「すべてのビジネスがサステナビリティを実践するようになってほしいという願い」の下，実業界の「フロントランナー」となるという気概をもとに「将来世代」とともに社会課題解決と企業価値向上の同時実現に向けて真摯に取り組む，という共創に求められる（丸井グループ，2019）。そして実際，共創を経営の軸にすえたことで，それに共感し，同じ

意志をもつ人材が入社するようになった（青井，2017）。

　さらに2021年12月，『共創経営レポート2021：OUR IMPACT 将来世代と共にインパクトを起こそう』（丸井グループ，2021）を発表した。インパクトとは，「今後注力すべき方向性を明確化した」 もので，社会を良い形に変えていくのに不可欠とされる。具体的には，(1)「将来世代の未来を共に創る」，(2)「一人ひとりの『しあわせ』を共に創る」，(3)「共創のプラットフォームをつくる」といった3つのテーマからなり，それぞれのテーマは，(1)「脱炭素社会の実現」「サーキュラーエコノミーの実現」，(2)「一人ひとりの自己実現を応援」「一人ひとりの『好き』を応援」，(3)「共創の『場』づくり」「社内外に開かれた働き方の実現」といった重点項目をもつ。

　ここで注意しなければならないのは，丸井グループは，競争に勝つことやカネもうけを過度に強調する利己的な功利主義計算への偏りを是とするわけでもなければ，社会のための慈善的な問題解決を過度に強調する利他的な倫理的行動への偏りを是とするわけでもないという点である。この点について，青井社長は述べる。すなわち，

　　自分がやりたいことでお金を稼げる，仕事と自分の人生の価値観が重なることを企業で実現する。我々は将来世代に豊かな未来をつなげていきたい。(…) 今までは数字だけが目的になり，利益の中身についてあまり考えずにやってきた。やりたいことと利益が一体になることが「利益と幸せの調和」なのではないか（相馬，2021，11）。

社会に配慮しつつ，会社での仕事と自分の価値観とを調和させる。それによって社会課題解決と企業価値向上の同時実現を図るのが，サステナビリティ経営の要諦をなす共創の本質ということなのだろう。

6.3.3. サステナビリティ経営の先進国オランダに学ぶ

　青井社長は，サステナビリティ経営を推進するうえで，ユニリーバ（Unilever）やフィリップス（Philips）などオランダにゆかりのある企業をベンチマークしてきた。彼は，これらの企業による実践をふまえてサステナビリティ経営を学んできたのである。こうした能力は，DMCの一種とみなされよう。オランダは国土の1／4が水面下で，北極の気温が1度上昇すると土地が沈むため，歴史的に水害との戦いが根づいており，人々がサステナビリティに傾注せざるをえない環境にあった。そのため，人々には自然とサステナビリティにたいする高い意識が醸成された。したがってオランダは，学習のベースとすべきサステナビリティ先進国なのだという（青井，2022b）。

　そして青井社長は，サステナビリティ経営に取り組むオランダ企業のさまざまな経営者が共通して口にしていることに気づき，これを会得した。すなわち，長い時間をかけて進化してきた企業文化が，仕事と人生とを連結することによってサステナビリティを支える土台になるということである（青井，2022b）。

　さらに青井社長は，日本においてサステナビリティ経営が普及していくうえでの問題点を指摘する。すなわち，

　　サステナビリティ（経営）というものは，（…）強制してやらせたり，やらされるものではない。自分の人生，自分の生き方と重なることしか実行できない。そういうわけで，今までの工業社会での働き方とか，経営のあり方とまったく違うと思う。自分が人生をかけてやりたいと思っていなければ，命令してもできません。このことが日本企業でサステナビリティ経営が進まないことの大きな理由の1つだ，と僕は思う。（…）日本企業では，いまだに工業社会型の組織と企業文化が根強い。上意下達。指示・命令徹底型。こういったことで工業社会として成功したわけですが，このことがポスト工業

社会になって，ましてやサステナビリティ（経営）という全然今までと違う（…）とんでもなく変革的なパラダイム・チェンジをやろうとしているときに軍隊式の企業文化で（…）できるわけがない（青井，2022b）。

陳腐化した多くの日本企業の組織や企業文化では，サステナビリティ経営はとうてい困難だということである。

　しかし，サステナビリティ経営への取り組みという点で日本企業のなかでも異色な丸井グループは2020年10月，国分グループと協力し，オランダのトニーズチョコロンリー（Tony's Chocolonely）の日本進出を支援することを発表した。そして翌月，有楽町マルイでそのプロモーションを行ったが，多くの人々がやや割高にもかかわらずサステナビリティに配慮したこのオランダ企業のチョコレート製品を購入したという。この点にかんして青井社長は，その製品にこめられた奴隷労働をやめようという人権問題啓発に向けたメッセージと，製品の高いデザイン性とのギャップがうけいれられたのではないか，とみる。

　トニーズチョコロンリーの創業者は，トゥン・ファン・デ・カゥクン（Teun van de Keuken）通称トニー（Tony）というジャーナリストで，番組でカカオ産業における児童労働の過酷な状況など食品生産の闇に光をあてた。そもそも，世界のカカオ生産の大部分を占める西アフリカにおける児童労働は，2000年にイギリスの番組で取り上げられた。その反響もあって，アメリカでは2001年，カカオ関連の生産プロセスで最悪の児童労働を撤廃すべく，ハーキン・エンゲル議定書（Harkin-Engel Protocol）が締結された。にもかかわらず，児童による奴隷労働は根絶されなかった。そしてトニーは，違法な児童労働でつくられたチョコレートを自宅で食べた罪で自分自身を告訴した。また，ネスレ（Nestlé）などのグローバル企業にたいしてスレイブフリー・チョコレートの生産を働きかけた

ものの相手にされず，孤独感にさいなまれた。結果的に2005年，児童労働とは無縁の調達ルートを開拓することでチョコレート生産に新規参入した[(2)]。

6.4. 青井社長のメンタル・モデル

6.4.1. DMCの構成要素としての経営者のメンタル・モデル

青井社長は，他社をベンチマークする形で自らのサステナビリティの理解を深めたり，あるいはオランダ企業との提携をつうじて，サステナビリティ経営の実践に取り組んできた。以下では，創業家3代目の青井社長がサステナビリティ経営を実践するうえで，どのようなメンタル・モデルを抱いているのかを浮き彫りにしたい。経営者のメンタル・モデルは，経営を行っていくうえで不可欠な認知活動を左右し，組織レベルのDCのミクロ的基礎をなす（Helfat and Peteraf, 2015）。またそれは，DMCの重要な構成要素の1つでもある。そこで本論文では，とくに環境，会社，経営者，そしてサステナビリティといった4つの論点に注目し，サステナビリティ経営に取り組んできた青井社長がどのようなメンタル・モデルを抱いているかを素描し，彼のDMCを分析する。とくにDMCは，企業にとって成功の方程式としてのドミナント・ロジックの生成を左右する（Bettis and Prahalad, 1995; Prahalad and Bettis, 1986）。

経営者のメンタル・モデルは，経営を行っていくうえで不可欠な認知活動——たとえば，問題解決や推論——を左右し，組織のDCのミクロ的基礎をなす。とくに，経営者がメンタル・モデルを用いて認知活動を行うケイパビリティは，MCC（managerial cognitive capabilities: 経営者の認知ケイパビリティ）とよばれる。そしてそれは，DCの発展，企業変化の進展，そして財務パフォーマンスを左右する（e.g., Adner and Helfat, 2003; Helfat and Peteraf, 2015; Teece, 2009, 2014, 2017）。企業のパフォーマンスがCEOはじめトップ・マ

ネジメント・チームや取締役会などの諸属性によって左右されると
みなす考え方は，アッパー・エシュロン理論として知られている
（e.g., Hambrick, 2007; Hambrick and Mason, 1984）。

6.4.2. イノベーションの持続が求められる劇的に変化する環境

　21世紀のVUCA世界おいて，青井社長はどのような環境を念頭
に経営を行っているのか。この点について，彼は述べる。すなわち，

　　今は全力で走って，ようやく現状をキープできるという変化の激
　しい時代。イノベーションを連打しないと，すぐに取り残されてし
　まう。そのため，社外にいい共創パートナーがいればターや大学生
　などの若い世代を巻き込んでオープンイノベーションを行ってきた
　（勝俣・松原，2021，23）。

彼は，イノベーションを持続していかねばならない劇的な変化を遂
げる環境に対峙すべく，オープンイノベーションに取り組むことで
企業境界を超えて多様なケイパビリティを動員してきた。
　では，劇的な環境変化の時代にイノベーションをどのように創出
するのか。青井社長は述べる。すなわち，

　　できるだけ本業と遠いものを学んで，本業と結びつけると，新し
　い発想が生まれやすい。お勧めは，アートとか哲学とか，本業のビ
　ジネスと接点があるのか分からないほどかけ離れたものをピタッと
　組み合わせること。（…）近くにある発見を結びつけても，既存に
　近い発想になりがちです。本業とかけ離れたものを結びつけないと
　斬新な組み合わせは生じないと思います（青井，2019c，21）。

　そして彼自身，かけ離れたものの組み合わせを創造するために，
どのような努力をしているのか。彼は述べる。すなわち，

遠くを見る視点を持つことを常に意識しています。トップが率先して遠くを見るようにしないと，忙しい社員たちは目先のことを考えがちになります。そのために，過去を振り返らず，未・来・志・向・でいることを心がけています。（…）私自身は，45歳を過ぎた頃から，自・分・よ・り・若・い・人・に・話・を・聞・く・ことを意識しています（ibid.：傍点引用者）。

　将来世代の意見は，僕から見ると未来そのものなんです。「これが未来になっていくんだ」と思えてワクワクするんです（丸井グループ，2021，17）。

つまり彼は，強い「未来志向」で遠くをみる視点を意識し，「将来世代との対話」をつうじた学習によって，かけ離れたものの組み合わせを創造できるよう努力している，と解せよう。

6.4.3. ステイクホルダーの利益・しあわせのための
###　　　共創のプラットフォームとしての会社

　丸井グループは2021年6月，ウェルビーイングの専門家という理由で当社産業医の小島玲子を取締役会にむかえ，取締役執行役員CWO（Chief Well-being Officer）という職位を付与した。青井社長は，彼女にたいして社員がフローに入れる会社をつくりたいと述べたという（小島，2020）。彼女によれば，フローとは，人間が活動への自己目的的・全人的な没入をつうじてえる共通体験で喜びや楽しさをともなうもので，しばしば「ゾーン」や「無の境地」とよばれるものと同義だという（小島，2022）。

　しかし，フローだけでは個人レベルで完結してしまう。むしろ，これを組織や社会といったさらに高いレベルへと拡張していく必要がある。この点について青井社長は，述べる。すなわち，

ウェルビーイングは（…）個人においては心身の充実，幸福感を
　　もたらすこと，組織の面では働きがいやエンゲージメントの創出，
　　社会に対してはサステナビリティを実現することとほぼ同義と捉え
　　ている（日経 XTREND，2021，23）。

つまり彼は，個人レベルでフロー，組織レベルで働きがいやエンゲージメント，社会レベルでサステナビリティを重視し，これらを同時実現した成果を，ウェルビーイングとしてとらえているということだろう。

　青井社長にとっての会社は，『共創経営レポート2021』にも示されたように，すべてのステイクホルダーの利益としあわせの調和・拡大を目的とし，その目的を実現すべく共創のプラットフォームとして機能する必要がある。とくに彼は，インクルージョンを重視することによりすべての人々をまきこむ形で，共創のエコシステムを創造したいと願っているように思われる（青井，2022b）。

　ここで，前述した丸井グループによるサステナビリティ経営の要諦である共創とは何かについて，簡潔にまとめよう。すなわち，

> 　**共創**：「倫理的な責任」にもとづき，個別企業の持続可能性
> ないし持続的競争優位にとどまらず社会・地球環境の持続可能
> 性をも斟酌し，「すべてのビジネスがサステナビリティを実践
> する」ための「フロントランナー」として，「将来世代」とと
> もに社会課題解決と企業価値向上を同時実現していく。

丸井グループの価値創造のカギは，共創に求められるのである。

　共創には，功利を超えた倫理的な責任がともなう。この点で，丸井グループは2020年4月にCovid-19の問題で緊急事態宣言が出された際，全店舗営業ができなくなった。不動産型商業施設の運営に

あたって，テナントから家賃をとることが契約で正当化されている。にもかかわらず，共創の観点から，コロナ渦で苦悩する収入のないテナントから家賃をとることはせず，2か月分の家賃を全額免除とし，このことにかんして株主からも合意をえた（青井，2020b）。

6.4.4. 静かなリーダーとしてステイクホルダー間の
利害調整を行う経営者

　青井社長は，2つのリーダーシップに言及する。すなわち第1に，どのようなゲームをプレイすると勝てるのか，にかんするゲーム・チェンジャーになるためのリーダーシップである。こうしたリーダーは，天才的な破壊力をもつ。青井社長は，パブロ・ピカソ（Pablo Picasso）やマイルス・デイビス（Miles Davis）のように，自分でつくった画期的なスタイルを自分で壊し，さらに進化させ続けられる人を天才とよび，実業界においてそうした天才の欠如を問題視した。だが彼は，大企業の組織の巨大さが経営者のイニシアチブを阻害し，変革の桎梏となる点を強調した（青井，2019a）。しかし，天才的なリーダーは空気を読むことをせず躊躇なく組織の悪弊を破壊できる爆発力をもつ。

　しかし，天才ではない凡人は適時に断固たる変革の判断ができず，現状維持にあまんじてしまうことが多い。この点に・ついて青井社長は，経営者が自ら構築し，成功をおさめたBMを変えるというBMI（business model innovation：ビジネスモデル・イノベーション）の難しさの文脈で，人間本性に言及する。すなわち人間は，都合の悪いことを都合よく解釈し，物事にたいして過剰な期待を抱きがちである（青井，2019a）。経営者も人間である以上，こうした本性から逃れることができず，適時でのBMIに失敗しがちである。かくして天才とは，生来的な人間本性から解放された自由な人だといえるのかもしれない。

　第2に，内省にもとづく静かなリーダーシップである。この点に

ついて，青井社長は述べる。すなわち，

　2代目社長の父は見た目も言動も"猛獣系"。私は対極で，線が細いといわれていました。そんな折，（…）『静かなリーダーシップ』（原著は Badaracco（2002））を知った。内省的で目立たない静かなリーダーのほうが複雑な状況に対処するのに向いていると知り，これだと思ったのです（野中，2021，63：括弧内著者）。

実際のところ彼は，派手さよりも，共感にもとづく徹底的な対話を強調する対話によって，相手の意見を傾聴し，否定することなく，地道にねばり強くアイデアを熟成させることを好むという（青井，2022b）。
　さらに，青井社長は続ける。すなわち，

　全ステークホルダーをつなぎ合わせ，1つにする媒介項が経営者。経営とはその媒介機能そのもの。利益としあわせの葛藤を調整しながら，調和させ，価値を生み出していくことだと思います（青井，2022b）。

要するに経営者には，ステイクホルダー間の利害調整が求められる。とくに丸井グループの場合，顧客，取引先，従業員，将来世代，地域・社会，株主・投資家といった6つのステイクホルダーの多様なケイパビリティ移転を目的とした「6ステークホルダー・ガバナンス」（丸井グループ，2021，88）の導入により，「企業価値＝インパクト」の実現をめざす。
　さらに青井社長は，インパクトの実現に向けた経営の貫徹のためにはトップダウン型のリーダーシップなかんずく所有権が重要な意味をもつと考える。すなわち，

私もトップのリーダーシップ，トップダウンがESGに極めて重
　要だということに大変共感します。では自分がいなくなったらどう
　するのだろうと考えるのですね。（…）オーナー系の会社はトップ
　ダウンがやりやすい。その良い面は，例えばESGのように世界と
　連動したり，ミレニアル世代の期待に応えたりするような将来に向
　けた投資を実行しやすいことだと思います。問題は後継者選びです
　（日経ESG，2020c，44）。

概してトップ・マネジメントは，過半の所有権を背景にもつことに
よって，方針を異にする株主からの多様なノイズを気にすることな
く，自分が思い描く経営の実現に向けてトップダウンで思いきった
資源配分を実行しうるように思われる。とはいえ青井社長は，かな
らずしもオーナー企業でなくとも，トップの在任期間が10年以上
になれば経営の推進・変革を続けていけるのではないか，と考える
（青井，2019a）。

6.4.5. 個人・会社・社会・地球のサステナビリティ

　総じて日本は，人権意識はもとよりサステナビリティ意識もかな
らずしも高いとはいえない。青井社長の見解では，日本企業の経営
者の60％から70％ほどは企業の持続可能性を「リステナビリティ」
とはき違え，狭小かつ誤ったサステナビリティ観にとどまっている
という。彼によると，こうした問題は，日本が自動車を中心とした
モノづくり志向の上意下達的な産業組織・文化を進化させてきたこ
とと無関係ではない。つまり，日本企業の経営者のなかには，昭和
のモノづくりをつうじたミクロの企業成長がマクロの経済成長につ
ながるというドミナント・ロジックに固執し，成功体験のわなに陥
っている人たちが多く含まれているようである（青井，2022b）。

　だがこの問題は，日本企業一般にとどまらず，丸井グループにも
あてはまるものであった。すなわち，1980年代後半の2代目忠雄時

代に「ヤングの丸井」とよばれ大きな支持をえた若者向けファッションでの成功体験こそが自社の強みである，という信念が従業員のあいだで根深く共有されてしまった。こうした状況は，丸井グループでは「成功体験のアイデンティティ化」とよばれる。これを打ち破り，従業員のマインドセットが変わり，共創を軸とした企業文化が根づくまでに10年もの時間を要したという（青井，2017）。

　丸井グループはEU，なかんずくオランダからサステナビリティにかんして多くを学んできた。それにとどまらず，将来世代を意識した他社からの学習を欠かすことはない。この点にかんして，青井社長は述べる。すなわち，

　　「富とは私たちが将来世代に残せる『未来の日数』のことである」（…）環境問題やサステナビリティのステークホルダーは将来世代なんだとすとんと腑に落ちたのです。（…）ステークホルダーに将来世代を据えて，この人たちと一緒にビジネスをやっていく，価値を創っていくのが我々のサステナビリティの構築だとなりました（日経ESG，2020d，47）。

つまり彼にとって，サステナビリティ経営のステイクホルダーとして将来世代はけっして無視しえない存在なのである。

　前述したように，丸井グループがサステナビリティ経営に取り組みはじめたのは，会社の持続可能な成長のためだけでなく社会と地球の持続可能性のためでもある。さらに，社会と地球の持続可能性に加え，個人の健康・幸福感，組織の働きがい・エンゲージメントをウェルビーイングとみなす青井社長の観点からすれば，個人，会社，社会，地球といったマルチレベルの持続可能性の整合化がサステナビリティ経営の主眼であり，とくに社会と地球の持続可能性の面で将来世代との対話やインクルージョンを意識するようになった，と解せよう。

6.5. 超人経営者としての青井社長

　丸井グループによるインパクトの実現は，われわれの社会全体にたいする文字通りの衝撃につながることになろう。丸井グループは，他社にとって模倣困難なサステナビリティ経営への挑戦に共感した多くの人々をその共創のプラットフォームに参加・関与させることができれば，インパクトのあるエコシステムの創造に成功し，ステイクホルダー価値の実現にこぎつけるだろう。なるほど丸井グループでは，利益としあわせの調和・拡大こそが「ステイクホルダー価値＝インパクト」とみなされる。

　このインパクトの基礎には，利己と利他の心の調和を表す生きがいがある（丸井グループ，2021）。こうした調和を語るうえで，禅語の「同事」という言葉に注目しよう。すなわちそれは，いかなる水をもうけいれる海の寛大さになぞらえられる。あらゆる存在を区別することなく同じものとする，という釈尊の教えにもとづく。利己と利他とが一体化し，人と人とが1つに結びつく。そこでは人間が煩悩から解き放たれ，真の自由に到達する。これが同事にほかならない。

　青井社長は，サステナビリティ経営のフロントランナーたらんと覚悟を決め，倫理的な責任を負い，もっぱら貨幣単位で測定される功利主義計算の観点で勝つか負けるかを問う競争の世界から脱却したそのとき，おそらく同事を経験したのだろう。競争の世界から共創の世界への変革を先導するゲーム・チェンジャーとしての自分の使命をわきまえ，共感にもとづく対話をつうじて将来世代をまきこみつつ，未来志向でねばり強く前進しようとする。

　ここで私は，こうした青井社長を「超人経営者」とよびたい。ただし，この「超人」という言葉には，2つの意味がこめられていることに注意しよう。すなわち第1に，自分のおかれた現実や存在理

由をわきまえた覚悟の人という意味である（茂木，2012a）。あるいはそれは，能力や環境にめぐまれずとも，あるがままの自分を素直に受け入れ「『今，ここ』を生きる」（茂木，2012b，308）という意味である。この点で覚悟の人は，あるいは而今の人といいかえられるであろう。

そして第2に，カネもうけや勝ち負けといった世俗的な功利主義計算に煩わされることなく，未来志向で将来世代とともに共創という高貴な理想をめざすという点で，この超人という言葉には，世俗を超えた超然の人という意味もこめられる。

そこで以下，こうした超人経営者としての青井社長によるサステナビリティ経営の実践について，理論的に分析してみたい。

> **命題1**：劇的に変化する環境においてイノベーションを持続する際，強い未来志向で遠くをみる視点を意識し，未来そのものを体現する将来世代との対話をつうじた学習によって，かけ離れたものの組み合わせを創造することが重要である。

青井社長が「未来志向」というとき，「将来世代」と「かけ離れたものの組み合わせ」という2つの論点が重要な意味をもつように，少なくとも私には思われる。第1に，将来世代からはじめよう。彼は，「将来世代の意見は，僕から見ると未来そのもの（であり），（…）『これが未来になっていくんだ』と思え（る）」（丸井グループ，2021，17：括弧内引用者）と考えているようである。

ここで，われわれが注意しなければならないのは，「将来世代の意見＝未来そのもの」という彼が思い描く図式が成り立つかどうかである。とくに少子高齢化が問題視される日本おいて，高い高齢化率をもつ人口構成は，政治・経済分野におけるトップの地位を高齢のジェロントクラートが占める長老支配，さらには数の面で支配的な高齢者の意見・ニーズを反映した政策や戦略が優遇されるシルバ

一民主主義といった状況をもたらしうる，という懸念を抱かせる。

　そして，少なくとも私には，「将来世代の意見＝未来そのもの」という図式を青井社長が抱いているのだとすれば，この図式は，時間をつうじて世界は同質的だとするエルゴード的な世界観に服しているようにみえる。しかしながら，権力，人口，収入などの面で圧倒的に優位な高齢者がかなり大きな影響力を背景に，国，企業，政治などのあり方にたいして干渉しうることを鑑みれば，そうした図式，ひいてはエルゴード的な世界観は，いくぶん楽観的で非現実的だといわざるをえない。現実世界の非エルゴード性は，たゆまぬ変化のために過去・現在のデータを用いて未来の予測をすることはきわめて困難だということを示唆していよう（e.g. Davidson, 1996, 2007; Keynes, 1973; Taniguchi and Fruin, 2022）。

　未来はつねに不確実であり，しかもある状況がまったく同じ形で再現されることはない（Taniguchi and Fruin, 2022）。むしろ，このような非エルゴード的な世界観が現実的でより適切だと思われる。こうした世界観に依拠すれば，将来世代の意見を反映した未来を実現するためのサステナビリティ経営には，(1) 高齢者にたいして将来世代の意見・ニーズを傾聴することで未来志向の理解を促進させていくこと，(2) 時代遅れの陳腐化したドミナント・ロジックに固執する高齢者の影響力をそぎ落としていくこと，(3) 将来世代が自分たちの意見・ニーズを発信する機会を提供し，そうした意見・ニーズが国の政策や企業戦略などに反映しやすい土壌をつくっていくこと，が求められるはずである。

　第2に，「かけ離れたものの組み合わせ」についてふれてみたい。青井社長は，「未来志向」と「将来世代との対話」を意識して「本業からできるだけ遠く離れる」ことによって，斬新なかけ離れたものの組み合わせに到達しうると考え，これを実践する。さしずめ彼は，ネオ・カーネギー学派（Neo-Carnegie School）のジョバンニ・ガベティ（Giovanni Gavetti）のBTS（behavioral theory of strategy:

戦略の行動理論）がいうところの連想思考を実践している，と解せよう。つまり，人々がこれまでなじみのない新奇的な問題に直面した際，これを過去の類似の経験に関連づけることによってアナロジーをつうじて問題解決を図るのが，戦略的推論の1つの仕方としての連想思考である。それによって，企業の既存活動に結びついた凡庸な機会にもっぱら注力しがちな多くの普通の人々では思い至らない認知的に距離のある機会をイノベーションという形で実現しうる。

こうしたBTSのアイデアの要諦は，以下のように示すことができよう。すなわち，

> **連想思考のマネジメント**：認知的に距離のある機会の実現のためには，連想思考のマネジメントが必要とされる。この点でのすぐれたケイパビリティは，戦略的リーダーシップとすぐれたパフォーマンスにとって本質的である（Gavetti, 2012, 命題5A, B）。

ガベティは連想思考のマネジメントを実践するうえで，認知的に距離のあるものを従業員になじみやすいものだと感じさせ，その認知活動の中心にすえさせるのには，抵抗の最小化に向けて望ましい行動のあり方を伝達するための説得が求められるという。

他方，青井社長は，説得ではなく対話という言葉を好んでよく用いる。ただし，彼が熟成をつうじて従業員から納得を引き出すための対話の役割を強調する一方，彼もガベティと同じく望ましい行動の伝達も重視する点を鑑みれば，両者の違いは中身ではなく単に用語法にかかわるものだと思われる。

> **命題2**：すべてのステイクホルダーの利益・しあわせのためのプラットフォームとしての会社において共創に取り組む。

青井社長にとって，会社は共創のプラットフォームである。彼は共創のプラットフォームの経営にあたり，功利を超えた倫理的な責任にもとづき，個別企業の持続可能性とともに社会・地球環境の持続可能性をも斟酌し，実業界のフロントランナーとして将来世代とともに社会課題の解決と企業価値向上の同時実現していくことをめざす。

　実際，社会においてミレニアル世代を中心に，共創は競争よりますます多くの支持を獲得しつつあるようにみえる。しかし，競争に勝つことを主眼とした戦略経営論にせよ，株主のための価値創造を一意に追求する経営者にせよ，共創にもとづく社会でのパーパスを軽視してきた。とくに，本書でくり返し論じたように，フリードマン・ドクトリンは，CSRを株主のための利潤最大化とみなし，ESGやSDGsにかかわるサステナビリティ経営を軽視する。しかし21世紀，こうした狭小な見方は時代遅れの詭弁になりつつある。フリードマン・ドクトリンの背後には，企業の収益性は社会性から完全に分離しうるという前提があるものの，もはやこの前提は陳腐化している（本書第1章，第2章，および第5章）。

　利潤動機は，資本主義を進歩させる重要な動力の1つであることにかわりないにせよ，環境変化によって経済活動において社会に向けたパーパスへの配慮が求められるようになった。この点で，企業による価値創造・獲得に向けた経済活動は，社会とますます連結しつつある（e.g. Aoki, 2001, 2010a; Foss and Linder, 2019; Porter and Kramer, 2006, 2011）。

　資本主義が発展し，テクノロジーが複雑化するにつれて，人類や地球の持続可能性にかんするさまざまなグランド・チャレンジが生じている。こうした問題の解決は，過去，現在の仕組みが未来にもあてはまるだろうというエルゴード的な世界観の下，平時での認知・行動にたけた政治家や官僚のケイパビリティでは難しいかもしれない（e.g. Taniguchi, 2022; Taniguchi and Fruin, 2022; 本書第1章

から第3章）。したがって，不連続性や予測不可能性に特徴づけられた変化に対処すべく，政府の代わりに企業がはたすべき役割はますます大きくなっていよう（Hart, 2020）。

　青井社長は，共創のプラットフォームとしての会社を経営するうえで，倫理的な責任にもとづき経済を超えて，将来世代とともに社会におけるさまざまな問題の解決と企業価値の向上を同時実現すべく取り組んでいる。

> **命題3**：人間本性をわきまえた静かなリーダーは，多様なステイクホルダーとの対話を試み，彼らの利害調整をつうじて企業価値を実現する。

静かなリーダーは，自分の信念を反映した小さな行為を積み重ねていく。その際，自分の直感に素直になる自制心，自分の役割に真摯に取り組む謙虚さ，そして自分の信念の実現に向けたねばり強さが重要な意味をもつ（Badaracco, 2002）。さらに，リーダーシップの発揚にはコミットメントが求められるが，その際，目にみえない苦労はつきものである（Badaracco, 2013）。

　一見すると，こうした連続性・漸進性に焦点をあてた静かなリーダー観は，前述したかけ離れたものの組み合わせをつうじた新結合を重視する不連続的なイノベーション観と齟齬をきたしているように思われるかもしれない。しかし結局，何が不連続的で何が連続的か，何が企業家的で何がルーティン的か，はあくまで相対的な問題なのであって，観察の精度・レベルに依存していよう（e.g. Helfat and Winter, 2011; Teece, 2012）。したがって，青井社長が将来世代との対話をつうじて普通の人々では思い至らない新奇性を長期的に追求することは，目立たない小さな行いを日常的に積み重ねていくこととかならずしも矛盾するわけではない。この点にこそ，彼のDMCの特異性がみてとれよう。

あえて矛盾に焦点をあて，組織内外のステイクホルダーの認知・行動にかんして一貫性を生み出していくことが，コーディネーターとしての経営者の重要な役割の1つだといえるのかもしれない。実際，青井社長は「ビジネスを通じてあらゆる二項対立を乗り越える世界を創る」という「丸井グループビジョン2050」を提示した（丸井グループ，2019）。とくに，組織の諸要素――たとえば，HRM（human resource management: 人的資源管理），財務政策，価格設定，ガバナンスなど――を整合化し，それぞれの要素が互いに働きを強めあうよう補完性を意識した組織デザインが求められる（e.g. Aoki, 1992, 2001; Milgrom and Roberts, 1995; Roberts, 2004）。

　しかし問題は，劇的な環境変化が生じた際，ある環境の下で適合的な組織は新しい環境の下で不適合をきたしうる点である。さらにいえば，その組織が過去にある程度の成功をおさめている場合，組織メンバーの多くは，成功の方程式としてのドミナント・ロジックに固執し，新しい環境の下ですら組織の再設計・変革に抵抗しがちである。環境変化にもかかわらず過去に生きることを選択した企業が失敗する傾向については，歴史によって証明されている（e.g. Helfat et al., 2007）。つまり，個人のミクロ的な不作為が集計されて企業のマクロ的な慣性につながっていくということだろう。

　さらに，青井社長が人間本性の1つとして挙げたのが，「悪いことに気づいていながら，どうにかなると期待してしまう」（青井，2019a，40）傾向であった。これは，「自分の望むことを信じようとする人間の一般的な傾向」（Caesar, 1917, 163）というカエサル的な特徴づけのみならず，人間が自分にとって都合のよい情報を偏向的に収集する傾向を示す確証バイアスとして知られる行動経済学的な特徴づけ（e.g. Thaler, 2016）と同義である。企業の慣性を打破するには，人間のこうした行動的失敗にまずもって対処しなければならない（Gavetti, 2012）。

　したがって経営者は，コーディネーションや適応といった役割に

加え，主体的かつ先制的に内部・外部環境に働きかけるべく資産の
オーケストレーションという戦略的機能をもはたす必要がある
(Helfat et al., 2007; Teece, 2009)。だがこのことは，経営者によるコ
ーディネーションの機能が副次的だとか，とるに足らないとか，い
うことにはならない。というのも，コーディネーターとしての経営
者は，組織メンバーの協力によって新奇的な財・サービスのイノベ
ーションに成功し，ひとたび価値創造にこぎつけたとしても，そう
したイノベーションをどう収益化するか，そして獲得した価値をス
テイクホルダーのあいだでどう分配するか，といった価値獲得と価
値分配の問題に取り組む必要がある（e. g., Taniguchi et al., 2023）。

> **命題4**：個人，会社，社会，地球といった各レベルでの持続
> 可能性は，サステナビリティ経営の主眼である。とくに社会と
> 地球の持続可能性の面において，将来世代との対話やインクル
> ージョンの進展を重視する。

丸井グループによるサステナビリティ経営の要諦である共創の1つ
の柱として，将来世代との社会課題解決と企業価値向上の同時追求
がある。だが問題は，企業価値向上に向けて努力するだけでは，社
会課題が解決される見通しは小さいということである。換言すれば，
会社の持続可能性——持続的競争優位——がすべてではない。

　会社の持続可能性は，産業，国，地球といった会社の次元より高
次の持続可能性に自動的につながることはなく，会社が多次元の持
続可能性を同時実現するには，自己利益への単一的焦点を超え，パ
ブリック・ガバナンス（政府にたいするガバナンス）や超国家的ガバ
ナンス（国連など超国家的組織にたいするガバナンス）と整合したよ
り倫理的に適切なガバナンスが必要となる（Pitelis, 2013）。さらに
サステナビリティ経営には，倫理的に適切なガバナンスが必要とさ
れるのはもとより，ESGやSDGsにかかわる物事を適切なパーパ

スの下で実行し，これらを事業のプロセスとして維持・改善してい
くことも必要とされる（e.g., Bossink, 2012; 本書第2章，第4章，およ
び第5章）。

　この点で丸井グループは，ESGやSDGsの動きにおいて他組織
に比べてかなり先んじており，とりわけ脱炭素社会やサーキュラー
エコノミーの面での取り組みに加え，フィンテックや起業支援をつ
うじた個人の自己実現，新規事業・投資や提携カードをつうじた個
人の選択肢の多様化での取り組みは際立っているようにみえる（丸
井グループ，2021）。

　このような取り組みは，経営史的にみれば，個人の自己実現と企
業成長とを連環させる「丸井大家族主義の思想」によって支えられ
ているように思われる。そして，共感力のたえまない進化が社会や
地球環境の問題解決につながる革新力を生むと考え，共感と革新の
ケイパビリティ進化を強調する。このことは，「共創理念体系」の
「私たちの価値観」をなす「人の成長＝企業の成長」という経営理
念にも反映されていよう（丸井グループ，2019）。

　この点で私は，制度経済学やケンブリッジ学派——とくにアルフ
レッド・マーシャル（Alfred Marshall）とジョン・メイナード・ケ
インズ（John Maynard Keynes）——が強調したミクロ・マクロ連
環に言及せざるをえない（e.g., Taniguchi and Fruin, 2022; Taniguchi
et al., 2023）。すなわち，制度と個人は相互に構成しあうので，どち
らか一方に還元することはできない。個人によって会社は影響をう
ける一方，会社は個人に影響を及ぼす。さしずめ，会社と個人は共
進化の関係にあるということである。

　このことを反映した丸井グループのサステナビリティ経営によれ
ば，いくら会社がもうかったとしても，個人がしあわせになること
がなければ，けっしてサステナブルとはいえない。つまり，「狭小
かつ短期的かつ断片的な自己利益の機械的追求」（Pitelis, 2013, 655）
に依拠した会社の持続可能性にもっぱら注力するだけでは，サステ

ナビリティ経営としてまったく不十分だということなのである。

6.6. 会社の持続可能性を超えて

　丸井グループは青井社長のリーダーシップの下，会社の持続可能性を超えて，共創を土台としてサステナビリティ経営を追求している。以下，本章での分析をふまえ，当社がサステナビリティ経営を深化させるために取り組むべき今後の課題として考えられる3つのオプションについて指摘しておきたい。すなわち第1に，独自性に満ちあふれた『共創経営レポート2021』は，「実現したい未来」という正の側面を描くことに注力しているあまり，「将来世代の未来を毀損する」という負の側面の描写が相対的に希薄になっている感はいなめない。私がこの点を指摘した際，青井社長は述べた。すなわち，

　　サステナビリティについて語る際には，希望だけでなく，「将来世代の未来を損なう」負の側面について語ることも不可欠であると，再認識致しました。今後の課題として，改善していきたいと思います（青井，2022b）。

そもそも価値創造は，正の創造に限定されるわけではなく負の回避をもともなうということなのである（Conner, 1991）。つまり，サステナビリティ補完的な活動を増やす（たとえば，サーキュラー消費やエシカル消費を促す，および再生可能エネルギーの利用を促進する）と同時に，サステナビリティ破壊的な活動を減らす（たとえば，温室効果ガス排出量を削減する，および親が子供にその実力以上の過剰な夢をおしつける「ドリハラ」（高部，2020）の撲滅を支援する）といった点での両利きが求められる。
　第2に，青井社長は自分の後継者選びを重視している。これは，

会社の持続可能性にとって致命的な問題であり，よいマネジメントによって会社の存続・成長が保たれることがなければ，将来世代のためのサステナビリティ経営も存続困難となってしまう。この点で2017年4月より，経営に革新をおこすことのできる人材の発掘・育成を目的に次世代経営者育成プログラム（共創経営塾：CMA）を開設し，毎年10名から20名程度，累計で62名が手挙げによって参加しているという。1年のカリキュラムで，役員との対話をつうじたコアバリューの理解，DXにかんするケイパビリティの習得，社外起業家によるスタートアップ経営の精神の伝授，そして共創ビジネス提案など，その講義内容は多岐にわたる（丸井グループ，2021）。

しかし，こうした社内限定の次世代経営者育成は，丸井グループが掲げる共創のプラットフォームとしての会社観とのあいだにはたして整合性をもつものだとみなされるであろうか。実際，フィンテック含めAI，IoT，メタバースなどさまざまなテクノロジーの可能性が開かれていく反面，ますます人間の直感，機知，暗黙知の類——人間特有のヒューマンファクターや人間本性——が重要になってくるように思われる。問題は，私塾，企業内大学，ビジネススクールなどのプラットフォームをつうじて，これら人間特有の諸要素を教育することの難しさにある。とくに企業内大学では，手挙げにせよ，ごく限られた選ばれし者を対象に，社内外から　流講師陣を招き，限られた人々のあいだでの接触をつうじた，ある意味で過保護なエリート教育が施されがちである。しかしスティーブ・ジョブズ（Steve Jobs）は，こうしたエリート教育によって育成されたのではない。したがって，手厚いエリート教育によって次世代のジョブズを生み出すことはできないのである。

VUCA時代に必要なのは，育成ではなくむしろ修行——より正確には，自修自得（松下，2015）の行——なのではなかろうか。この点について，松下幸之助は述べる。すなわち，

剣聖といわれた宮本武蔵は，自分で稽古したり，何かやったので
しょう。（…）自修自得せよ，自修自得をもって皆，宮本武蔵になれ，
ということです。（…）教えてもらってやるということでは駄目です。
教わらずしてやるという人でないと。ということで，どこまでも自
ら発見しないといけない。（…）だから師を持たずしてその道に達
するという極意を会得しなければならない（松下，2015）。

あたたかいシャワーではなく冷たい滝に打たれてこそ，人間は鍛え
られる。この点について，松下は続ける。すなわち，

　人間は，きびしくきたえられれば，心身ともにいくらでもといっ
てもいいほどに向上していく。（…）だから指導者は，人間の偉大
さを発揮させるという意味からも，人をきたえることに大いに意を
そそがなくてはならないと思う。もちろん，昔のようなやり方をそ
のまま今日にあてはめろというものではない（松下，1989，179）。

つまり，共創のプラットフォームを将来世代からシルバー世代にま
で幅広く開放し，それを活用することで次世代経営者候補にとって
さまざまな人々と対話するための接点を増やし，当事者として自ら
を鍛え上げ，越境力を身につけるという滝行こそが必要とされてい
よう（谷口，2012）。そして，決められたルーティンを効率よく回せ
る家畜──忖度にたけた優等生型の凡人──ではなく，常識にした
がわず信念に向けて突き進む猛獣──現状維持を是としない型破り
な変人──こそ，経営に革新をおこせる人材にほかならない（谷口，
2019；谷口・フルーエン，2021a）。このような猛獣は，育成ではなく
修行によって生まれるものなのである。
　丸井グループは，越境力をもつ猛獣を生み出す滝行の機会を準備
する必要がある。すなわち，日本全国1都1府6県に位置するマル
イ・モディ22店舗[3]をオープン・プラットフォームとして活用し，

そこにD＆Iの精神の下に多様な人々を集結させ，地域特有のサステナビリティ関連問題を発見し，社内外で越境的に知を動員し，その解決にあたることで個人のケイパビリティ進化をめざすべきである。さらに，政治・経営にかんする大局観の鍛錬をめざす他の多様な組織——たとえば，同業・異業種を問わず他社，私塾，大学など——との提携を推進し，社内外で越境的に将来世代の育成に尽力することは，サステナビリティ経営のフロントランナーたる丸井グループにとって倫理的な責任の範疇にあるように思われる。要するに，共創に向けたプラットフォームのオープン化と他組織との越境的な提携は，猛獣を生み出す滝行の要となりうる。

　第3に，人間観の深耕である。日本において，20世紀を代表する経営の神様 松下と21世紀を代表する哲人経営者 小林喜光は，人間観を大切にしている点で共通する。まず，経営の神様は述べる。すなわち，

　　お互いが，この社会をよりよいものにし，人間の幸せを高めていくためには，まず人間が人間自身を知ることが大切だと思う。いいかえれば，人間とはどういうものであり，どういう歩み方をすべきであるかという正しい人間観を持つということである。（…）指導者はまずそのような正しい人間観を求め，みずからそれを持つことが大事だと思う（松下，1989，169）。

つまり人間観は，社会観，世界観などの土台となり，経営を強固なものにするうえで不可欠だ，と経営の神様は考える。
　そして次に，哲人経営者は述べる。すなわち，

　　結局は，自分さえよければ，今さえよければ，ということが見えてしまう。もう少し，国家百年の計を考えながら，人間の原点は何か，人とは何か，日本はどうあるべきかを考える。（…）人間の本

性は，やはり「競争」ではないでしょうか（小林, 2019）。

彼は，人間観をはじめとして自分の哲学を深く掘り下げる経営者が日本においては絶滅の危機に瀕していることを大いに危惧する。

　青井社長には，このような松下，小林の高貴な思想家としての系譜，すなわち確固たる人間観を中心とした哲学を深耕する思慮深き経営者としての流れにそい，サステナビリティ経営のさらなる発展，さらには日本と世界の持続可能性への貢献が求められているように思われる。しかし，人間本性の理解を求めるという人間観の深耕という課題については，いかにすぐれた人物であっても一朝一夕にすませられるものではなく，日に新たという観点から真摯に取り組みを継続していく以外に道はないだろう。

　つまり，21世紀の経済学に理論的な人間研究が求められているのと同様，21世紀の経営にも実践的な人間観の深耕が求められているということである（e.g., 谷口, 2022; Taniguchi, 2023a, b; 谷口・フルーエン, 2021b; Taniguchi and Fruin, 2022; 谷口・ラビブ, 2021）。超人経営者の人間観がいかなるものなのか。以下，本書第III部インタビュー編のインタビュー（I）において，この興味深い問題について解明してみたいと思う。

注
(1)　たとえば，青井（2018），日経エコロジー（2018），日経ESG（2019）を参照。
(2)　https://tonyschocolonely.com/nl/en/our-mission/how-it-all-started
(3)　丸井グループ（2021）; https://www.0101maruigroup.co.jp/ci/outline.html へのアクセス（2023年10月27日時点）。

第 III 部

インタビュー編

人新世における人間観の深耕
——『サステナビリティ経営の真髄』再考——

青井浩（丸井グループ代表取締役社長 代表執行役員 CEO）

VUCA時代のリーダーに求められる要件

谷口：21世紀のVUCA世界において環境変化が著しく，過去の成功が未来の成功ではなく失敗をもたらす原因にもなりえるとみうけられます。こうしたVUCA世界のなかで，政治・経済・経営のリーダーにはどのような要件が求められると思われますか。

時間軸と空間軸によるメタ認知
青井：VUCA世界とは，変化が常態化した予測不可能な世界の状態を示しています。そうした時代だからこそ，目線をあげて高みに上るメタ認知が大切になると思います。たとえば，歴史的文脈から現在をとらえてみるとか，あるいは時間軸を未来へと飛ばし，未来からバックキャストして現在をとらえてみるとか。少し長い時間軸で自分のおかれた状況をとらえることが必要だと思うのです。他方，空間軸であれば，自分のおかれた状況を他の国と，あるいは他の文化・文明をもつ地域と比較してみることも必要でしょう。世界からみたときに，今，自分はどういう状況におかれているのかをとらえるのです。つまり，現状に埋没することなく，少し目線を上げて現状をメタ認知することが重要なのです。目まぐるしく状況が変化し，その只中に身をおいていると，激流に流されてしまうリスクがあると思っています。

では，どうすればメタ認知ができるようになるでしょうか。第1のカギは，多様性です。自分の周囲に異なる意見をもつ人や異なる背景をもつ人をおいて多様性を確保しなければなりません。逆にいえば，同質的な昭和のおじさん世界みたいな状態に埋没してしまうと，的確な現状認識ができなくなり，過去の成功体験に囚われたり，あるいは現状維持に執着してかえって変化の波によって流されるリスクが高いと思います。第2のカギとして重要だと思うのが，ヒマです。あるいは，時間的余裕といってもよいかと思います。変化が激しくなったので，変化にキャッチアップしようとしてよりスピードを上げていくと，ますます忙しさが加速していきます。客観的に目線を上げながら，システム全体を俯瞰して現状認識することが本当は一番大事なのですが，目の前の現実にキャッチアップすることだけに精一杯になってしまうと，結果的には変化の波に流されてしまい行方不明になってしまいます。

戦略的な時間づくりと瞑想の意義

　環境が比較的安定している時代，たとえば戦後日本のキャッチアップの時代などは，偉い人はみなさん忙しかったと思います。あるいは忙しくしていると偉くみえる。ですから，忙しくすることに忙しくなってしまった。「24時間戦えますか」という過去のフレーズが暗示しているように思われますが，忙しくしていると仕事をしているようにみえることが定番化し，ある種の充実感を生み出したのだと思います。逆にいうと，忙しくしていないと落ち着かないみたいなことになった。「忙しがり症候群」に陥ったのではないかと。より大きい意思決定しなければいけない人，あるいは，集団を先導していかねばならない人ほど，「忙中閑あり」ではありませんが，余裕というか，余白の時間がより重要な意味をもったと思われます。そこで，少し目線を上げて歴史をふりかえったり，世界から考えてみたり，もう少し深掘りして「何のために生きているのか」「何の

ために仕事をしているのか」といった哲学的な思索をしたり，社会を構造的にとらえる一方，生態系とあわせてシステム的に考えてみたりとか。そのための時間をあえて戦略的につくっていかないといけないのではないかと，僕は思っています。

　時間的なゆとり，空白，余白をつくっていき，立ち止まってじっくり考える。さらに，瞑想するとか。非常に心が忙しさのなかで，心がつねに波立っているようなザワザワした状態では，めまぐるしく変わる状況に飲み込まれてしまうリスクが高くなると思います。心を落ち着かせてこそ軸ができるのです。この意味でも，心を落ち着かせて冷静に判断できる構えをつくることを意識的に行う必要があります。これは以前でしたら，おそらく少数のリーダーだけがやっていればよかったことだと思います。しかし今は，少数のリーダーだけではなく，一人一人それをやらないと，みんなが変化の波に流されることになってしまうのです。

　僕自身，もう10年ぐらい日常的に瞑想をやっていますが，時間的余裕がないために瞑想ができなくなってしまうこともあります。瞑想ができなくなると，やはり心が不安定になってしまいます。何か怒りっぽくなったり，否定的なことをいったり，あらためてそうした失敗をふりかえってみると，最近瞑想していなかったことに気づくことがあります。瞑想にはできれば20分ほどとりたいのですが10分しかとれない日もあるので，できるだけ定期的にやるよう心がけています。瞑想は，いつでもどこでもできるのですが，できるだけ静かな時間帯と場所でやるようにしています。ユバル・ノア・ハラリ（Yuval Noah Harari）の『21 Lessons：21世紀の人類のための21の思考』（河出書房新社，2019年）にも，「meditation（瞑想）」という章があります。劇的な変化に特徴づけられるVUCA世界だからこそひたすら瞑想しないと，心の軸が失われてしまう。平静を保てない，正気を保てなくなる。彼自身も瞑想を実践しているらしいのですが，正気を保つために心がけて瞑想する必要があると

いった主張をしています。僕自身も，本当そうだなと，共感しております。

　子会社の社長たちとのあいだで時間軸をできるだけあわせるようにしていますが，そのために中期計画とか5年後とか，さらにのばした10年後とか，一番長いのがビジョンブックの30年後というものがありました。そこからさかのぼって，今から何をするべきかみたいな形です。このあたりについてはみんなと共有していますが，実際，日常的な仕事という時間軸とはかなり違っています。2007年ですから，だいぶ前になりますが，いわゆる純粋持株会社に組織を変えました。それまでは丸井という上場会社が小売，金融などのいろいろな事業を事業持株会社的に展開していました。事業に携わらない丸井グループという純粋持株会社をつくり，その下に小売，金融，住宅，保険，証券などの事業をぶら下げました。僕は，事業のほうはやっておりません。上場会社である丸井グループという純粋持株会社の社長・代表取締役をやっておりまして，店舗事業，クレジットカードのフィンテック事業，その他事業の日常的な決済というものを，僕はやっておりません。これをやってしまうと，一日中決裁があるために時間的余裕がとれなくなってしまいます。ですから，事業にタッチすることなく経営だけやるという形をとっています。こうしたガバナンス体制に変更し，役割分担を変えることにいたしました。それで最初の2年間ぐらいは当時，中核事業だった丸井という小売事業の社長を兼務していましたが，3年目ぐらいからこちらの純粋持株会社の社長に専念しています。経営に専念するという役割分担をグループ内でつくったことで，時間的余裕，少し長い時間を確保することでじっくり考えられるのです。ビジョンから未来に向けた戦略を議論をつうじて構築していくことが，ようやくできるようになりました。ある意味，こうした役割分担を実現したかったので，そうしたガバナンス体制に変えたということです。

　ほとんどの方は，実務の長から社長に上がっています。やはり実

務に詳しいのです。誰よりも実務に詳しいのです。事業のほうが経営よりも面白いですよね。経営は，少しつかみどころがないですが。事業のトップとして社長になった人は，経営についてはある意味で素人です。だから，よく知っていて毎日いろいろなことがおきるような事業に携わることが楽しいので，事業を手放したくないのです。僕の友人も事業会社の社長をつとめる一方，純粋持株会社をつくりその社長を兼務している人もいます。こうした人からすると，「事業に携わらないでいったい何をしているのか」となりがちです。僕も，最初の数年間はやはり事業に口出しをしたかったのですが，だんだん離れられるようになりました。僕自身，やはり事業よりも経営のほうが絶対自分は得意だと思っていました。経営をやりたいと思っていました。葛藤はありましたが，何年かかけて実現できました。

　マイケル・ポーター（Michael Porter）を中心にCEOの時間のつかい方について，大規模調査がかつて行われました。CEOの時間はかなり貴重なリソースなので，それをどう配分するかによって戦略がきわめて明確に左右される。他の経営者とは明確に異なる時間の使い方という手については，10年以上心がけてきました。そういうことが戦略に影響を及ぼすのだと思います。

リーダー観と人間観について

河原：企業や国家の経営において，リーダーは「人間とは何か」を理解し，人間観を抱く必要があると考えられます。青井社長のリーダー観，人間観について教えてください。

物心二元論の限界
青井：人間観にかんするこの質問は，恐縮ながらとてもよい質問だと思います。今はパラダイム・シフトを実現しようとしている只中

で，とくに産業革命以来の工業化社会からピーター・ドラッカー（Peter Drucker）のいう知識社会へのシフト，あるいは成長志向型のシステムから経済成長と人間の幸福とを調和させるような新しいシステムへと転換するとき，これまでの古い人間観を引きずったままでは転換できないと思います。サステナビリティとウェルビーイングを重視した新しいシステムへの転換は，同時に人間観の転換も必要としているでしょう。これらが同時に変わっていかないと，転換はうまくいかないでしょう。人間観を語るうえで，ポイントが2つあると思います。第1に，西洋的な物心二元論です。物質と心，あるいは人間と自然とを明確に分離するような考え方は，かなり限界にきているとみています。キリスト教の見方のように，人間は生物界の頂点に立ち，動物はじめ自然を支配するような立場にあるわけではないと思います。人間による自然の支配がいきすぎた結果，「人新世」という言葉が示すように，人間の活動自体が地球環境を脅かすほどの存在になってきたことで，人間本性を再検討せざるをえなくなりました。結局，人間も自然の一部ですし，生命の網の目のなかに織り込まれた存在だという有機的な人間観が重要になってきたのだと思います。アニミズムや宮沢賢治のような見方です。有機的な人間観に立ち戻って，システムの転換を求めていく必要があるのです。

アダム・スミス問題

　第2に，経済学のホモ・エコノミクス（経済人）という代表的な人間モデルの見直しです。これまでは，こうした利己的かつ合理的な人間モデルにもとづいて経済のさまざまな問題を検討してきたわけです。しかしアダム・スミスは，『国富論』（原著は1776年に出版）でそうした利己的かつ合理的な人間モデルを示した一方，『道徳感情論』（原著は1759年に出版）では，人間には共感力があり，相互依存し，協力しあいながら社会生活を営むあたたかいハートをもった

思いやりに満ちた人間の姿を浮き彫りにしたのです。利己的か利他的かといった二者択一ではなくて、人間には両方あるのですが、あまりにも経済人によって示される国富論的な単純な人間モデルが突出してしまったのです。この際、陰と陽のバランスではないですが、人間は利己的でもあり利他的でもある、そして合理的でもあるし情動的でもあり、ヒューリスティクスに依存することもあるといった形で、もう少し複雑な人間観へと転換していく必要があると思います。われわれ自身が人間観をこのように転換させていかないと、サステナビリティとウェルビーイングをより高めるような社会への転換は、うまくすすめていかれないのではないでしょうか。

　経済成長を再検討してみると、とくに日本は顕著だと思うのですが、50年、100年といった長期的なスパンでみてみると、GDPの増大に成功してきたわりには主観的な幸福が逆行してしまっているという点が指摘できると思います。一般的にいうと、個人でも、所得が900万円くらいを超えてしまうと主観的な幸福の増大が止まってしまうといったことがあるようです。とはいえ、「何のための経済なのか」についての検討については、だいぶすすんできているような気がいたします。

リベラル・アーツと共感
　最近、リベラル・アーツ系の起業家といった言葉をよく耳にします。とくにリベラル・アーツ系の起業家は、この十数年ぐらいのあいだに結構現れているようです。それまでは、テック系の起業家でした。シリコンバレーも、その名の通りテック系が典型的でした。たとえば、シリコンバレーから登場した企業であるエアビーアンドビー（Airbnb）のCEOは、アートスクール出身です。その人が何かのコンベンションに行った際、ホテルの予約がとれなかったので、何とか友達の家を貸してもらい泊ったのです。こうした問題で困っている人は他にもいっぱいいるだろうし、そういう人に部屋を貸そ

うという人もいっぱいいるのではないか，という気づきをえたのです。そして，「これ，ビジネスになるんじゃないの」みたいにすすんでいったわけです。これは，テックとは関係なく感性の問題だと思われます。ビジネスの存在しない市場を発見して，これを切り開いていく力が，リベラル・アーツ系。とくに，彼はアートスクール出身なのですが，この企業のように，テクノロジー万能主義からはずれて歴史，哲学，アートなどにもとづいた発想で新しいビジネスや市場が生まれてくる流れが出てきています。起業だけではなく既存の組織も立ち止まって考えるときには，歴史の時間軸と世界の空間軸を活用しながら俯瞰することが大切で，リベラル・アーツの力が求められる場面だと思います。こうした可能性は，今後いっそう重要度が上がっていくのではないでしょうか。

　さらにいえば，デザイン・シンキングも大切だと思います。その出発点は，受動的に共感するのではなく，共感を相手にたいして能動的に寄せていくというエンパシーにあると思っています。自ら能動的に共感を相手に寄せていく力，共感を寄せていくエンパシー自体，身につけていくにはそれなりの修業が必要だと考えられます。培っていかないと身につかないものか，と。社会課題解決における出発点も，やはり他人の痛みを自分事として感じられるというのが，ビジネスの出発点になっているのであって，「なんかモウかりそうだ」っていう話だけではないと思います。

手挙げ文化で社会課題企業になる
　僕自身，リーダーとして昭和の古い企業文化を変革して，現代に適したところにもってきたことだけで終わらせてはいけないと思っています。ここから先は，イノベーションを創出し続ける企業になる。それによって，社会課題解決企業になるというのが，その先の目的となるわけです。そのためには，まず古い昭和の企業文化をいったん清算して変革しないといけないので，その際，「手挙げ」を

重視することにしたわけです。面白いのは，他社の方々にこの話をすると，「それいいね」とみなさんいって下さるのですが，「うちでやっても手挙げしないよ」と否定的な見方をするのです。そのとき僕は，「絶対，手挙げしてくれるから大丈夫です」「うちでも最初から手が挙がりましたから」というと，不思議そうな反応を示したものです。

　弊社では，おじさんたちはあまり手挙げをしなかったのですが，パーッと手を挙げた人たちがいました。その人たちは誰かというと，新社員と入社3年目ぐらいまでの若手社員だったのです。そうした手挙げの人たちだけを集めて会議をしましょうというのが，そもそもの趣旨でした。ですから，その人たちだけで会議をしたわけです。しかし，以前は課長，部長，店長といった組織の長がその会議によばれていました。逆にいえば，強制的に集められていたのですが，そこでは居眠りしている人もいたほどなのです。

　居眠りするくらいならもう会議をやりたくないということになり，参加したい人たちだけを集めると，結局，会議は若い人たちだけになってしまいました。すると，ある新入社員が店舗で勤務しているのですが，「店長，これから中経推進会議に行ってきます」といって会議に出かけてしまうと，残された店長は淋しさを感じるようなのです。その社員が帰ってきたときには，「会議で何があったか，教えて」となったそうです。会議のたびに，その社員に会議の情報を毎回聞くのもはずかしいので，会議の出席メンバーになるために必須とされる論文を書いて応募したのです。でも，今度はその論文が審査に通らないのです。店長であれ，投稿者の名前を隠して3名のレフェリーで論文の匿名審査をするのです。僕が感動したのは，店長はその社員に「君，何回も論文通って会議に参加しているけれど，論文の書き方をちょっと教えてくれないか」といったというのです。僕は，この話がとても好きなのです。「ただ書けばいいよね」といった感じでは審査を通過できないということで，部長や店長も

だんだん本気になって数多く参加するようになっていったのです。

課題先進国 日本の今後

永山：日本は課題先進国といわれています。少子高齢化への対策の遅れにはじまりLGBTQへの政策的遅れ，原発への過剰依存による再生可能エネルギーの立ち遅れ，ハイブリッド車の成功に依存した電気自動車の立ち遅れなど，深刻です。日本の未来のために今後どうすべきだと思われますか。また日本の未来のために，ご自身で何ができると思われますか。

先導者たれ

青井：マーケティング分野で新製品の普及を扱うイノベーター理論は，ユーザーをイノベーター，アーリーアダプターなど5つのタイプに分類していたかと記憶しています。ここでいうイノベーターのように，先頭に立つ。社会における問題解決の場面でも，先頭に立ち，自ら切り開きたい企業や人々が先端で開拓に向けて投資すればよいと思います。多分，スタートアップは，まさしくそれに該当すると考えられます。既存企業でも，たとえばユニリーバのようなところも該当すると思います。弊社も，今年で創業93年（2024年で93年，インタビュー時は92年）を迎えたのですが，そのあいだに社長交代をつうじて2回ほど代替わりしていますし，私の感じるところでは進化や変身をしてきたと思っていますので，今後もわれわれは，先導者として自ら先行し，投資し，社会実験をすすめながらフロンティアを開拓していきたいと思っております。こうした思いを抱く人がまずは実験してみて，その結果をみながら少し心配ですぐ投資できない人が「これならできるな」という手応えをえてから続いていけばよいのではないでしょうか。さらに，もっと心配症の人は，みんなが参入した後で「ここは間違いないな」「現状維持だと

遅れをとってしまう」と思えるまで様子をみて，そこからはじめても
もよいでしょう。日本が先導者を応援できるような社会環境になっ
てくるといいなと，切に思います。

社会課題解決と利益追求の両立性

　立ち止まって考えてみると，社会課題解決と利益追求は二律背反
する，あるいは，これらは両立しないというのは，少し変わった考
え方だと思います。当たり前のように前提とされていますけれども。
そもそも事業がモウかるということは，人と社会にかんする何らか
の課題を解決できている証です。だからこそ，売上や利益が上がる
わけです。松下幸之助さんも，こうした見解を述べておられます。
利益をえるということは，社会のお役に立てている証であって，利
益が増えるっていうことは，その増えた利益をつかってもっと社会
に貢献せよ，という社会からの声であるといったことを，幸之助さ
んはいっております。あらゆる事業，とくに幸之助さんがつくった
松下電器（現在のパナソニックホールディングス）は今ではかなりの
大企業になっていますが，その原点は，社会貢献と収益・成長とは
一体のものである点にあったはずです。スタートアップでも，そう
した考えにもとづいているところが案外多いと思います。時代が経
つにつれ，利益追求が自己目的化しているようです。目的と手段が
逆転してしまった。目的が失われたことで手段が目的化し，両者が
逆転してしまったケースが結構多くみうけられます。それによって
日本は30年ぐらい停滞しているように思われますが，そうこうし
ているあいだに時代が大きく転換しつつあるなかで，もう1回，社
会課題の解決に限定したビジネスのあり方に立ち戻ろうとしている
ので，この機会に転換しないことは大変なリスクだと思ってしまい
ます。

将来世代へのメッセージ

永山：日本の未来，地球の未来をになう将来世代にたいするメッセージをお願いします。

失われる年齢の意義

青井：逆に，メッセージを頂きたいくらいです。実は僕は，工業社会から知識社会への転換にかんするドラッカーのビジョンがとても好きなのです。これこそ，まさしくパラダイム・シフトだと思っています。工業社会のときは，日本では年功序列や熟練工などに表されるように，1つのことに長いあいだ携わった人の価値や生産性が高いということが当然視されていました。しかし，デジタル社会やITを中心にした社会・ビジネスになってくると，あまり年齢や熟練が従来ほどの意味をもたなくなってきました。若くてもできる人がいますし，年配者だから若者よりよくできるとは限らないといった形で，年齢差があまり意味をなさなくなってきていると思います。人にはいろいろな価値観がありますし，また「私はこういうことをやりたい」などと，人のやりたいこともさまざまです。僕は，価値観ややりたいことが一緒でしたら，年齢にかかわらずチームをつくって力をあわせたほうがよいと考えています。ですから，日本や地球の未来をになう将来世代にたいして，「こういうふうにしたらいいよ」「こういうふうにすべきだね」といった上から目線はありません。どちらかといえば，一緒にやりたい人がいたら「一緒にやりましょう」と声がけしていくほうです。

一緒にやりましょう

　弊社で一番若いパートナーが今17歳です。そして，出資・協業者となると21歳だったでしょうか。前者の17歳の人は，弊社のアクセラレータープログラム「Future Accelerator Gateway」の優

勝者なのですが，その弟さんが重度のアレルギー障害をもっていて，彼を助けたいという強い思いで将来的なアレルギー治療というビジョンの下，高校を中退してしまったのです。アレルギー治療の前にアレルギーフリーの食べ物，みんなが安心して一緒に食べられるものをつくって販売したいということでプログラムに参加したのです。そもそもわれわれのミッションは，「すべての人が幸せを感じるインクルーシブな社会を共に創る」というもの，これこそわれわれが成し遂げたいことなのです。彼の思いは，これとぴったり重なりますよね。というわけで，「一緒にやりましょう」ということではじめることになりました。ですから，年齢はあまり関係ないのです。彼の場合，重度のアレルギー障害をもつ弟さんを救いたいという強いモチベーションをもって，アレルギー治療に取り組みたいということでした。そのためには資金が必要になるので，まずはアレルギーフリーのお菓子をつくって，それをプレゼントや手土産としてみんなに利用してほしい。そして，そうした製品のトップ・ブランドをつくりたいのだ，と。そうした彼のストーリーに共感し，われわれもおカネだけではなく，店頭販売やメディアをつうじた発信だとかの面で協業したいということなのです。まさしく「一緒にやりましょう」です。

　他方で後者は，山内奏人さんというレシート買取アプリ『ONE』を開発した人です。僕は，彼のことを彼が中学生の頃から知っていて，「いつか一緒にやりたいね」という話をしてきました。彼が18歳か19歳のときにようやく協業をはじめられたのですが，今年で3年目ぐらいです。商業施設向けDXツールを一緒に開発しました。先日，イオンの全国のショッピングセンターから100件以上のオーダーが入り，ようやく事業がものになりました。

ビジネスの3点セットをアップグレードしよう
　僕は，従来のビジネスには「3点セット」というものがあったと

思っています。第1に，業種です。「何の業種を選びますか」「あなたはどの業種に属しますか」といった問いにかかわります。第2に，市場です。業種が決まると，「この市場は何兆円です」といった話になります。第3に，競争です。市場が決まると，競争がはじまってきます。この見方は，マイケル・ポーターがいっていることなのですが。それで，戦略や事業の話をしていくわけですが，ポーター自身もCSVといった社会性の方向へと展開していったように，世の中は大きく変わってきたように思われます。しかし，いまだにこの3点セットが前提になっているビジネスが結構幅を利かせているようです。多くの人々がこれにとらわれているのです。というより，無意識にこの3点セットを前提にやっているのかもしれません。

　しかし，ビジネスのパラダイム・シフトが必要ではないか，と思います。つまり，社会全体がパラダイム・シフトしているなかで，このビジネスの3点セットもアップグレードしていかなければならない，と思うのです。では，これに代わる新しい3点セットとは何なのかを考えてみると，第1の業種に代わるものは，人や企業の固有のケイパビリティ，あるいはコア・コンピタンスといったものでしょうか。第2の市場に代わるものは，社会課題。「どの社会課題の解決に向けてアプローチしますか」といった問いです。一昔前のNPOの設立趣旨のようなものに近いのかもしれません。しかし，たとえば松下電器も，社会課題にフォーカスをあてていたわけです。洗濯や料理などの家事全般をしている主婦をはじめとした多くの女性の家庭労働の負担を軽減する形での社会課題解決がありました。第3の競争に代わるものは，共創です。これは言葉遊びのようですが，コンペティション（competition）の競争ではなく，コークリエーション（co-creation）の共創，つまり共につくるということです。社会課題解決という大きな目標を実現するためには，やはり他にはない自分の得意技や個性が必要になってくるでしょう。また社会課題ということになりますと，単独で解決できればよいのですが，単

独での解決が難しいのであれば，それを補完してくれる人をみつけて2社，3社，4社などと協業をすればいいのではないでしょうか。あるいは，逆にいうと協業しないとなかなか解決できないのではないでしょうか。社会全体のパラダイム・シフトを経験してきて，古い3点セットと新しい3点セットとでは全然違うようです。僕は，どちらかというと新しい3点セットへとはやく移行したほうが望ましい，と思っています。

人新世における企業

谷口：21世紀の人新世における経営のあり方，気候変動，ロシアによるウクライナ侵攻など，地球や国家のサステナビリティを脅かす問題が生じております。こうした事態をふまえ，人間の活動が地球規模で無視できないインパクトをもつ人新世において，企業は何をすべきだとお考えでしょうか。

人間観を変えて企業と経済を変える

青井：人間観を変えていかないとパラダイム・シフトを実現できないということと関係すると思うのですが，もはや人間は，原始の昔に戻ることはできないでしょう。しかし人間は，自然との調和を志向し，生命の網の目のなかに織り込まれた存在となることはできるはずです。こうした人間の姿を何らかの形で回復しなければいけないのですが，テクノロジーの発展に加えて，人間と自然との調和を高次元で実現するといったビジョンを掲げていくことが必要ではないかと思っています。最近よくいわれるように，もともと「人と社会のための経済」であったはずが，すべてが交換経済に飲み込まれてしまったことで，あたかも，人と社会は，経済のため，経済成長のために存在するといった転倒が生じてしまったようです。ですから，今一度，「社会に埋め込まれた経済」「人と社会のための経済」

「人と社会のためのビジネス」といったふうに構造を逆転させる必要があろうかと思います。この点については，ケイト・ラワース（Kate Raworth）が『ドーナツ経済』（河出書房新社，2021年）のなかで主張していることでもあります。

　もう一度，ビジネスや経済活動を何とか組み替えていくといった共通認識が大切だと思っておりまして，たとえばシェアリングエコノミーも，社会と経済のあり方をより良い方向へと変質させていく活動だと思いますし，循環型経済もそうだと思います。僕自身，注目しているのは贈与経済。自分が共感できる人に寄付をしたり，応援のための消費や応援のための投資を行う。これは，交換経済ではありません。今でも，バレンタインデーやクリスマスといった機会に贈与経済は，顕著に現れてくるわけですが，これをもう少し日常生活のなかで拡大していけるような，いわば「推しビジネス」を展開していきたいと思います。

サステナビリティ経営からみた原発回帰

谷口：岸田文雄首相は，福島原発事故の問題解決を終えていない段階で，経団連などの要請をうけて，GXの名の下に60年超の古い原発の運転を認めることを含む，原発回帰を決定しました。この点につきまして，将来世代のためのサステナビリティ経営という観点から，ご意見をお聞かせください。

個の力を高める

青井：文明の観点から世界を大きくわけてみると，近代の中心になった西欧は，どちらかというと個人主義的，日本を含めた東洋は，どちらかというと集団主義的。両者には，個と集団のどちらを重視するかといった点で明確な差がみられます。日本が集団や公を尊重する一方，自己主張をしすぎないのは，ある意味ではよさでもある

と思うのですが，構造的な社会課題にたいして自ら解決しづらいという決定的な欠点もあります。どちらがよいか悪いかの話ではなく，バランスの問題だと思います。固有の集団主義とか同調圧力のようなものを跳ね返して，自分の人生を切り開いていくような個の強さは，やはり必要だと思います。こうした意味で，海外からより多くの人に研究や仕事で来て頂いたりとかして，日本の人も，年齢にかかわらず海外に出るなどして，異文化にふれて個の力を高め，自分の考えをまとめて主張できるような資質をより高めていかないと，今のままではバランスが悪すぎると思います。谷口先生がずっといわれている原発の問題にしても，CO_2削減というグリーンの観点からみると，整合的であてはまるかもしれませんが，将来世代に負の遺産を残さないというサステナビリティの観点からみたときには，明らかに矛盾し逆行しているようです。本来，原発回帰については，その一方的な決定というものをいつのまにか是認するのではなく，われわれ一人一人が熟議して決めるべき問題なのでしょう。個の力を高めていくことは，われわれ一人一人が取り組んで実行していかなければならないことなので，ビジネスだけではなく教育でも重要だと思います。

　変化が加速したから，より忙しく，より速度を上げて行動しないと変化から取り残されてしまうという強迫観念のために，われわれは「忙しがり症候群」に陥っているのではないでしょうか。だからこそ，変化が激しくなればなるほど，変化から少し距離をとって変化自体を俯瞰することで，変化にのみこまれるのではなく，変化の波を乗りこなせるくらいの技を身につける必要があるのだと思います。でなければ，変化の犠牲になり，変化の波に流されて行方不明になってしまう。この技術を培うことが大事で，それがメタ認知やリベラル・アーツというものにかかわっているのだという気がしています。

　しかし，コロナによって強制的に立ち止まらされたわけです。コ

ロナは，その感染自体は深刻な影響をもたらしたわけですが，なかなか休めなかったわれわれを強制的に休ませることで，何らかのチャンスを生み出す契機になったのかもしれません。そのチャンスを生かした人とそうでない人がいて，コロナが終わった瞬間に生活が元に戻ってしまったため，今後の生き方や成果が大きく分かれていくように思います。

将来世代のための食のサステナビリティ

権浩子（子どもの食卓代表取締役社長）

VUCA時代のリーダーに求められる要件

谷口：21世紀のVUCA世界において環境変化が著しく，過去の成功が未来の成功ではなく失敗をもたらす原因にもなりえるとみうけられます。こうしたVUCA世界のなかで，政治・経済・経営のリーダーにはどのような要件が求められると思われますか。

食が未来をつくる

権：私は，「食が子どもたちの未来をつくる」という信念を抱いて，子どもの食卓という会社を経営しています。できる限り人工的な材料や添加物を使わず，調味料や冷凍食品の加工品をご家庭の食卓にお届けさせて頂いております。日常的に，経営者やスポーツ選手などからの引き合いが多いと感じています。そうした皆様から，「自分の家族にも食べてほしいから今どんな商品があるのか」といったお問い合わせを日常的に頂戴しています。その理由を突き詰めて考えたときに，やはり彼らは，「自分たちのパフォーマンスを最大限に発揮するために，どのような時間に運動し，睡眠をとるべきか」「どのように食事を工夫したらよいのか」を，人生のなかで真剣に研究し，ご自身にとって一番相性のよい食事を心がけておられるのです。とくに，できる限り自然本来のもの，自然に近いものをとったほうが，食後の精神的なアップダウンをより少なくできること，

そして，食べ物の消化をより有効にできることを，体で深く理解されているために，わが子にもより自然に近いものをとってほしいと，願う傾向があるように，個人的には感じています。

　もちろん今後，マネジメントやCスイート（C-suite）などとよばれる方々にとどまらず，ごく普通の組織人にもリーダー的な働きがますます求められるのではないかと考えております。グーグルでは，社食を担当するグーグル・フード（Google Food）というチームの地位が社内ではきわめて高く，社員から尊敬されているようです。私もそうした企業文化を知り，見学する機会を頂いたのですが，彼らは，疲れてくると甘いものを食べたくなる人間の傾向を細かく把握しています。ですから，たとえば，フルーツやナッツなどの自然に近い食べ物は簡単に手の届く場所においてあるのです。しかし，甘いお菓子やスナックなどのジャンクフード系は缶のなかに何重にも入れられ，視覚的にも工程数的にも手間がかかるようになっているのです。つまり，社員にたいして「あなたは今，疲れているのです。ですから，こうしたものを欲しているようです」といった認識の仕掛けが巧みに用意されているといえます。

食をつうじた健康管理の徹底化と食を楽しむゆとり
　私は，「食が子どもたちの未来をつくる」という信念のもと，今の活動を実践しているのですが，グーグルにおける食をつうじた健康管理の徹底化に感銘をうけ，食への高い意識や感度にもとづいた健康管理が，今後のリーダーに求められる要件ではないか，と考えております。そもそも食事自体，五感を駆使する活動なのです。リーダーにかんしていえば，頭のなかで将来をイメージし，そのために今何をするべきかを逆算し，タスクに落としこんでいくケースが多いように思われます。その過程では，運動と同様に食べ物からの栄養が必要になります。そして同時に，家族をはじめ大切な人たちとすごす時間がより食事を豊かにしてくれます。単に栄養を取るだけ

ではなく，食べるという行為が人間にとって大切な営みだということを感じておりますので，食を楽しむゆとりをもつという点も，リーダーに求められていく要件ではないか，と思います。

リーダー観と人間観について

河原：企業や国家の経営において，リーダーは「人間とは何か」を理解し，人間観を抱く必要があると考えられます。権社長のリーダー観，人間観について教えてください。

リーダーは「みたい未来を示せるケイパビリティ」をもつ

権：私が抱いていたリーダー観は，「これが正解だ。みんな，ついてこい」といった画一的でマッチョなものでした。社会に出てからも，会社の根幹にかかわる方針を決める少数の人たちとそれをこなす残りの人たち。会社のなかで「右向け」というリーダーと，右を向いて会社の指示を忠実に実現できるような人たち。こうしたイメージを抱いていました。しかし最近，出産を経て起業を経験し，考え方が大きく変わりました。たとえば，戦後日本の経済成長をみてみると，ある部分のために残りの部分を後回しにするような集中的な資源配分を行い，馬力を出してきたようにみうけられます。その際，成長に向けて最も効率的な方法は何かを研究していたようです。当時，日本には日本型の方法があり，アメリカにはアメリカ型の，それぞれの国ごとの方法がある。たとえば私は，中国に20年ほど前に頻繁に行っていたのですが，経済成長をたどる過程でこんなにも人間の生命力が溢れている，と感銘をうけたものです。経済成長をみても，それぞれの国の制度や文化などの特徴が反映されてきましたが，グローバル化やデジタル化を経験したなかで，そうした特徴にみられる違いが少なくなってきたように感じています。

　こうした状況でリーダーシップにどのような変化が生じたのか，

個人的に私も思索することがあります。残念ながら私自身，過去のリーダーに求められたマッチョなリーダーシップの要件は何も満たしてないと思います。ですから，「こっちが正しいからついてこい」といい切ることはできません。しかし，「私が過去の経験から抱いた信念に共感し，私と同じ方向を向ける人はついてきてください」といった声がけを意識しております。実際，こうした声がけによって，同じ方向で同じ価値観を理解してくれる人，たとえば，「食が子どもたちの未来をつくる」という私の信念に共感した人が大きな力を貸してくれるのです。今までは，「0か100か」「やるかやらないか」といった力の貸し具合でしたが，近年，副業がOKになるなど雇用形態が多様化した関係で，「土日だけなら手を貸せます」「平日の夜9時から10時までの1時間なら知見を提供できます」といった人が増えてきました。そのおかげで，同じ方向に向けて自走できる人がたくさん集まってきたのです。私の個人的な経験にもとづくとすれば，自走しながらみたいと思う未来を示し，それに共感し，同じくその方向へと自走できる人を引き寄せることが大切だ，と感じます。したがって，人にたいしてみたい未来を示せるケイパビリティが，新しいリーダーには求められているのではないでしょうか。

人間に求められる「誠実な人柄，素直さ，自己管理力」

採用面談の際，とくに自分の取扱説明書を理解している人を採用するようにしています。基本的には，社員にたいして誠実な人柄を求めています。なぜなら，弊社ではチームを基本単位とするという方針を設けているので，すぐれた能力をもち高いパフォーマンスを達成できる一方，スタンドプレーに走りがちな個人事業主的な動き方が好きな人材は求めていません。チームでのコミュニケーション，いわゆる「ホウレンソウ（報告・連絡・相談）」ができる人が望ましいのです。仕事をしていると，本来は実行すべきタスクが実行されないまま放置されていることがよくあります。弊社では，「これ実

行されていませんが，やりましょうか？」という一言をいえるよう
な共有しあえる仲間を増やしていきたいので，誠実な人柄と素直さ
は入社時の必須条件としています。そのうえで，自分の取扱説明書
をわかっている自己管理力の高い人を大切にしたいのです。別に，
「インフルエンサーです」「イラストレーター（Adobe Illustrator と
いうアプリ）がつかえます」といった話ではないのです。むしろ，
「疲れたときにやらなきゃいけないものほど，後回しにする傾向が
ありいます」など何でもよいのですが，自己を知り，自己管理がで
きる人が組織の和を生み出せる，と私は信じています。チームのな
かでは，こうした共通認識にもとづいた文化が育まれているようで
す。

人間はインプットとアウトプットでできている

　"You are what you eat"（あなたは食べたものでできている）とい
った有名なフレーズがあります。私自身，人間とは何かについて考
えると，食べたものだけでなく，言葉など入ってくるすべてのイン
プットと逆に出ていくアウトプットできているのではないかと，い
えるように思います。食べ物と排泄物の関係。言霊といわれるよう
な，自分が発した言葉とそれにより生じる出来事の関係。さらにい
えば，出産もこうした範疇に含まれるように思っています。そのな
かでもやはり，口に入れる食べ物が一番大切だと感じております。
大手スーパーには，きれいな野菜がいろいろと並べられていますが，
この野菜がどのように育てられたかを理解している人たちは，どの
程度いらっしゃるでしょうか。大手スーパーに並んでいる野菜で，
路地で栽培されたものはどれくらいあるでしょうか。見た目も味も
よい商品をつくるのは，自然環境に左右される農物の場合，簡単な
ことではありません。ハウス栽培というのは，1 日中冷房や暖房の
効いた部屋で管理され，虫がつかないよう薬がつかわれ，水と肥料
も完備された環境で育てられ，普通は半年かかるような野菜も，1

〜3ヵ月で「商品化」できるようにさまざまな工夫がされています。近年では工場で，栄養剤が水に含まれた水耕栽培も一般的になってきています。また畜産では，自由に走り回っている鶏がいる一方，30センチ平方のケージのなかに入れられ，病気にならないための抗生物質や成長を促進するホルモン剤などを投与された鶏がいます。アメリカのインポッシブルフーズ（Impossible Foods）のように大豆をつかった代替肉もあれば，近未来的にはバイオ肉が圧倒的な市場シェアをとるようになるかもしれません。一般に販売されている食材は，各機関で安全性のための試験が行われていて，摂取しても安全な量が決められています。しかし欧米では使われていない除草剤や殺虫が使われていることも事実です。また逆に日本で許可されていないものが輸入食材に使われていることもあります。

　アメリカのカルフォルニア大学で行われた研究で，農薬が使われている地域の近くで生まれた子ども達と，そうではない地域の子ども達を比較すると，前者の地域の方が自閉症が多かったというものがあります。また，同じくアメリカで，農薬が原因でがんになったとモンサント社を訴えた裁判で原告が勝利したニュースは，日本でも注目されました。人間が口に入れたものの影響をうけると考えると，野菜や果物に使われる農薬，鶏に投与された抗生物質などの薬剤はその鶏を食べた人間への影響が懸念されます。自然のまま，ありのままを素直にうけいれられるような人間力。自然の良い部分，悪い部分ともに素直にうけいれられるような力を，子どもたちのための社会のなかで育んでいきたいと，強く感じています。

　それがゆくゆく，人間が苦手な「待つ」という行為を鍛えることにつながっていくと考えております。実際に私も，待つことが苦手です。しかし，自走する組織をつくるために，私が経営者としてできることは，メンバーの置かれている環境，やりがい，目指す将来をしっかりヒアリングした上で，組織の向かう方向性を共有し，自走に適した環境を整えて待つことです。メンバーに直接働きかけな

がら併走しても，それぞれの個人が自走できる期間は短くなってしまうため，「なるほど！」といった気づきのラッシュが各個人に起きる環境を整えながら待つことを心掛けています。

無力の貫徹を多様性の利益につなげる

多様性という観点から経団連などでも女性の社外取締役を増やそうという流れが生まれ，私もオファーを頂く機会が増えてきました。1社だけひきうけていますが，その企業では女性管理職を全体的に増やしたいという意図があるので，そうした目的にかなうようできる限りのことをしております。しかし私自身，厳しい父親の下で育てられ，「上が黒といったら黒といいなさい」といったいくぶん古い上意下達の価値観のなかで育ってきました。自分が失敗を重ねるたびに，自分の価値観を一方的に通すことはかならずしも正しいとはいえないことだ，と痛感してきました。社会人生活のなかで，世の中にはそもそも正解なんて存在しないと感じ，結局は対話を重ねることの大切さを痛感するような経験を何度もいたしました。

自分の無力をさまざまなシーンで素直に貫徹していくと，さまざまな人との出会いが生まれ，そのご縁への感謝が生まれ，自分の無力を知ることで多様性の利益を享受できるようになりました。また同時に，自分が困っている問題は，隣人も困らせていることも知りました。私自身，幼児食にこれだけのニーズが存在しているとは正直思っておりませんでした。主人の実家も私の実家も，私たちの自宅から遠く離れています。しかし周囲をみてみると，実家の近くに住んでいる友人が多く，「安心できる幼児食をどうすれば購入できるか」という問題で困っているのは，私ぐらいだろうなと思っていたのです。ところが，いざ子どもの食卓を立ち上げてみると，この幼児食問題は実は社会課題であることに気がつきました。「私も困っていました」「この商品があってうれしいです。さらに，こういうものもあったらうれしいです」といったお声を頂き，商品開発や

お客様との双方向の会話につながっていきました。あらためて私は，「こっちが正しいからついてきて」といった画一的なリーダーシップは苦手だと感じております。しかし，自分が抱えている問題や改善したい未来をイメージできると，同じ問題に悩まされている周りの人たちが世の中にはたくさんいて，場合によっては一緒に悩み，手助けしてくれる人たちもたくさんいることに気づけました。

　食ひとつとっても，自然本来に近いものが自分にとっても，地球にとっても望ましいということを，みなさんどこかで分かっているのです。しかし，日常生活でゆとりがないと，それはできないのです。そのゆとりとは，現代の子育てで，近くに住んでいる実家が大きな役割を果たします。実家がない場合，それに代替するようなサービスを外注できるのは，ある一定の富裕層に限定されてしまいがちです。富裕層とはいかないまでも，子どもを育てながらある程度の可処分所得をかせいでいる人たちが東京にはたくさんおります。みなさん，子どもを真剣に育てて向きあいたいし，子どもに良いことをしてあげたいと思ってます。しかし，何かと忙しい。猫の手も借りたいとき，自分がやるべきはずの一手間，二手間，三手間が商品のなかに組み込まれていると，「さすがママが同じ目線で考えてくれた商品だ」という安心感にもつながっていくことが，大きな輪に広がっていきとても嬉しいです。

課題先進国 日本の今後

永山：日本は課題先進国といわれています。少子高齢化への対策の遅れにはじまりLGBTQへの政策的遅れ，原発への過剰依存による再生可能エネルギーの立ち遅れ，ハイブリッド車の成功に依存した電気自動車の立ち遅れなど，深刻です。日本の未来のために今後どうすべきだと思われますか。また日本の未来のために，ご自身で何ができると思われますか。

食のエサ化が進展する日本

権：私の問題意識は，日本が遅れているとか，多くの社会課題を抱えているという点に向けられているわけではありません。むしろ私は，日本は単一民族として高度経済成長を経験してきましたが，グローバル化のなかで観光立国にもなり，さまざまな変化が急激におきているという印象をもっています。日本が自国の未来や地球の未来のために何をすべきかを考えるなかで思うことは，やはり子育てという私自身のフォーカスをつうじて絞り込まれています。そこで強く懸念しているのは，子どもたちの食べるという営みがますますエサ化しているという事実です。

　食のエサ化というのは，極端な表現かもしれません。それは，必要な栄養を全般的に食事をつうじてとることなく，「栄養はサプリと野菜ジュースでとります」「朝と夜は菓子パンですませます」などといった場面に表れているように思います。もちろん食事だけで必要な栄養素を摂ることは容易ではありません。ただこうした展開について，個人的に驚いていますし，子どもたちの糖質過多に問題意識も感じています。しかし，さきほど話した「大手スーパーの野菜がどう育てられているか」という点もそうですが，「自分が何を食べているか」を知ってほしいと強く思います。お店に行けば，いろいろと目をひくパッケージだったり，綺麗なフルーツだったり，選び放題の食の選択肢がたくさん用意されています。しかし，たとえば無添加という記載が誤認を防ぐという理由から禁止になり，記載されている原材料に加え他の原材料を使っていたとしても，それらを記載しなくてもよいため，食にたいして意識の高い人が商品のパッケージの裏をみたとしても，その商品の原材料を詳細に知ることができません。単におにぎりを食べているつもりでも，実はお米，工場でつくられているケミカルな材料，そしてお塩でつくられたおにぎり風の複合物を食べているだけかもしれないのです。さらに，

醬油もそうなのですが，もともと丸大豆，国産小麦，塩の3つの原材料だけでつくられていましたが，今は丸大豆が使われず，醬油の味をつくるための10個もの原材料が記載されているものもあり，みた目は変わらずとも実質的な中身が変わっていることはよくある話です。

　問題は，こうした変化に気づいていない日本人が過半数を占めているのではないかということなのです。高度経済成長が終わった後でも，日本人は勤勉で強い顧客志向，つまりお客様思いですので，お客様が手にする商品の価格を上げるのは，お客様にたいして申しわけないという思いで食品添加物の研究に精力を出しました。食品添加物を用いれば商品の効率的な生産やあざやかな色味，長期的な保存ができるようになり商品の原価を抑えられるため，原材料価格が上がったとしても持ちこたえられるといった側面があったことも事実なのです。こうした事実を知ったうえで，自分が食べるものを選んでいる人はどれくらいいるのか，心配になります。人間は，食べたものの影響をうけるため，そうした不都合な事実があることをより多くの人に知ってほしいと思います。さらにいえば，人工的な食品添加物を生産するのに，どのくらい地球に負荷を与えているのか，といった問題に興味をもつことが，自分の正しい行動につながる一歩になっていくでしょう。「有機食品を選ぶ理由は何ですか？」という質問にたいして，欧州では「地球のため」と答える方が1位を占めます。食べているものが何によってつくられているのか，どう移り変わっているのかを，ぜひ知ってほしいと思っております。

　経営者やスポーツ選手など最高のパフォーマンスをめざす人もさることながら，病気になった人も食に強い関心をもち，食の見直しを強く意識しているようにみうけられます。農薬や食品添加物をできるだけ少なくしようと心がける人は，薬害被害団体などでは多くいらっしゃいます。サステナビリティへの関心や食育の意識を日常生活のなかに取り入れ，食の見直しを実践にうつそうとなった場合，

もしかしたら弊社の製品は値段的に高いと思われてしまうかもしれません。一方で医食同源という言葉が昔からあるように，このあたりの情報を包括的に学んでいる方々は，むしろ弊社の製品は安いと思われているようです。私たち自身，「こんなに原価率が高くて大丈夫か」というのが目下の悩みとなっています。

将来世代へのメッセージ

永山：日本の未来，地球の未来をになう将来世代にたいするメッセージをお願いします。

食が自分の体をつくる

権：実は，私も若い頃はジャンクフードが大好きで，おいしいものが大好きで，手軽に食べられるものが大好きで，流行を追いかけて生きてきました。しかし，20代，30代，そして出産を経て思ったのは，自分のやりたいことをやるために体力や健康な体が本当に必要だということです。それは，日常生活のなかに運動を取り入れることでいくらか改善できるとは思いますが，やはり体の根本は子どもの頃につくられると体感しました。実際，今現在活躍されている方々のお母様とお話しして，気をつけてきたことをきくと食事という回答が多く返ってきます。食をつうじたサステナビリティといった話はなかなかイメージしづらいかもしれません。自分がエネルギーを多くつかったとき，たとえば取れたての野菜やフルーツ，あるいは新鮮な魚や肉を自然に近い形でそのまま食べることが，結果的には土地や気候への過大な負荷をかけることなく，また体内に蓄積した食物以外の物質に由来した病気を治療するための薬もいらなくなり，多くの人々が健康にすごせるようになるのではないでしょうか。日本の未来，世界の未来をになうみなさんには，食が自分の体をつくることを意識して下さるとうれしい限りです。

食の啓蒙活動により「『普通』の変化」を知る

　これまで私が食の啓蒙活動をしてきたなかで感じたのは、「『普通』の変化」ということです。人間にとって、子どもの頃の食生活は一生の食生活の土台になります。都心部への経済集中によって核家族化が進展し、共働きも増えていくなかで、家事や生きることそれ自体の負担が親へと集中しはじめています。その中で子育ての「普通」が変わってきています。朝食を取らない家庭が増え、子どもも食事をぬいたり、朝でも夜でも菓子パンが食卓に並ぶ家庭も増えています。以前、保育園の給食の監修に携わったケースでは、午前11時ぐらいになってかんしゃくをおこす子どもがいると、菓子パンやプリンなどの甘いもので朝食をすませてきたことが、その一因だということがわかりました。

　「こんなことが体にいいです」「食べるものを知ることが必要です」といった点にかかわる食の啓蒙活動は、もちろん必要だと思っています。しかし、実際にみなさん、食にかかわる問題を抱えているのですが、「そんなことはわかっているが、時間も余裕もない」というのが実情で、どうしても食の問題解決には家庭背景や経済力が密接にかかわってきます。とはいえ、弊社では食の問題解決に真摯に取り組んでいます。「湯煎するだけ」「あたためるだけ」などといった手軽な加工食品を無添加調理でつくり、食卓に届けるという食の問題解決が、私どもの会社のパーパスではないかと、考えています。

　なぜかというと、いわゆる「普通」のもの、昔は「普通」にあったもののほとんどは、おそらく今では贅沢品になっているように感じます。自然に太陽の下で育てられたもの、旬のもの、促成されずに育てられたもの、今それをつくるための環境を再現するためには莫大なコストがかかってしまいます。それを企業も消費者も負担することが難しく、より自然の下でのリズムを大切にしながら、子育て家庭のひと手間を減らすために、自分は何ができるのか。私には、

日常的に子育て家庭の手助けがしたいという強い思いがあります。しかし、食品製造にはロットの壁があるので、弊社の趣旨を汲み取って下さる工場と一緒に協業しながら、より多くの子育て家庭にとって手の取りやすく、そして食品添加物をつかわない製品をつくるための研究開発を日常的に続けています。

　将来世代の未来をつくる食のサスティナビリティでは、日本の昔ながらの文化を見直せたらと願っています。諸外国から子どもの成長にいいとされるものや考え方がつぎつぎと流入していますが、日本の文化やおばあちゃんの知恵のなかにも実はエビデンス的にもすぐれているものがたくさんありました。たとえば日本の和朝食です。お味噌汁から大豆や豆腐、焼き魚（煮魚）、卵など、朝ごはんのなかに良質なたんぱく質が複数取り入れられています。たんぱく質は摂った人と摂らなかった人を比較した研究で「摂らなかった人の攻撃性が増した」という研究がでていたり、朝食にたんぱく質をしっかり摂った人と摂らなかった人では、「しっかり摂った人は、周囲の人をより受け入れることができた」などの結果がでています。また朝ごはんの内容も学力に影響があることが脳科学でわかってきました。もちろん難しい場合には、具なしお味噌汁などできる範囲で続けることが大切です。食べることは味覚だけでなく五感をつかう行為なのでそういった情操教育を幼いうちに取り入れてほしいと思っています。

　また、日本では、核家族化によって文化の継承が途切れてしまったのではないか、と心配する場面が多々みうけられます。発酵のように再度見直されている文化もありますが、文化が世代間で遮断されているな、と感じる場面が多々あります。私は、少し体調を崩すとよく喉に変調をきたしていました。こうした症状は、ステロイドを用いてもなかなかおさまらなかったのですが、ビワのハチミツ漬けを定期的に口に入れることで改善がみられました。他方、生姜とレンコンのすりおろしを喉に巻いただけでも大きな改善がみられた

ものです。それまで知らなかったことを新しい知識として取り入れ，実践したのですが，上の世代に聞くと，「昔は一家に1本ビワが植えてあった」みたいな話があるのです。文化慣習のなかには，今日のエビデンスに照らし合わせても理にかなっており，土地の伝統と気候にあわせて進化してきたものがあるのです。文化の世代間の遮断によって，有効な知識の伝承が途切れてはいけない，と痛感しております。

　食事の大切さに気づくのは，たいていの場合，大人になってからだと思います。幼少期には，それに気づかず，受動的に出てきたものを食べるためよりよい商品，より自然に近い商品が子どもたちの周りにたくさん存在し，彼らにとって当たり前にしていけるよう，今後も私自身，尽力していかねばならない，と強く思います。そのためにまずできることは，子どもたちの食べる楽しみを増やすことです。食の土台は，「食べるっておいしいよね」「食べるって楽しいよね」といった感覚的なものをはぐくむことからはじめられたらと思います。私は，ずっと食べることが大好きでしたが，今はそれこそ「頭がよくなるために」「運動ができ足が速くなるために」などの目的にあわせて必要な栄養素だけを部分的かつ手軽にとる傾向が強くなってきているようです。他方，衛生面の観点からは，たとえば，保育園での同日調理を必須とするなど規制もたくさんつくられています。食の安心というとどのようにつくられたかを気にする方もいる一方，静菌など衛生面を第一に考える方もいます。食育の分野ではさまざまなアプローチがありますが，いろいろ考えすぎるより，弊社では，食べることが楽しいと思ってもらえるよう，親子料理の啓蒙を今年からはじめるようになりました。親子料理は，子どもたちの「おいしい」という感覚を育むのはもとより，週に1回でも1日5分でも行うことが子どもだけでなく親の認知機能に正の影響を与えることがわかっています。親子で一緒に料理をつくって食べることは，家から一歩出たら仕事のことを考えているような忙し

い親にとってもよいことなので今後もこの活動に注力していきたいです。親子料理をつうじて今この瞬間に集中し、「今私たちは旬の魚を食べているんだね」「野菜だけでなく魚にも旬があるんだね」など，食べることに興味をもってもらう第一歩として「おいしいね」「楽しいね」を伝えていけるような取り組みをしていきたい，と日々思っています。そのために毎日地道な活動を続けております。

VUCA 世界のリーダー育成と
地球のサステナビリティ

佐野尚見 (松下政経塾前塾長
パナソニックホールディングス元代表取締役副社長)

VUCA 世界のリーダーに求められる要件

谷口：21世紀の VUCA 世界において環境変化が著しく，過去の成功が未来の成功ではなく失敗をもたらす原因にもなりえるとみうけられます。こうした VUCA 世界のなかで，政治・経済・経営のリーダーにはどのような要件が求められると思われますか。

日本の盛衰にかんする 40 年周期説

佐野：VUCA 世界におけるリーダーに求められる要件を考えるうえで，(1) 壮大なビジョンを描き出すケイパビリティ，(2) 知識を体系化するケイパビリティ，(3) 卓越した危機管理のケイパビリティ，(4) 周知徹底のケイパビリティ，(5) 素直であること，(6) 歴史に根差した強い国家観と経営観，の6つがカギになると思っています。これらについて詳細にお話する前に，島田晴雄 慶應義塾大学名誉教授が主張されていた「日本の盛衰にかんする 40 年周期説」を参考にしながら議論したいと思います。これは歴史的事実にもとづいた見解で，明治維新を起点として日本史を俯瞰すると 40 年ごとに国家の盛衰がみられる，という説です。

　江戸時代から明治時代へと移行する 1865 年あたりにフォーカスすると，薩長戦争，池田屋事件をはじめ，四カ国連合艦隊が下関を砲撃するなどと，内憂外患の時代でした。ここは，衰退期です。そ

の後，日本は西洋文化を積極的に取り入れ，殖産政策などをつうじて国力の強化を図りました。そして40年後の1905年頃，つまり明治時代から大正時代へと移行する頃ですが，ロシアが南下政策をすすめていくなかで，圧力をうけた日本は日露戦争が勝利しました。国威発揚の時代であり，富国強兵などをつうじて急速な近代化をすすめました。ここは，繁栄期です。さらに，40年後の1945年頃は，大正時代から昭和時代への移行期にあたり，第2次世界大戦がありました。僕は子供の頃，焼け野原になった今の東京ドームのあたりで遊んでいました。そのあたりには，溶けたガラスがたくさん転がっていた記憶があります。日本は，広島と長崎への原爆投下をうけ無条件降伏しましたが，あの戦争で約310万人が戦死したといわれています。この局面は，まさしく衰退期でした。

しかし戦後日本は，アメリカの庇護の下，農地改革，財閥解体，教育改革，新憲法制定などを実現していきました。僕の父も，神奈川県庁で農地改革を担当していました。1960年には日米安保条約が締結されました。さらに戦後から40年を経た1985年頃，昭和から平成・令和への移行前夜ですが，人口が1億2,000万人を超え，若い人が労働力を供給して経済を支えた時代だったと思います。日本は，1人あたりの国民所得ではアメリカをぬいて，ニューヨークの不動産を買い占めるなどしていました。日本人旅行客がフランスの高級ブランド店で商品を買いあさってひんしゅくを買った時代でもありました。日本人は「エコノミック・アニマル」と揶揄され，海外からの反発は次第に大きくなっていきました。まさに日本にとっては，繁栄期でした。しかしその後，プラザ合意によって急激な円安が進み，日本は輸出の面で深刻な打撃をうけることになりました。また，商社，銀行，証券会社などの倒産も経験しました。そして，デフレです。結局，「失われた20年」「失われた30年」などといわれていますが，総じていうと日本は，過去の成功体験からなかなか抜け出せずに変化をきらう風土が醸成されてきました。そこか

ら多くの既得権益が生まれたようにもみうけられます。島田先生の40年周期説によると、2025年が底となるため、その後の繁栄期をむかえるための布石が今、必要になっていると思います。

VUCA世界におけるリーダーに求められる
6つの要件を深掘りする

そこで、僕自身の経験をふまえてお話をさせて頂きます。結局、40年周期説が示唆するのは、日本人は歴史にもとづいて40年周期の前後つまり80年のスパンで物事の考察を行う必要があるということだと思います。今の日本は、たしかに課題先進国です。われわれが直面している課題は国内的なものにとどまらないので、国境をまたいだグローバルな課題にも目を向けなければなりません。そこで僕は、リーダーに求められる第1の要件として、壮大なビジョンを描き出すケイパビリティを挙げます。これは、グローバルな発想で国家のグランドデザインを創造していく能力にほかなりません。こうした能力は、政治・経済・経営などの分野を問わず必要ではないかと思うのです。松下幸之助翁は、こう述べています。「今の政治家は、せいぜい5年計画しか立てられない。国家百年の大計を立てなくてはならない。そしてその目標は、無税国家の実現である」と。現状では税金ゼロの国をつくるのは、なかなか難しいと思いますが、今後の国家百年の大計を考える大きな構想力が求められているのです。

第2に、知識を体系化するケイパビリティを挙げたいと思います。今、デジタル技術の進展とともにさまざまな知識が爆発的、指数関数的に増加しているように思われます。しかし、それによってかえって物事の全体像をつかむことが難しくなったと感じています。便利なデジタル時代をむかえたにもかかわらず、知識と知識の乖離がますます進んで、全体像がみえづらくなっているように感じるのです。これからのリーダーには、さまざまなネットワークを駆使しな

がら知識を集めて体系化すること，そして，知識と知識の新結合を
つうじて問題解決に貢献する総合的なケイパビリティを身につける
ことが求められています。たとえば，PCやスマホなどを用いて検
索をしてみると，いろいろな物事について知ることができます。知
識と知識を融合させて体系化し，すぐれた知恵に変えていくことが
大切なのではないでしょうか。幸之助翁は，事業を経営していくう
えで，古今東西の知識を集め，それらを経営に活かすことの大切さ，
つまり「衆知」の大切さについて，幾度なく述べています。リーダ
ーにとって，衆知を集めることが重要なのです。

　第3に，卓越した危機管理のケイパビリティを挙げます。これは，
合理性のわなを見破る能力のことです。国家が道をはずれて戦争を
ひきおこすとき，あるいは，企業が経営に失敗したとき，その理由
について，「あまり能力のない，思慮の浅い人が独断で実行したか
ら失敗したのだ」と思われがちです。しかし実際は，責任者や担当
者が何度も会議をくり返し，「合理的に考えたら間違いなくこうな
るはずだからやってみよう」と実行し，失敗してしまうケースも多
いようです。合理性にもとづいた集団的意思決定によって失敗した
のです。つまりこれは，「合理性のわな」にほかなりません。一方，
人間は生来，非合理性もあわせもっています。リーダーは，人間の
合理的側面と非合理的側面をふまえたうえで，「人間はどのような
状況で合理性のわなに陥ってしまうのか」をつねに意識する形での
危機感をもって，国や企業などに危機的な結果が生じるのを未然に
防ぐことが必要だと思います。僕は，たとえばロシアによるウクラ
イナ侵攻などは合理性のわなに陥った典型的なケースではないかと
みています。戦争をしても，勝てる見込みがさほどないのに突きす
すんでしまった。おそらくロシアでも，ウラジミール・プーチン
（Vladimir Putin）大統領が独断で判断したのかどうか，その真偽は
よくわかりませんが，この侵攻は合理性のわなにかかわる問題なの
ではないでしょうか。合理性のわなを見破る能力は，これからの時

代のリーダーに必要だと考えています。

　第4に，周知徹底のケイパビリティです。どんなに立派な考え方や計画があっても，これらを周知徹底することで人々に広く共有し，共感してもらう能力がなければ，その考え方や計画は絵に描いた餅におわってしまい，周知徹底ができていない中途半端な結果は，かえって世の中を混乱させてしまうでしょう。たとえば，マイナンバー制度はその典型的なケースではないかと思います。すさまじい勢いでデジタル化が進行しているデジタル社会では，周知徹底能力のたゆまぬ向上はきわめて重要になっていくと思います。

　岸田文雄政権は2023年6月16日，「経済財政運営と改革の基本方針2023 加速する新しい資本主義──未来への投資の拡大と構造的賃上げの実現」（骨太方針2023）を閣議決定しました。この文書を読んでみますと，結構大切なことが書いてあるのです。しかし，大部分の国民は知らないように思われます。周知徹底が本当に必要だと痛感しています。現在，日本が抱えている課題はその文書に書かれています。官僚が真面目に書いています。しかも，われわれの税金をつかう計画が示されているわけで，国民ももう少し関心をもつべきではないかと思います。しかし僕は，この堅苦しい文書をみるに，誰も読む気にならないのでは，と心配してしまいます。政府は圧倒的に周知徹底のケイパビリティを欠いている，と厳しく指摘せざるをえません。もっと周知徹底の方法を考え，変えていく必要があろうかと。タイトルにしても，たとえば糸井重里氏のようなすぐれたコピーライターを民間から採用するくらいでないと。もちろん，今のデジタル社会ではSNSはじめ多様な周知方法があるはずです。いかにも下手な周知徹底の仕方だと，とても残念に思うのです。

　周知徹底について，幸之助翁はこう述べています。すなわち，「一生懸命作った商品だから，本当は自分の手でお客様に渡したい。そうもいかんから宣伝会社にお願いしている。しかし，ややもすると宣伝の技術だけに頼ってしまい，そうなるともう宣伝にはならん。

経営者が『自ら精神を込めて伝える努力，心をそこに打ち込んで伝える努力をせんといかんと思っています』」と。広く訴求していく能力は，今後のリーダーにとって必要だと思いましたので，述べさせて頂きました。

　第5に，素直であることを挙げたいと思います。これは最も基本的な要件となるため，本来，最初に挙げるべきだったかもしれません。「この政策やこの商品は本当に国民の役に立っているのだろうか」と，真っ白な気持ちでの自問自答が必要です。素直な気持ちになるということは，なかなか難しいです。僕自身，自分の思いにとらわれしまい，現場のいうことを聞かずに，失敗した経験が何度もありました。だからこそ，素直な気持ちになることは必要だと考えています。

　幸之助翁は，こう述べておられます。すなわち，「素直になれば，物事の実相が見えてくる。赤は赤，白は白に見える。とらわれない心，自分を見つめる心が大切です」と。そして，御自身の著作や揮毫のなかで「素直」という言葉を最も頻繁につかっています。おそらく彼は，この「素直」という概念と生涯にわたって真摯に向きあっていたのではないでしょうか。彼の耳は，とても大きいのです。聞き上手といいますか。彼が偉かったのは，自分には「こんな能力がある」「こんな知識がある」などという自慢話は絶対にしなかったことです。むしろ，素直に「教えてくれや」と。私の知る限り，自慢話は1回もない。いつも素直で謙虚でした。僕自身，長期にわたって彼の薫陶をうけたわけではないのですが，彼は，人の言葉に素直に耳を傾ける面でも卓越していたと思います。

　第6に，歴史に根差した強い国家観と経営観を挙げておきます。「日本をどのような国にするのか」という国家観と，「自分の会社をどのような会社にするのか」という経営観は，国家や会社を経営していく際の理念として必要となります。これらは必須です。日本において，政治家では石橋湛山，吉田茂が挙げられるでしょうし，さ

らに，多少の異論がありうるかもしれないですが田中角栄も該当するでしょう。経営者では，松下幸之助，本田宗一郎，盛田昭夫，豊田喜一郎などでしょうか。戦後日本を牽引したリーダーは，歴史に根差した強い国家観と経営観をもっていました。それによって彼らは，日本の発展を支えてこられたのだと思います。また彼らは，つねに人とは違う道を模索しています。思考や行動の仕方が独創的であり，類型的な考え方や仕組みを排除している。このように，型にはまらない，型破りといった共通点があったようにみうけられます。少し大げさな表現ですが，ステレオタイプの人間が100万人いてもイノベーションは生まれないのではないでしょうか。

リーダー観と人間観について

河原：企業や国家の経営において，リーダーは「人間とは何か」を理解し，人間観を抱く必要があると考えられます。佐野前塾長のリーダー観と人間観について教えてください。

　経歴を拝見しても，佐野前塾長は実に多様な経験をされております。松下電器で電池などのモノづくりをしてきただけでなく，突然PHP研究所へと配置転換され，企業理念の研究もされた。そして今度は，「人づくり」「リーダー育成」ということで松下政経塾に来られた。僕は，これら3つの異質な組織で，多様な活動をすべて同じ1人の人間が経験されたこと自体，重要な1つのダイバーシティのあり方だと思うのです。最近，取締役会のダイバーシティということで，ボードメンバーのバックグラウンドを多様化せねばならないという動きがあります。女性取締役や外国人取締役を人数的に増やしていこうとか。しかし，こうした取締役会での多様な人の組み合わせという意味でのダイバーシティといっても，月にせいぜい1回しか会わない取締役会で，各人が勝手なことをいっても，僕はまともに機能しないではないか，と思っています。逆に，佐野前塾長

のように，同じ1人の人間が多様な経験されているほうが，つまり個の多様性こそ，より大切だと感じた次第です。

人間の数だけ人間観がある

佐野：ふり返ってみますと，結果的にそうした多様な経験をさせてもらったという思いはありますが，そのときはただただ一生懸命にやるしかなかったのです。企業や国家の経営において人間本性の理解，つまり「人間とは何か」という人間観の構築が求められることはいうまでもありません。この難問は，古代ギリシャのプラトン（Plato）やアリストテレス（Aristotle）にさかのぼるものであり，約2,300年の歴史のなかで永遠のテーマとして語り継がれてきたようです。哲学者，思想家，歴史家，経済学者などにより，さまざまな見解が提示されてきました。僕自身の経験からしますと，人間の数だけ人間観が存在すると思っております。僕自身80年間，人間として生きてきて，いろいろな人にお世話になってきたわけですが，人間本性を言語化する仕事はかなり難しい，と痛感しています。僕のように，あっちに行ったり，こっちに来たりと動き回っているような人間には，1つの分野に腰を据えてじっくりと思索してきた哲学者とは違い，そうした仕事にかなりの難しさを感じています。

松下幸之助の「新しい人間観」

そこで，僕の尊敬する松下幸之助翁に再登場してもらうことにしますが，実は彼も人間観について述べているのです。話が少し長くなりますが，みなさんは『人間を考える――新しい人間観の提唱』（PHP研究所，1972年）を読まれたことはありますか。その話のなかには聞きなれない文言が出てきますが，ぜひ素直に聞いて頂きたいと思います。第1に，「宇宙は絶えず成長し生成発展している」。これは，幸之助塾主の基本的な考え方です。生成発展とは，自然の理法というべきものだと，そしてさまざまな変化，生も死も生成発

展の姿であると。第2に、「人間は万物の王者である」。人間は、万物の動きに順応し、そこに潜む偉大な力を開発し、それぞれの本質を見出しながら、「物心一如」の真の繁栄を生み出すことができる崇高にして偉大な存在である。かかる人間の役割こそ「自然の理法」によって生み出された人間の「天命」である。第3に、「人間は時として『天命』を果たしていない」。現実の人間の姿をみてみますと、繁栄を求めながらも貧困に陥ったり、平和を求めながらも戦争をしたりなどと、偉大な本質に反する面が多々みられる。かかる人間の姿は与えられた『天命』を悟らず、個々の「利害得失」や「知恵才覚」にとらわれているからであると。第4に、「天命の自覚と衆知」。人間の偉大さは、個々の能力だけでは十分に発揮できない。幾多の知恵が自由に融合され、総和となって初めて「天命」が生かされる。それが「衆知」であり「衆知」こそ「天命」を最大限に発揮せしめる力である。第5に、「天命と使命」。人間は「天命」を自覚しつつ「衆知」を集め、それを高めていかなくてはならない。それが人間の長久なる「使命」である。以上が、幸之助翁が提唱された「新しい人間観」の概略となります。彼は、94年の人生において非常に厳しいビジネスを遂行しながら、多くの人間にかかわり思索を重ねながら、人間の本質を研究し、人間のはたすべき役割に思いを馳せていたのだと思われます。いわば汗水たらした実体験のなかから「人間とは何か」という人間本性の疑問が生じ、「人間はかくあるべし」という人間観にたどり着いたのだと思います。事実、彼は、松下政経塾の塾生にたいして「この文章を1万回読みなさい」と求める一方、でも「多分、わからんやろ」と述べています。結局、自分で経験するしかないのです。誰かによって与えられたことを教条的に考えるのではなく、自分で体験しなさいということです。

　幸之助翁は、新しい人間観を提唱した際、50余名にも及ぶさまざまな分野の人からいろいろな意見を聞いています。なかには、「人間は万物の王者などということは不遜である」などと批判的に

いう人もいたようです。当時の各界の著名人，たとえば，ソニーの井深大氏の意見を聞いてみる。武者小路実篤もおりました。石原慎太郎氏にも聞いていました。「こういうものをつくってみたけれども，いろいろな人にその意見を聞いてみよう」というところが，あの人のすごさなのだと思います。「1万回読んでもわからんやろ」といわれても，困ってしまいますが。結局，「自分で体験しろ」ということなのです。昭和47年のことですから，僕がPHP研究所に行っていた頃の話です。

　僕は，哲学者ではないので，仕事のつきあいのなかで「人間とは何か」についてたどりついた結果が，僕の人間観だと解釈して頂けるとありがたいです。結局，人の心を理解することによって人を知ることができるという考え方にもとづいて，話をさせてもらいたいと思います。人間というものは，無意識のうちに一人一人が人生観をもっているものなのだ，と。人生観というのは，かなり深く考えてたどりついた人生観もあるし，あるいは，現状のなかで上手に生きていくための知恵や知識にもとづいた人生観もあるでしょう。また，どちらでもないものもありえます。いろいろあると思うのですが，どれがよい悪いという価値判断はできないと思います。一人一人が異なる人生観をもつものだ，と感じてきました。

人間は大きな潜在的なエネルギーをもつが1人では生きられない

　僕は，いろいろな人とつきあってきましたが，言動や雰囲気などの外観から「この人はこういう人だ」と判断することは，比較的容易だと思います。しかし，心の内面に秘められているものを理解することは，なかなか難しいものだと感じました。人間は，外部に表れている顕在的なエネルギーと内部に秘めている潜在的なエネルギーの両方をもちあわせています。潜在的なエネルギーのほうがはるかに大きいし，それを知ることは非常に難しいと思います。また，仙人のような特別な人を除けば，人間は1人で生きることができず，

つねに個人と社会のあいだを行ったり来たりしている動物だなと，こうも感じました。人間は時として自分の人生の越し方，行く末を考え，「自分はなぜ今ここにいるのだろうか」「今，このときとは一体何なのか」といった哲学的・思想家的な感覚をもつこともあるようです。

直感と対話を重視する品格のあるリーダー

リーダーにとって，日常の業務的なやりとりの枠をはずしてしまえば，人間を知るうえで大切なのは，直感と対話である，と思っております。加えてリーダーは，困難な課題が生じている今日，利己的な私利追求にとらわれず高い品格を身につける必要があることはいうまでもありません。まず，直感からはじめたいと思います。日本人は，その国民性のためか情緒を昔から重んじてきたと思います。つまり，情緒という感性を生活のなかに取り入れ，判断基準や行動基準にしてきました。この情緒という感性の根本にあるのが，直感なのではないかと。日本人の人間観，さらには行動パターンを理解するうえで直感を磨くことは，非常に重要であると考えています。僕の経験によると，何か予測をする前には予兆というものがあるようです。そして，予兆の前にあるものが予感なのではないでしょうか。この予感は，少し時間的余裕のある事前的な判断を可能にする感性。これにたいして，直感は瞬間的な判断，即時の判断を可能にする感性だと思います。ですから，予感と直感はまったく違うものだと思います。

今のVUCA世界で，リーダーが意思決定をする際，デジタル技術を駆使してさまざまなデータを分析し，可能な限り客観的なエビデンスにもとづいて時間をかけて判断することはもちろん大切なことなのですが，こうした判断と同様に，あるいはそれ以上に，スピード感のある直感に根差した判断が大切になってきています。この意味でいえば，直感は知性の1つだということができるのではない

でしょうか。案外，直感で瞬間的に判断する場面は多いと思います。僕も，部下に「あのデータと，このデータももってきて」といってさまざまなデータを，時間をかけて用意してもらったとしても，必要なデータが出そろった時点では，もはやデータは賞味期限切れ。遅すぎるのです。ですから，やはり直感は大切だと。どうすれば直感を磨くことができるのかについては，ぜひみなさんで考えて議論してみて下さい。

　次に，対話にうつりましょう。事業経営をしているなかで，対話の重要性をつくづく感じさせられました。しかし，応々にして対話が会話になってしまったり，会話が議論になってしまったりします。どちらも間違っていると思います。会話は，日常性があって，ワイガヤで酒をくみかわし一杯やりながら，軽い気持ちでもできるものです。議論はつねに結論を急ぎます。対話は，人間と人間のぶつかりあいというか，知性と知性のぶつかりあいというか，ワン・オン・ワンの対面で行うもの，上司と部下ですら平等の立場で行うものでなければなりません。そういう意味で，対話は非常に大切なのです。

　仕事をしているなかで，グローバル環境では宗教や人種が違うこともあるし，家庭環境が違うこともある。しかし僕は，仕事の価値観を共有することはできると信じており，そのための方法の1つが対話だと考えています。ですから対話は，お互いの知性にもとづいたコミュニケーション・ツールだと述べました。価値観についての相互理解を深めるという目的につかえるでしょうし，即座に結論を出す必要はないのですが，同じ方向へと向かうための筋道や方向性を導き出していくことができるのが，対話にほかならないと思います。僕は，対話より会話が得意ですが，会話ですとどうしても発散してしまうのです。話が飛んだり，目的を見失って何の話をしていたかさえもわからなくなってしまう。そして，途中で人の話を聞かなくなったり，いろいろとありえるのですが。近年，コロナの影響

もあって人間同士がお互いに体温を感じながらコミュニケーションをとる機会が少なくなっていますので、会話も議論も必要なのでしょうが、やはり対話が一番大切なのだと、僕は主張しておきたい。結論として、リーダーは、（1）仕事をすすめていくうえで直感を重視する必要があること、（2）人間本性を理解するために対話を重視する必要があること、を指摘しておきたいと思います。

課題先進国 日本の今後

永山：日本は課題先進国といわれています。少子高齢化への対策の遅れにはじまりLGBTQへの政策的遅れ、原発への過剰依存による再生可能エネルギーの立ち遅れ、ハイブリッド車の成功に依存した電気自動車の立ち遅れなど、深刻です。日本の未来のために今後どうすべきだと思われますか。また日本の未来のために、ご自身で何ができると思われますか。

課題先進国であることはむしろチャンスである

佐野：この問題、永山さんが内閣総理大臣だったらどう考えるでしょうか。日本が抱えている課題を書き出すだけでも、すぐ20-30件は出てくるのではないでしょうか。日本は、たしかに課題先進国なのでしょう。しかし、この「課題先進国」という言葉を聞いて、「だからダメなんだ」と、自虐に陥ってしまうのではなく、むしろ、「だからこそチャンスだ」と、秘められた可能性を実現すべく前向きに行動してほしいものです。前向きな姿勢で、「こういう問題を解決したらこうなる」という夢をもつべきだと思います。問題解決の結果として開発した一連のケイパビリティを外国へと輸出してもよいでしょう。いずれ、日本が直面しているさまざまな問題は、将来的にどの国でもおきてくるわけですから。こうした前向きな気持ちをもって頂きたい。日本特有の課題、グローバルな課題、そして

両方にまたがっている課題。これらすべてが複雑にからみあっているのです。深刻な現状は、われわれの世代が数十年にわたり先送りしてきた結果としてもたらされたのであって、われわれの世代に責任があると思います。世界経済フォーラム（World Economic Forum）が2023年のジェンダーギャップ指数を発表しました。日本は146か国中125位でしたが、G7諸国中最下位です。その他の国際比較データにしても、世界における日本のプレゼンスが著しく低下しているのです。僕自身、この時代に生きてきた人間として、その責任と同時に内心では忸怩たる思いを抱いております。

若者なりの国家理念の創造

日本人として多少のいいわけをしたいところでもありますが、こうした厳しい現実をまずは素直にうけとるべきではないかと思います。将来世代のことを考えたとき、われわれの世代は深刻な課題に向きあい、その解決に取り組んでいく義務があります。軽々しくつかうべき言葉ではありませんが、迅速かつ集中的な資源の再配置が必要となるという意味で、今の日本がおかれた状況は、国家の浮沈をかけた「戦争」だと思えてしまうくらい深刻だといえるのではないでしょうか。僕はこうした状況を打破していくことは、さきほど説明した島田先生の日本の盛衰にかんする40年周期説を覆していくことなのではないか、と思います。そのために、何が必要になるのでしょうか。第1に、「日本という国をどのような国にしたいのか」という国家理念が求められるでしょう。それは、若者が中心になって過去にとらわれず、自分の国のビジョンとしてつくりあげていくべきものだと思います。国家理念は、高い社会的地位にある人や年配者から与えられる、あるいは、課されるようなものではないと思うのです。人生百年時代といわれますから、若者というカテゴリーを拡大して40歳くらいまでを対象にしてもよいかと思いますが、いずれにせよ、若者を中心につくられた国家理念が必要だと思

います。国家理念に結びつくような壮大な意見をもってほしいです。そのために，政府をはじめわれわれの世代は「場」をつくることが大切だと思うのです。つまり，若者自身に「君たちの日本の未来をどうするか」を真剣に考えてもらうための場づくりも必要かと。場，プラットフォームはやはり重要です。

　国家理念は，ある意味では憲法の上位概念だと思います。憲法には，政治が悪い方向へ逸脱しないよう，暴政にはしらないようにするためのガバナンスの役割があります。幸之助翁は，ソニーの盛田昭夫氏との対談のなかで，このように述べておられます。「安易な改憲にはしるのではなく，憲法を変えるからには，時代性，国民性，普遍性といった3つの条件を満たすべきだ」と。これらの3条件は，憲法にとどまらずその他のものの見方の考え方にも広く適用できるのではないかと，僕は思っています。国家理念の話から少しそれてしまいましたが，安易な改憲は容認できないということです。

危機感の共有

　第2に，国民による危機感の共有です。僕は，危機につながりうる課題，あるいは，危機をもたらしている課題を共有することが大事だと思います。日本人は，危機感の醸成という点ではいくぶん緩慢で問題回避志向が強い。そのせいもあってか，「生きているからよいのではないか」「1兆円の借金をしても，貨幣を増刷すればよいのではないか」などという意見もあります。経済指標などの国際比較からもわかるように，日本のプレゼンスはますます下がっているからこそ，国民が危機感を共有することが大切です。かといって，いたずらに不安をあおるような危機感が必要だということにはなりません。むしろ，健全な危機感が必要なのです。日本が抱えている課題には，間違いなく宝物が埋まっていると思います。先ほども述べましたが，課題がうまく解決されれば，新しいテクノロジーやノウハウが生まれてくるだろうし，画期的なイノベーションもおこる

でしょう。そして，新しい仕組みや考え方も生まれてくるはずです。課題というものは，成長の種子，イノベーションの種子なのです。

資源のみえる化

第3に，日本国内に存在する資源のみえる化です。どうしても日本は，無資源国であるため諸外国との関係を考え，ソトに目を向ける必要があります。しかし日本には，たくさんの資源が眠っています。ウチに視点をうつして国内資源を棚卸してみることも大切ではないでしょうか。日本には，その国土の75％を占めるほどの豊かな森林資源があります。しかし生産性が低く，ビジネスとして採算がとりにくいからという理由で，放置されてきたように思われます。僕の故郷は山梨県ですが，山にはたくさん植林されています。しかし，全然カネもうけにつながらないわけです。先祖が植林してくれたのですが，将来，子孫にとって必要になるだろうというモチベーションがあったのでしょう。しかし，1本切るのに何万円もかかってしまい，ビジネスとしては成り立たない。こうしたボトルネックを突破し，ブレイクスルーしていくことが必要なのではないでしょうか。また，日本の国土面積は世界で第62位ですが，海岸線の長さは第6位なのです。世界でも有数の海岸線には多様な海洋資源があります。さらに，人的資源も豊富です。したがって，洋上風力発電，地熱発電，核融合発電などの新しいビジネスにおいても，人的資源を含む日本独特のさまざまな未開発資源を活用できる可能性があります。

課題の優先順位

第4に，課題に優先順位をつける必要性です。先にお話したような課題がたくさんあり，枚挙にいとまがありません。しかし，すべての課題を同時に解決することは不可能です。課題解決にあたっては，優先順位をつけていくべきなのです。とくに，環境や食料など

人類の生存にかかわる課題が最優先になると思います。EUでは，環境問題に予算をつけ，「何年後にこうしよう」という具体的なロードマップが示されています。あいにく日本は，それがあるような，ないような感じであいまいです。ですから，課題に優先順位をつけることが必要だと思うのです。最近では，ESGに取り組んでいる企業が増えていますが，「それによって株価が上がるから」といった功利性を超え，時代の本質的なニーズをとらえて不可欠な課題の解決に取り組まねばならないはずです。一方，アメリカ・フロリダ州では2023年5月，反ESG法が成立しました。危機感をもってESGに取り組まなければならない今日，このようになぜ現場では反ESGの感覚が生まれたのかを，くわしく勉強する必要があると感じています。

需要と供給そして成長と分配

　第5に，需要と供給，そして成長と分配への焦点が必要だと思います。供給が需要をつくるというセイの法則。政府が需要をつくるべきだというケインズ（John Maynard Keynes）。分配の問題が大切だというリカード（David Ricado）。より最近では，日本のような先進国が成長を取り戻すのは困難だというバナジー（Abhijit Banerjee）。こうした理論はさておき政策の場面をみてみますと，需要，供給，成長，分配のいずれかに重点をおいた政策が策定・実施されてきたようにみうけられます。実際，現在（2023年7月時点）の首相官邸HPには，「人への分配は，『コスト』ではなく，未来への『投資』です。官と民が，共に役割を果たすことで，成長の果実をしっかりと分配し，消費を喚起することで，次の成長につなげます。これこそが，持続可能な経済，そして，成長と分配の好循環による新しい資本主義を実現するための要です」とあります。つまり岸田内閣は，第一の政策として成長と分配を掲げているのです。

　日本政府はコロナ禍の2020年，特別定額給付金として国民1人

あたり10万円を支給しました。国民への支給にともない，12兆円近いおカネが出ていきました。とても大きな金額です。この12兆円が本当に日本の経済成長のために前向きに使われたかといいますと，僕はいくぶん懐疑的に思っています。おカネが消費に回され経済が循環し付加価値を生み出したのであればよかったのですが，むしろ，将来への不安から大部分のおカネが貯蓄に回されたのではないでしょうか。生活に困っている人，毎日くらしていくのが厳しい人には，本当にありがたいことだったと思います。しかし，政府によるおカネのつかい方として正しかったといえるでしょうか。現政権は，成長と分配に力を入れようとしているのかもしれませんが。谷口先生はじめ経済学者の方々には，ぜひ需要と供給，そして成長と分配をあまねく新しい切り口でとらえられるような，持続可能性に配慮した資本主義の新しい理論を構築してほしいものです。

人材開発

第6に，人への投資を意味する人材開発です。人材から人財，つまり材から財へと豊かな能力を開発していかなければならない。一部の天才を除いて，人間は急には育たない。人材開発は研究開発（R＆D）と共通点があると思いますが，それは時間軸を考えたうえで，「何のために何をするのか」を明確にしてすすめていくことだと思うのです。今，話題の2050年。「2050年に必要になるのは，どのような人材なのか」と。別に百年後でなくてもよいので，そのときどきのランドスケープを予測し，必要な人材を育ていく必要があると思います。

女性の活用

第7に，女性を積極的に登用し，さまざまな場面で活用していくことだと思います。日本の人口のうち，49％が男性，51％が女性です。日本の約6,500万人の女性には，多くの分野でもっと活躍して

頂かないといけません。性差のためにやむをえない就労困難な職種もあるでしょうから，これらを除く分野で，女性リーダーを積極的に登用していく必要があると考えます。日本の場合，ほぼ「ルール化」して女性リーダーの誕生を推進していくべきなのかもしれません。かつて僕は，それを積極的にやりすぎて失敗してしまいましたが。ヨーロッパはじめ海外のリーダーたちに目を向けてみると，最近は女性リーダーの活躍がめざましいと感じます。しかも，みなさん30代，40代と若くして活躍しています。同時に，女性の活躍にとって不可欠なのは，子どもを育てる環境を整備するということ。息子の嫁も，働きながら子育てに奮闘していますが，やはり大変そうです。妻が1時間くらいかけて孫のところに行き，面倒をみることもしばしばです。

予算化

　第8に，予算化というおカネの問題です。やはり今後，日本のあるべき姿を予算に反映させるとなると，おカネが足りなくなるのは目にみえています。国民は，いずれかの分野の予算を削り，痛みをうけいれる覚悟が必要になるかもしれません。国会でも批判されがちですが，本来，「こういうおカネのつかい方をします」という点を周知徹底しなければならないのです。このことは，胆力と覚悟が必要だと思います。政治家だけではなく，財界のリーダーも率先してやって頂ければありがたいと思います。政治家にとって何かを削るということは，他方で支持率を削ることにつながりかねません。そういう難局を乗り越える胆力と覚悟も大切なのです。そして，説得力も必要でしょう。最近，台頭してきたポピュリズムに流されないよう切に願います。日本の国家予算は2023年，114兆4,000億円です。社会保障費，地方交付税，防衛費，国債費などを差し引くと，29兆円程度しか残りません。予算制約のなかでおカネをどのように有効につかうのか。政治にとっては，国民にただ我慢を求めるこ

とではなく，目先の支持率に惑わされず日本の将来をみすえた予算配分と，それについての正当な理由の説明を実行していくことが，より重要だと思うのです。

地方を元気に

　僕は，2008年に塾長として松下政経塾に来てから約12年にわたり，リーダー教育に携わってまいりました。先日，ここ最近8年間に卒塾した40名ほどの塾生の卒業論文のテーマを調べてみました。彼らは，「日本をよき国にしたい。そのために自分は何ができるか」という高い志をもって入塾し，4年間の自修自得の修行をおえた若者です。40名のうち19名は，地方に注力していました。「地方を元気にしたい」「地方主権を確立したい」「過疎対策に取り組みたい」と。さらに，具体的なテーマもありました。「沖縄県を元気にしたい」「福山市を元気にしたい」などと，軸足を地方においているのです。ですから，タテ軸には僕が述べた8つの項目を，そしてヨコ軸には地域をそれぞれおいて，日本の未来を俯瞰し考えて頂きたいと思います。実際，地方に注力した19名のうち11名は，町会議員，市会議員，県会議員などとして，若い力でたくましく活動しています。地方にたいする視点を大切に。地方が元気にならなければ，日本が元気になるとは考えにくいのです。今までは東京一極集中でしたが，リスク分散の観点からみてもこのままではまずいと思います。国民一人一人が日本の未来を考え，将来世代のウェルビーイングを考え，人類が抱えている問題を自分事化して取り組んでいく必要があると思います。

人間浴を楽しみ自然体で「与生」を生きぬく

　僕は今年（2023年），80歳になりました。人生百年時代といわれますので，あと20年を「与生」，つまり主体的に生きるべく与えられた人生を，生きていきたいと思います。「与生」は，余った人生

を文字通り表す受動的な「余生」とは異なるということです。与生を生きていくうえで素直に自然体で生きていきたい，と思っております。かつて平成の時代には，『LEON』という雑誌のおかげで「ちょいワルおやじ」という流行語が普及しました。今の令和時代には，もはや死語になってしまいましたが。しかし僕は，この言葉にならい，少しだけ日常を逸脱することで，さまざまな人や事物に出会う機会を増やし，何にでも興味をもてるような感性を磨いていかれれば，と思っています。さらに，「人間浴」を楽しみたい。谷口先生は，僕のこの造語を大変気に入って下さっています。森林のなかに入って癒しをえる森林浴のように，普段会えないような人，異なるバックグラウンドをもつ人などと，世代，国境，分野を超えて対話することで，五感の刺激をえる人間浴。これを楽しみ，自然体で与生を生きぬきたいと思っています。

将来世代へのメッセージ

永山：日本の未来，地球の未来をになう将来世代にたいするメッセージをお願いします。

進歩から脅威をへて課題へ

佐野：進歩，とくに科学技術の進歩は，たしかに人類に大きな恵みを与えてくれました。しかし他方で，人類が歴史的に積み上げてきた科学技術の進歩の成果によって，逆に大きな脅威がもたらされました。このように進歩が脅威へと変貌する局面を，われわれは目の当たりにしているわけです。そうした脅威によって，解決すべき一連の困難な課題が生み出されているのです。

人類は困難な課題をも克服できる

　ここでは，人類にとっての大きな4つの脅威を指摘しておきまし

ょう。第1に，異常気象を日常化させてしまった気候変動にかかわる地球環境問題です。第2に，核兵器です。原子力は，発電によってエネルギーをカバーできる一方，核兵器へと転用できるものなのです。第3に，デザイナーベイビーです。遺伝子のゲノム編集によって，とんでもない人間が生まれてくる可能性があります。第4に，今日よくいわれている生成AIです。これは，とてつもない進歩を意味します。生成AIによって，言語が乗っ取られてしまう可能性が指摘されています。これらの課題が若者たちの前に立ちはだかっているのです。しかし僕は，基本的にはまったく心配しておりません。といいますのも，人類がつくったものは，人類が自分たちの手で解決できる，と信じているからです。もちろん，そうした課題を若者に残してしまったのは，われわれの世代にも責任があるのです。

若者に望むこと

ここで僕は，将来世代の若者への望みを6つ示したいと思います。第1に，国際感覚を身につけてほしい。世界をつねに意識してほしいということです。世界の人たちと対話できる能力を身につけて頂きたい。海外経験もできる限り積極的に。僕は駐在経験はありませんが，仕事の関係で100回以上は国と国とを行ったり来たりしていました。そのおかげで，少なからず国際感覚が身についたと思っています。これからのリーダーには，国際会議でチェアパーソンをつとめられるくらいの卓越したコーディネーション能力がほしいところです。第2に，総合知をもって頂きたい。個々の科学分野はもちろん大事ですが，それにとどまらず，社会科学，人文科学などを統合した総合知が，どうしても必要になってくると思います。総合知とは，人類にとって最も価値のある事柄は何かを見極める力だと思うのです。そういう意味でいえば，文系と理系とのあいだの境界はなく，さまざまな分野を越境することが必要です。第3に，2050年を目安にして，夢のある自分なりの未来のストーリーをつくって頂

きたい。これは，計画の工程表を示したロードマップとは違います。自分の楽しみや夢を反映した未来のストーリーをつくり，未来予測のトレーニングを積んで頂きたい。自分は2050年には，「このような人間になって，このようなことをしてみたい。そのためには，どうすればよいのだろうか」と。第4に，「人間とは何か」という問いを追求し続けて頂きたい。自分の経験をつうじて，人間本性や人間の価値について探っていくのです。難しいテーマですが，今ほどそれが必要な時代はないのかもしれません。第5に，「衆知の園」を楽しんで頂きたい。異分野の人たちと大いに交わってほしいです。あらゆる境界を超えて越境的な経験を積み重ねることで，地球規模のとがった創発力を身につけて頂きたい。これは，谷口先生のいう「越境力」を身につけるということです。第6に，「真善美」を心の糧としてたゆまぬ努力を続けて頂きたい。僕は，台湾のある友人から聞いたのですが，「真善美」とは，いつの時代にも変わることのない普遍的な価値を表します。あるいは，理想といってもよいかもしれません。自分の到達地点を細かく把握するのは，難しいことだと思いますし，人によってそれぞれだとも思います。しかし，「こうありたい」「こうあるべき」といった理想を，日常生活のなかでももつ必要があると思います。

若者が政治の実情を知るためにすべきこと

永山：せっかくの機会ですので，追加の質問をさせて下さい。若者が政治の実情を知るために適切な情報にアクセスする手段として，何が最も適切だと思われますか。若者が知識を平等にできる限りたくさん人たちと共有しながら国家理念をつくっていくためにも，この点についてご意見を伺いたいのです。

理屈と現場の両利き

佐野：たとえば，「予算を決める仕組みはどうなっているのか」という問題を設定してみましょう。予算が各省庁から上がってくる。それを財務省が総括して考え，予算委員会で議論するなどといった一連のプロセスを，まずは自分で勉強してみたらよいでしょう。たとえば，「老人医療にどれだけの予算が必要となるか」などの個々のテーマについては，それを管轄する省庁が理屈をつけて書いています。国家予算の決定について理屈だけ勉強しようと思えば，一連のプロセス，流れというものを勉強すれば理解できるはずです。今，省庁から詳細な白書が出ているわけです。たとえば，防衛白書などをみると，防衛省の予算が約7兆円規模で，なぜそれが必要なのかが仔細に書かれています。まず，理屈だけ勉強しようと思うのであれば，白書を活用して一連のプロセスを知ることが一番の近道ではないでしょうか。さらに，もしどこかの省庁に興味をもったのであれば，現場に自分で行き，「なぜそれだけの予算が必要なのか」を現地現物で調査し，汗をかきながら実践することも必要でしょう。理屈を勉強するだけですと単なる頭でっかちとなり，もし何か大きな困難にぶつかったときに現場を知らないとなると，弱みを露呈してしまうことになってしまいます。政治の実情を理解するには，理屈と現場の両利きが不可欠だと思います。

わが師 松下幸之助

谷口：佐野前塾長は，「経営の神様」として知られる松下幸之助翁より直接的な薫陶をうけられた方です。彼から軒並み訪問により，PHP思想を普及せよ，との命をうけ，15,000軒ほど営業で回られたそうです。それによって「実にさまざまなタイプの人に会い，人情の機微にふれることができたことが，人生の財産だ」と，かつて述べておられました。幸之助翁は，佐野前塾長に何を期待されてい

たのでしょうか。さまざまな人々に会うなかで，最も印象的だった
人物のタイプやエピソードをお聞かせください。

突然，月刊誌『PHP』の営業を命じられる

佐野：入社して3年目だったでしょうか。僕が松下電池工業（1979
年に松下電器より分離・独立，現在のパナソニックエナジー）で仕事を
していたときの話です。ある日突然，上司に「床屋に行ってこい」
といわれました。はじめて社用車に乗せてもらったまではよかった
のですが，車のなかで「今から松下幸之助会長と会う」といわれた
のです。わけもわからぬまま，床屋で髪を切って社用車に乗り，連
れていかれた先は，松下会長の部屋でした。会長は，月刊誌
『PHP』をつくったときの思いや考え方を熱心に話して下さいまし
た。

　松下会長は，「月刊誌『PHP』の販売部数を100万部にしたい」
というのです。当時は，5万部ぐらいしか売れてなかったと思いま
す。40万部ぐらい印刷していましたが，その多くを無料でお客様
などに配布していたようです。100万部にしたら，世の中に影響を
与えるようになるだろうということで。そして，「君は明日から京
都のPHP研究所に行きなさい」といわれました。いきなり「明日
から」といわれたのです。僕はその月刊誌をとっていましたが，あ
まり熱心に読んでいませんでした。ですから，いろいろと話を聞い
ても，ピンときませんでした。その際，会長は，「一軒一軒訪問し，
『PHP』を読んでもらいなさい」といわれました。そして，「八百
屋であろうと，八卦であろうと，とにかく1軒たりともパスしては
いけない」と。

　僕には，「1軒たりともパスしてはいけない」と松下会長からい
われた意味がよくわからなかったのですが，実際に軒並訪問の仕事
をしてみてはじめて，その意味することがわかりました。一軒パス
してしまうと，その後で仕事をするのがいやになってしまうのです。

会長も昔，リヤカーに電池ランプを積んで一軒一軒売り歩いて同じような体験をされたのだろうなと，頭のなかで想像できるようになりました。4年間で1万5,000軒ほど回ったでしょうか，ただし，1軒あたり2回訪問したので，のべ3万件ぐらい回ったことになるわけです。毎日30-40軒くらい回っていました。はじめに，自分なりに『PHP』について理解した主旨を説明し，気に入ってもらったら買って頂くわけです。当初は，100軒回っても1軒も買ってもらえませんでした。最後の頃は，今の読売ジャイアンツのチーム打率程度の2割5分から3割ほどの割合で買って頂けるようになりました。そして，大学生にもアルバイトで来て頂きました。彼らには，『PHP』の主旨や売り方を教えるロール・プレイイングをよくやったものです。

営業をつうじて人情の機微にふれる

実は，僕は生来はずかしがり屋で人見知りの強い性格でした。この仕事をつうじていろいろなことを勉強させて頂きました。たくさんの人に会うことで，人情の機微にふれられたように思います。世田谷区あたりの高級住宅街のお宅を訪問すると，当時は普通にインターホンがあったので，僕がそこで「ピース・アンド・ハッピネス…」などと話し出すと，「そんな薬はいらない」とインターホンのスイッチをおもむろに切られてしまうこともありました。そんなときほど，インターホンを恨めしく思ったことはありません。今，僕の家にもインターホンがついていますが，そうした苦い経験があったせいか，誰かが訪問してきた際には，できるだけ丁寧に対応するよう心がけております。逆に，横浜市鶴見区や川崎市あたりの中小企業が集積した工場街では，とりわけ人情の機微を感じたものです。ある会社では，「幸之助さんの本ならおいていけ」といって頂いて。そして，「自分には説明できないから，夜に出直してきて，うちの社員に説明しろ」とまでいって頂きました。説明が終わった後には，

わざわざ僕を屋台へ連れてって下さり，「ご苦労さん」の言葉と酒とともに労をねぎらって頂いたこともあります。僕は，この軒並訪問をつうじて厚い人情を感じました。モノを売ることの難しさというか，おカネをもらうことは実に難しいことだ，と教えて頂きました。それまでの僕は，モノを売っておカネを頂くという経験をしたことがありませんでした。

　当時の書店業界は，委託販売の慣行でした。会長は，僕に「1年分のおカネを先払いして頂くように」ともいいました。当時は，給料が2万5,000円ほどの時代です。おカネをもらうことの難しさを，やはり痛感しました。とくに，PHP（Peace and Happiness through Prosperity：繁栄をつうじた幸福と平和）のような理念を説明することは，非常に難しいのです。しかも，1軒あたりの訪問では実に短い時間しか与えられないので，なおさらです。会長は，よくいわれるわけです。「占い師でも八百屋さんでも，とにかくみんなに買ってもらえ」「1軒たりともパスしてはならない」と。とはいえ，僕は実際にさぼることもありました。それで，自分の弱さも知りました。しかし会長は，先払いのような厳しい要件を平然と僕たちに求めたのです。『PHP』は1冊あたり100グラムですので，30冊で3キロくらいになるでしょう。カバンのなかには，冊子の他に水筒や書類などを入れると，5-6キロにもなるわけです。夏に30軒訪問すると，結構重たいと感じたものです。

一流経営者の直感

　訪問先のほとんどが，普通の家庭でした。昼間の訪問が多かったので，主婦に対応して頂くことがほとんどでした。当時の主婦は，『PHP』などには興味がなかったようです。一番印象に残ったのは，たまたま訪問した先に東京コカ・コーラボトリング（元は東京飲料，現在のコカ・コーライーストジャパン）のファウンダーである高梨仁三郎氏（日本におけるコカ・コーラ事業の創始者）がおりました。僕

が飛び込み営業で入っていったら，偶然にもご本人が出てきて下さった。部屋のなかに招いて頂き，こちらが説明を終えると，3万冊購入を即断して下さいました。1日に何冊しか売れない月刊誌を3万冊も。しかも，金庫から現金を150万円出してきて即，現金払いして頂きました。領収書を切る手がふるえていました。そして，京都の本社に電話を入れたのですが，「そんなに多くは用意できない」といわれてしまいました。僕は，「高梨様，大変申し訳ないのですが，在庫がないので古い号でもよろしいでしょうか」と懇願するしかありませんでした。結局，彼は了承して下さり，ベンディング・マシンにコカ・コーラを充てんする従業員はもちろんお客様にも配布する，といっておられました。やはり一流経営者同士は，お互いいわずもがなで「ピンとくるものだな」と感じた次第です。「松下さんの本なら読みますよ」，彼がいわれた言葉はそれだけだったのです。印象に強く残りました。おそらく彼は，松下幸之助翁の考え方に共鳴していたのかもしれません。もちろん，僕みたいな若手の飛び込み営業に同情して下さった面もあるでしょう。

自分とのたたかい

　普段は，100軒回っても80軒は断られてしまうのですから，自分の力不足を棚に上げて人間は冷たいものだと思っていました。当時，月刊誌『PHP』の知名度は，関東ではゼロに近かったのです。そういう意味で，断られてしまうのは当然だったのでしょう。あるとき，夫婦ゲンカ真最中の家庭を訪問した際には，アパートの前でケンカが終わるのを待たされたこともあります。僕は，「ごめん下さい」といって「ピース・アンド…」とはじめたものですから，「やかましい」といわれ，モノを投げつけられてしまいました。このように，つらいことは日常茶飯事でしたから，営業とは「そういう仕事だ」と腹をくくって前進するしかなかったのです。僕が松下電器に入社したかった当時は，カラーテレビが全盛期でした。なぜテレ

ビではなく冊子を売っているのだろうか。そして，週休2日制の会社に入社したはずなのに，なぜ土曜日もフルで働いているのだろうか。幸之助会長が掲げる高貴な理想にたいして，僕自身，内心ある種の葛藤を抱きながら仕事をしていたこともありました。僕は，仕事がつらくなり，仕事をさぼって芦ノ湖にボートを漕ぎに行ったこともありました。自分の弱さを突きつけられ，「自分は情けない人間だ」と思いながら，せつなくボートを漕いだ思い出があります。しかしよく考えてみると，誰かとあってつらいというより，むしろ自分とのたたかいのほうが，よりつらかったように思います。自分との葛藤です。お客様は，千差万別なのですから，ある意味では仕方のないことだったのです。

「猛獣」のケイパビリティをイノベーションに結晶化

谷口：佐野前塾長は，かつて松下電器時代に，組織になじまない有能な人，すなわち「猛獣」を集め，彼らを「奇人変人」として再配置することでイノベーションを生み出す，いわば「猛獣使い」だったと伺っております。「猛獣」とはどのようなタイプの人間なのでしょうか。なぜ「猛獣」にこだわられたのでしょうか。そして猛獣使いのコツは何だったのでしょうか。

「奇人変人」は，奇才にめぐまれた希少人材にして変化の達人
佐野：この質問については，あまり系統立ててお話しする機会がこれまでありませんでした。「奇人変人」という言葉は，文字通りの解釈だとポリコレ（ポリティカル・コレクトネスの略称）の観点から不適切だと思われるでしょう。そもそも僕は，この言葉を「奇才にめぐまれた希少人材にして変化の達人」という特殊な意味でつかってきました。このインタビューでも，これまでと同様，この特殊な意味でつかうので注意してほしいと思います。くれぐれも誤解しな

いようお願いします。

「奇人変人部」部長との運命的な出会い

　僕が会社にいたとき，1人の人物が訪ねてくるところから話ははじまります。僕は，その1年半後に本社に行くことになるわけですが，その人物は，本社の問題点を長々と語りはじめるわけです。当時の僕は，電池を担当していたので，彼が突然訪問してきて本社の話をする意図がまったく読めませんでした。彼は，熱く語り続けるだけで，いっこうに帰るそぶりをみせませんでした。そこで，僕は仕方なく秘書に目配せをして，帰って頂くように促してもらいました。彼こそ，「奇人変人部」部長になった人物にほかなりません。僕が1年半後に本社に移籍すると，彼が偶然にも本社にいたわけです。しかも，窓際に…。

　本社に行って僕が最初にしたことといえば，国内外のお客様30数社を訪問し，松下電器にたいする意見を求めて情報収集を続けたことでした。よい部分が3割程度とすれば，「こうしてほしい」という要望は7割もありました。そのなかの1社は，「松下さんとおつきあいしたいが，現場はコストと納期の話しかしない」と。続けて，「松下さんはいい技術をもっているのに，いつも後出ししている」というのです。

「奇人変人」がつくった「テクノストーリー」，
そして「テクノストーリー」がつくった「奇人変人」

　仕事をすすめていくなかで組織をつぶさに観察していると，ユニークな希少人材が存在していることに気がつきました。たとえば「語学が達者」「原価計算が得意」「地域社会に貢献している」「歌がうまい」など特別な何かをもっているのに，組織のなかではどうもうまくいかない，といった感じでした。僕は，すぐれたケイパビリティをもっているにもかかわらず元気のない人を，元気にする方法

は何かないだろうかと、ふと思ったのです。ある日、僕は人事部長に来てもらって、彼に「新しいチームをつくりたいので、社内からそういう人を集めてほしい」と依頼しました。実は彼も、すでにそういう人たちの存在と課題を把握していて、翌日にはリストをつくってもってきてくれたのです。「奇人変人リスト」を。もちろん、そうは書いてありませんでしたが。人事部長は、「人材リスト」というタイトルで、有能だが何となく元気のない人を集めてくれました。

　人事部長に「ところで、このチームのミッションは何ですか」と聞かれ、「考えてない」と答えました。そして、「ただ3か月から半年ほど自由に行動させてみたい」と続けました。すると彼は、「ダメです。そうでなくても、あの人たちは変わっているので、メチャクチャになりますよ」と、いささか否定気味な答えが返ってきました。僕は、彼にたいしてうまい言葉がすぐにみつからなかったので、「君もあの連中と同じ『奇人変人』だ」と返しました。すると今度は、「お言葉ですけど、佐野さんも同類だと思います。行動がまったく読めません」とやられてしまったのです。今でも、彼と会うたびにその話になります。結局、新しいチームのメンバーには、3か月ほど好きなことをしてもらいながら、「自分のチームが何をするか」をまとめてもらうというミッションを、人事部長経由で言及をしてもらいました。3カ月が経過し、彼らは、お客様とのコミュニケーションがあまりに現実的すぎて将来の夢がないという会社の問題を明らかにし、自分たちのチームで会社とお客様とのかけ橋になるような夢のある新しいマーケティングの仕組みづくりを提案してきました。後に、谷口先生もご存知の「テクノストーリー」になっていきました。また彼らは、自分たちの仕事と役割を明確にすべく、そのチームの名前も「テクノストーリー推進室」としました。それは、私の考えとまったく同じものだったのです。特許もとって、冊子にまとめました。

テクノストーリーを最初に理解して下さったのが，アップルでした。現在のCEOティム・クック（Tim Cook）は当時，調達本部長をつとめ，日本に何度も来ていました。僕も，彼には10回ぐらい会いましたが，互いの成果を語りあいながら，将来を見通し，互いに技術や知識を出しあっていこうと，よく議論したものです。将来を見通すというテクノストーリーの試みについては，ノキア（Nokia）やIBMなどの外国企業のほうが，日本企業より反応がよかったように思います。日本人は，どちらかというと現実的な直近の話になりがちでした。

　テクノストーリーはマニュアル化されましたが，そのなかには，言葉ではカバーしきれないさまざまなノウハウがつまっているのです。それは，お客様とのやり取りのなかでさらに進化しうる仕組みとなっているものでした。テクノストーリーを生み出した新しいチームは，次第に実績を上げてきました。そのメンバーは，だんだん自信をつけて，自分たちで「俺たちは奇人変人だ」といいはじめた次第です。持ち前のすぐれた能力を発揮して元気になり，テクノストーリーによって奇跡的な変化をもたらしたのです。まさに奇人変人とは，変化の創造に成功した彼らにとって，自分たちの奇才を表現する自信に満ちた言葉にほかならないのです。

互いに大きな夢を実現する

　結局，テクノストーリーは，褒めることの少ない中村邦夫 松下電器社長（当時）からめずらしく褒められ，社長賞を頂くことになりました。チームのメンバーは，支給された金一封で酒を飲み，大きく散財したようです。僕には，ボールペン1本しかよこしてくれませんでしたが。何が本当の成果だったかをふり返ってみると，テクノストーリーによって，彼ら「奇人変人」のよき人生観がつくられたことだと思うのです。彼らは，希少人材として高い能力をもっているのに窓際へとはずされ，会社生活のなかでつらい思いしてい

たわけです。しかし，大きな夢のつまったテクノストーリーをつくり，真の意味での「奇人変人」となって，社長賞をもらい，高い成果を達成しました。彼らの多くは，会社生活を誇り高く終えて，今では自由に趣味を楽しんでいます。僕は彼らの上司でしたが，彼らのほうが豊かな人生をすごしてきたし，すごしているのではないでしょうか。本当によかったです。後にチームには女性社員も入ってきましたから，どちらの意味にせよ「奇人変人」などとはいえなくなってしまいました。時代が移り変わるなかで，「奇人変人」がつくったテクノストーリーには，時代に適応させるために変えていかなければならない部分もあるでしょう。しかし，お客様と語りあいながら互いに大きな夢を実現するというそのスピリットは，いまだに色あせていないように思います。

あとがき

　本書は，編著者の1人である私が慶應義塾大学商学部で2013年に開講した講義「会社と持続可能性」の内容をベースに企画・編集したものである。その講義において，前半ではサステナビリティ時代の会社と資本主義の共時的な比較制度分析，そして後半では日本の政治経済システムと福島第一原発事故の通時的な比較制度分析について中心的に議論してきた。通常の講義に加えて特別講義を企画し，実務家の方々を三田キャンパスにお招きするなどしてさまざまなお話を伺ってきた。本書に登場する方々の多くは，趣旨に賛同して特別講義に登壇して下さった方々である。なかでも，本書の編著者として名を連ねて頂いた河原茂晴氏と髙部大問氏には，コロナ禍のため対面形式の講義ができないなかコンテンツを充実させるべく特別講義をして下さっただけでなく，さまざまな助力・助言を頂いた。そして結果的に，本書の企画・編集・インタビューなどにも加わって頂くこととなった。

　さらに，特別講義に講師として加わって下さった方々のなかで，とくに本書のテーマにふさわしい取り組みをされている青井浩 丸井グループ代表取締役社長 代表執行役員 CEO，そして権浩子 子どもの食卓代表取締役社長には，インタビューをつうじて特別講義の内容を深掘りする機会を頂戴した（それぞれ順に，2023年7月14日，2023年6月22日に実施）。そして，平素よりリーダー教育について指導・助言を頂いている佐野尚見 松下政経塾前塾長・パナソニックホールディングス（以前は松下電器）元代表取締役副社長にも，インタビューをさせて頂いた（2023年6月30日に実施）。お三方には，貴重なお話とお時間を頂戴したことにたいして，ここであらためて

245

お礼を申し上げたい。また，お三方のインタビュー（第III部 インタビュー編として所収）には，起業を経験し社会で活躍されている永山直氏，および私の研究室にインタビュー時点で所属していた大学院生の黄胤寧氏，石天晨氏，パニル・トマセン（Pernille Thomassen）氏にも参加して頂き，編集のサポートなどを頂いた。

　本書の「第I部 理論・分析編」（第1章から第3章）および「第II部 事例研究編」（第4章から第6章）は，すでに発表された以下のオリジナルな論文をベースに，本書の各担当者が新たに編集・加筆をすることで発展させたものであることを申し添えておく。すなわち，

第1章：谷口和弘（2024）「サステナビリティ時代におけるコーポレート・エコノミーの行方（1）」『三田商学研究』66（6），近刊．および谷口和弘（2024）「サステナビリティ時代におけるコーポレート・エコノミーの行方（2）」『三田商学研究』67（1），近刊．

第2章：谷口和弘（2022）「会社と持続可能性──序説」『三田商学研究』65（1），69-91.

第3章：谷口和弘・高部大問（2023）「国家のサステナビリティと政治経済における大衆化の進展──試論（I）」『三田商学研究』66（4），23-43. および谷口和弘・高部大問（2024）「国家のサステナビリティと政治経済における大衆化の進展──試論（II）」『三田商学研究』66（6），近刊．

第4章：谷口和弘（2022a）「サステナビリティ経営の小田原モデル（I）」『三田商学研究』65（4），13-26. および谷口和弘（2022b）「サステナビリティ経営の小田原モデル（II）」『三田商学研究』65（6），13-27.

第5章：谷口和弘・河原茂晴（2023）「ROEを超えて──サステナビリティ経営とパーパス」『三田商学研究』66（1），85-99.

第6章：谷口和弘（2022c）「丸井グループのサステナビリティ経営──（I）事例研究」65（2），11-25. および谷口和弘（2022d）「丸井グループのサステナビリティ経営──（II）分析」65（2），27-44.

　なお，本書には，慶應義塾大学学事振興資金による学術補助をうけた研究成果が含まれている．そして，本書を執筆するにあたって，

いろいろな方々にお世話になった。とくに，前掲のオリジナルな論文にかかわり，その発表後も引き続きやり取りをさせて頂いた方々，および特別講義にご登壇・ご協力頂いた方々については，以下に記すことで重ねてお礼を述べさせて頂きたい（所属先・職位は，本書の執筆時点）。すなわち，阿久根直智氏（KPMG，FAS執行役員パートナー），マーク・フルーエン（Mark Fruin）教授（サンノゼ州立大学マネジメント・スクール研修教授），稗田政秋氏（松下政経塾研修局長），樋口敦士氏（Hamee代表取締役会長），市川晃氏（住友林業代表取締役会長），市川泰憲氏（日本カメラ博物館運営委員），神藏孝之氏（イマジニア代表取締役ファウンダー），金子一也氏（松下政経塾塾頭），小林喜光氏（東京電力ホールディングス取締役会長），草山明久氏（報徳二宮神社宮司），許伸江教授（跡見学園女子大学教授），アシュラフ・ラビブ（Ashraf Labib）教授（ポーツマス大学企業法学部教授），李維安教授（南開大学中国コーポレート・ガバナンス研究院長），トゥイ・マクリーン（Tui McLean）氏（BBC編集者），故蓑宮武夫氏（ほうとくエネルギー前代表取締役社長），中島功太郎氏（松下政経塾研修局募集採用部長），鈴木博晶氏（鈴廣かまぼこ代表取締役社長），遠山敬史氏（松下政経塾塾長），内田裕子氏（イノベディア代表），外郎藤右衛門氏（ういろう第25代当主），渡辺智子氏（慶應義塾大学商学部元訪問研究員），山木和人氏（シグマ代表取締役社長CEO），楊錦華教授（帝京大学経済学部教授），座間和香奈氏（丸井グループ総務部広報室長）にたいしてである。ただし，本書に含まれた意図せざる過誤については，編著者の責任であることをここに記しておきたい。

　最後に，本書の企画・編集を主導して下さった永田透氏にお礼を述べさせて頂きたい。彼には，故青木昌彦教授の原著（Aoki, 2010a）の日本語訳『コーポレーションの進化多様性──集合認知・ガバナンス・制度』（2011年，NTT出版）以来，NTT出版から慶應義塾大学出版会へと移籍された後の今でも大変お世話になっている。想い起せば，私と河原氏との出会いも青木先生を介したものであっ

た。しかし，本書の出版にいたるまで，前著『日本の資本主義とフクシマ──制度の失敗とダイナミック・ケイパビリティ』（2012年，慶應義塾大学出版会）の出版から約12年近くもの年月が経過してしまった。

　残念なことに，そのあいだに青木先生は鬼籍に入られた。さらに，永田氏を同出版会へと招き入れ，私の前著などを担当して下さった編集者の島崎勁一氏も青木先生の後に続かれた。私の比較制度分析研究を指導・支援して下さったお二方が亡くなられたことは，個人的にはうけいれがたく，とてもつらい出来事であった。本書を含め，今後も比較制度分析を中心とした研究・教育の成果を世に出すことによって，せめてお二方よりうけた恩義と知見を将来世代へとつないでいけたらと思う。この思いを今ここに記すとともに，お世話になったお二方にお礼を申し上げることで，このあとがきを結びたい。

2024年1月
三田にて
谷口和弘

参考文献

Abell, P., Felin, T., Foss, N.J. 2008. "Building micro-foundations for the routines, capabilities, and performance links," *Managerial and Decision Economics*, 29（6）, 489-502

Acemoglu, D., Robinson, J.A. 2012. Why Nations Fail: The Origins of Power, Prosperity, and Poverty. Crown: New York（鬼澤忍訳『国家はなぜ衰退するのか——権力・繁栄・貧困の起源（上・下）』ハヤカワ文庫NF, 2016年）

Adner, R., Helfat, C.E. 2003. "Corporate effects and dynamic managerial capabilities," *Strategic Management Journal*, 24（10）, 1011-25

Aguilera, R. V., Rupp, D. E., Williams, C. A., Ganapathi, J. 2007. "'Putting the S back in corporate social responsibility: a multilevel theory of social change in organizations," *Academy of Management Review*, 32（3）, 836-63

Aguinis, H., Glavas, A. 2012. "What we know and don't know about corporate social responsibility: a review and research agenda," *Journal of Management*, 38（4）, 932-68

Ainslie, G.（1986）, 'Beyond microeconomics: conflict among interest in a multiple self as a determinant of value,' In: Elster, J.（Ed.）, *The Multiple Self*. Cambridge University Press, Cambridge, pp 133-75.

Akerlof, G.A., Kranton, R.E. 2000. "Economics and identity," *Quarterly Journal of Economics*, 115（3）, 715-53

Akerlof, G.A, Kranton, R.E. 2010. *Identity Economics: How Our Identities Shape Our Work*, Wages, and Well-Being. Princeton University Press, Princeton（山形浩生・守岡桜訳『アイデンティティ経済学』東洋経済新報社, 2011年）

青井浩. 2017.「顧客に寄り添う『共創経営』で未来志向のビジネスモデルを創造する」『ダイヤモンド・チェーンストア』3月15日号, pp 45-7

青井浩. 2018.「統合報告で社内をひとつに——トップが関与し"ESG 銘柄"に」『日経 ESG』5月号, pp 34-5

青井浩. 2019a.「企業変革3つの施策——事業を変え，組織を変え，社員を変え，これからも成長し続ける」『DIAMONDハーバード・ビジネス・レビュー』7月号, pp 36-47

青井浩. 2019b.「丸井グループの価値共創経営」川北英隆・奥野一成編『経営者はいかにして，企業価値を高めているのか？』ダイヤモンド社, pp 90-113

青井浩. 2019c.「新しい発想の源は顧客の声にある」『日経トップリーダー』9月号, pp 18-21

青井浩. 2022a.『サステナビリティ経営の神髄——丸井グループ社長 青井浩が賢人と解く』日経 BP

青井浩. 2022b.「丸井グループのサステナビリティ経営」慶應義塾大学特別講義資料, 1月19日

Aoki, M. 1992. "The Japanese firm as a system of attributes: a survey and research agenda," In: Aoki, M., Dore, R. (Eds.), *The Japanese Firm: Sources of Strength*. Oxford University Press, New York, pp 11–40

Aoki, M. 1984. *The Co-operative Game Theory of the Firm*. Oxford University Press, Oxford. (青木昌彦『現代の企業——ゲームの理論からみた法と経済』岩波書店, 1984年)

Aoki, M. 1990. 'Toward an economic model of the Japanese firm,' *Journal of Economic Literature*, 28 (1), 1–27.

青木昌彦・奥野正寛・岡崎哲二. 1999.「はしがき」青木昌彦・奥野正寛・岡崎哲二編『市場の役割 国家の役割』東洋経済新報社, iii–x

Aoki, M. 2001. *Toward a Comparative Institutional Analysis*. MIT Press, Cambridge, MA. (瀧澤弘和・谷口和弘訳『比較制度分析に向けて』NTT 出版, 2001年)

Aoki, M. 2010a. *Corporations in Evolving Diversity: Cognition, Governance, and Institutions*. Oxford University Press, Oxford. (谷口和弘訳『コーポレーションの進化多様性——集合認知・ガバナンス・制度』NTT 出版, 2011年)

Aoki, M. 2010b. "Understanding Douglass North in game-theoretic language," *Structural Change and Economic Dynamics*, 21 (2), 139–146

Aoki, M. 2011. "Institutions as cognitive media between strategic interactions and individual beliefs," *Journal of Economic Behavior and Organization*, 79 (1–2), 20–34

Argyres, N. 2011. "Using organizational economics to study capability development and strategy," *Organization Science*, 22 (5), 1138–43.

Badaracco, J.L. 2002. *Leading Quietly: An Unorthodox Guide to Doing the Right Thing*. Harvard Business School Press, Boston (夏里尚子訳『静かなリーダーシップ』ダイヤモンド社, 2002年)

Badaracco, J.L. 2013. *The Good Struggle: Responsible Leadership in an Unforgiving World*. Harvard Business Review Press, Boston (山内あゆ子訳『ひるまないリーダー』ダイヤモンド社, 2014年)

Bainbridge, S.M. 2004. "The business judgment rule as abstention doctrine," 57 (1), *Vanderbilt Law Review*, 83–130

Bainbridge, S.M. 2022. "Why we should keep teaching Dodge v. Ford Motor Co." *Journal of Corporation Law*, 48 (1), 77–119

Baldwin, C. Y. 2023. "Design rules: past and future," *Industrial and Corporate Change*, 32 (1), 11–27

Bansal, P., Roth, K. 2000. "Why companies go green: a model of ecological responsiveness," *Academy of Management Journal*, 43 (4), 717–36

Bapuji, H., Husted, B.W., Lu, J., Mir, R. 2018, "Value creation, appropriation,

and distribution: how firms contribute to societal economic inequality,"
Business & Society, 57 (6), 983–1009.

Barnard, C.I. 1938. *The Functions of the Executive*. Harvard University Press,
Cambridge, MA(山本安次郎・田杉競・飯野春樹訳『新訳 経営者の役割』
ダイヤモンド社, 1956年)

Barney, J.B. 1991. "Firm resources and sustained competitive advantage,"
Journal of Management, 17 (1), 99–120

Barney, J.B. 2002. *Gaining and Sustaining Competitive Advantage*. Prentice-
Hall, Upper Saddle River, NJ.(岡田正大訳『競争優位の構築と持続（上）
（中）（下）』ダイヤモンド社, 2003年)

Baron, D.P. 2001, "Private politics, corporate social responsibility, and
integrated strategy," *Journal of Economics and Management Strategy*, 10
(1), 7–45

Barzel, Y. 1982. "Measurement cost and the organization of markets," *Journal
of Law and Economics*, 25 (1), 27–48

BBC. 2019, "Paris climate accords: US notifies UN of intention to withdraw,"
November 5, https://www.bbc.com/news/world-us-canada-50297029

BCG, Heidrick & Struggles, and INSEAD Corporate Governance Centre.
2023. "The Role of the Board in the Sustainability Era," https://www.
heidrick.com/-/media/heidrickcom/publications-and-reports/the-role-of-
the-board-in-the-sustainability-era.pdf

Bechuk, L.A. Tallarita, R. 2020. "The illusory promise of 'stakeholderism':
why embracing stakeholder governance would fail stakeholders," In:
Zingales, L., Kasperkevic, J., Schechter, A. (Eds.), *Milton Friedman 50
Years Later*. Stigler Center, Chicago, pp 26–30

Bechuk, L.A., Tallarita, R. 2022. "Will corporations deliver value to all
stakeholders?" *Vanderbilt Law Review*, 75 (4), 1031–91

Bénabou, R. 2008. "Ideology," *Journal of the European Economic Association*,
6 (2–3), 321–52

Bénabou, R., Tirole, J. 2002. "Self-confidence and personal motivation,"
Quarterly Journal of Economics, 117 (3), 871–915

Bénabou, R., Tirole, J. 2004. "Willpower and personal rules," *Journal of
Political Economy*, 112 (4), 848–86

Bénabou, R., Tirole, J. 2010. "Individual and corporate social responsibility,"
Economica, 77 (305), 1–19.

Bergek, A., Berggren, C., Magnusson, T., Hobday, M. 2013. "Technological
discontinuities and the challenge for incumbent firms: destruction,
disruption or creative accumulation?" *Research Policy*, 42 (6–7), 1210–24

Berle, A.A. 1931. "Corporate powers as powers in trust," *Harvard Law
Review*, 44 (7), 1049–74

Berle, A.A. 1954. *The Twentieth-Century Capitalist Revolution*. Harcourt,
New York(桜井信行訳『二十世紀資本主義革命』東洋経済新報社, 1956年)

Berle, A.A. 1959. *Power Without Property: A New Development in American*

Political Economy. Harcourt, New York（加藤寛・関口操・丸尾直美訳『財産なき支配』論争社, 1960年）

Berle, A.A., Means, G.C. 1932/2000. *The Modern Corporation and Private Property*. William S. Hein, New York.（森杲訳『現代株式会社と私有財産』北海道大学出版会, 2014年）

Bernacchio, C., Foss, N.J., Lindenberg, S. 2024. "The virtues of joint production: ethical foundations for collaborative organizations." *Academy of Management Review* 49（1）, 155–81.

Bettis, R.A., Prahalad, C.K. 1995. "The dominant logic: retrospective and extension," *Strategic Management Journal*, 16（1）, 5–14

Bhaskar, R. 1978. *A Realist Theory of Science*. Harvester-Wheatsheaf, Brighton（式部信訳『科学と実在論──超越論的実在論と経験主義批判』法政大学出版局, 2009年）

Bies, R.J., Bartunek, J.M., Fort, T.L., Zald, M.N. 2007. "Corporations as social change agents: individual, interpersonal, institutional, and environmental dynamics," *Academy of Management Review*, 32（3）, 788–93

Binnie, I., Kerber, R. 2023. "DeSantis signs sweeping anti-ESG legislation in Florida," May 3, https://www.reuters.com/business/sustainable-business/desantis-signs-sweeping-anti-esg-legislation-florida-2023-05-02/

Blair, M. M. 2003. "Locking in capital: what corporate law achieved for business organizers in the nineteenth century," *UCLA Law Review*, 51（2）, 387–455

Bossink, B. 2012. *Eco-innovation and Sustainability Management*. Routledge, New York

Bowles, S., Gintis, H. 1976. *Schooling in Capitalist America: Educational Reform and the Contradictions of Economic Life*. Basic Books, New York

Bowman, C., Ambrosini, V. 2000. "Value creation versus value capture: towards a coherent definition of value in strategy," *British Journal of Management*, 11（1）, 1–15

Bowman, C., Ambrosini, V. 2010. "How value is created, captured and destroyed," *European Business Review*, 22（5）, 479–95

Caesar. 1917. *The Gallic War*. Harvard University Press, Cambridge, MA（近山金次訳『ガリア戦記』岩波書店, 1941年）

Chandler, A.D. 1971. "Business history as institutional history," In: Taylor, G. R., Ellsworth, L. S.（Eds.）, *Approaches to American Economic History*, University of Virginia Press, Charlotteville, pp 17–24

Chandler, A.D. 1977. *The Visible Hand: The Managerial Revolution in American Business*. Harvard University Press, Cambridge, MA.（鳥羽欽一郎・小林袈裟治訳『経営者の時代──アメリカ産業における近代企業の成立（上）（下）』東洋経済新報社, 1979年）

Chandler, A.D. 1990. *Scale and Scope: The Dynamics of Industrial Capitalism*. Harvard University Press, Cambridge, MA.（安部悦生・川辺信雄・工藤章・西牟田祐二・日髙千景・山口一臣訳『スケール・アンド・スコープ

　　　――経営力発展の国際比較』有斐閣, 1993年）

Chandler, A.D. 1992. "Organizational capabilities and the economic history of the industrial enterprise," *Journal of Economic Perspectives*, 6 (3), 79–100

Caney, S. 2018. "Justice and future generations," *Annual Review of Political Science*, 21, 475–93

Coase, R.H. 1960. "The problem of social cost," *Journal of Law and Economics*, 3 (Oct.), 1–44

Conner, K.R. 1991. "A historical comparison of resource-based theory and five schools of thought within industrial organization economics: do we have a new theory of the firm?" *Journal of Management*, 17 (1), 121–54

Crane, A., McWilliams, A., Matten, D., Moon, J., Siegel, D.S. 2008. "The corporate social responsibility agenda," In: Crane, A. Matten, D., McWilliams, A., Moon, J., Siegel, D.S. (Eds.), *The Oxford Handbook of Corporate Social Responsibility*. Oxford University Press, Oxford, pp 1–14

Dahrendorf, R. 1968. *Essays in the Theory of Society*. Routledge, London

Dasgupta, P. 2021. *The Economics of Biodiversity: The Dasgupta Review*. HM Treasury, London

Davidson, P. 1991. "Is probability theory relevant for uncertainty? a post Keynesian perspective," *Journal of Economic Perspectives*, 5 (1), 129–143

Davidson, P. 1996. "Reality and economic theory," *Journal of Post Keynesian Economics*, 18 (4), 479–508

Davidson, P. 2007. *John Maynard Keynes*. Macmillan, London（小谷野俊夫訳『ケインズ』一灯舎,2014年）

Deakin, S. 2012. "The corporation as commons: rethinking property rights, governance and sustainability in the business enterprise," *Queen's Law Journal*, 37 (2), 339–81

Deakin, S. 2017. "Tony Lawson's theory of the corporation: towards a social ontology of law," *Cambridge Journal of Economics*, 41 (5), 1505–23

Deakin, S. 2019. "The evolution of corporate form: from shareholders' property to the corporation as commons,' In: Clarke, T., O'Brien, J., O'Kelly, C.R.T. (Eds.), *The Oxford Handbook of the Corporation*. Oxford University Press, New York, pp 687–710

Deakin, S., Gindis, D., Hodgson, G.M., Huang, K., Pistor, K. 2017. "Legal institutionalism: capitalism and the constitutive role of law," *Journal of Comparative Economics*, 45 (1), 188–200

出町譲. 2015.『景気を仕掛けた男――「丸井」創業者・青井忠治』幻冬舎

Demsetz, H. 1967. "Towards a theory of property rights," *American Economic Review*, 57 (2), 347–59

Denzau, A.T., North, D.C. 1994. "Shared mental models: ideologies and institutions," *Kyklos*, 47 (1), 3–31

DesJardine, M.R., Marti, E., Durand, R. 2020. "Why activist hedge funds target socially responsible firms: the reaction costs of signaling corporate social responsibility," *Academy of Management Journal*, 64 (3), 851–72

Dodd, E.M. 1932. "For whom are corporate managers trustees?" *Harvard Law Review*, 45 (7), 1145–63

Donaldson, T. 1982. *Corporations and Morality*. Prentice-Hall, Englewood Cliffs, NJ

Donaldson, T. 2021. "How values ground value creation: the practical inference framework," *Organization Theory*, 2 (4), 1–27

Donaldson, T., Preston, L.E. 1995. "The stakeholder theory of the corporation: concepts, evidence, implications," *Academy of Management Review*, 20 (1), 65–91

Donham, W.B. 1927a. "The social significance of business," *Harvard Business Review*, 5 (4), 406–19

Donham, W.B. 1927b. "The emerging profession of business," *Harvard Business Review*, 5 (4), 401–5

Einolf, C.J. 2008. "Empathic concern and prosocial behaviors: a test of experimental results using survey data," *Social Science Research*, 37 (4), 1267–79

Elkington, J. 2018. "25 years ago I coined the phrase 'triple bottom line'. here's why it's time to rethink it," Harvard Business Review Digital Article, June 25, https://hbr.org/2018/06/25-years-ago-i-coined-the-phrase-triple-bottom-line-heres-why-im-giving-up-on-it

EPI. 2020. Enacting Purpose within the Modern Corporation: A Framework for Board of Directors.

Enacting Purpose Initiative. https://enactingpurpose.org/assets/enacting-purpose-initiative---eu-report-august-2020.pdf

Felin, T., Foss, N.J. 2011. "The endogenous origins of experience, routines and organizational capabilities: the poverty of stimulus," *Journal of Institutional Economics*, 7 (2), 231–56

Flemming, L. 2004. Perfecting cross-pollination. *Harvard Business Review*, 82 (9), 22–4

Foss, N.J. 1998. "The competence-based approach: Veblenian ideas in the modern theory of the firm," *Cambridge Journal of Economics*, 22 (4), 479–95

Foss, N.J. 2011. "Why micro-foundations for resource-based theory are needed and what they may look like," *Journal of Management*, 37 (5), 1413–28

Foss, N.J. 2014. "Toward an organizational economics of heterogeneous capabilities," *International Journal of the Economics of Business*, 21 (1), 15–9

Foss, K., Foss, N.J. 2022. *Economic Microfoundations of Strategic Management: The Property Rights Perspective*. Palgrave Macmillan, London

Foss, N.J., Grandori, A. 2020. "Entrepreneurship and the firm: a conversation on foundations and prospects," *Industrial and Corporate Change*, 29 (3), 581–98

Foss, N.J., Lindenberg, G. 2013. Microfoundations for strategy: a goal-framing perspective on the drivers of value creation," *Academy of Management Perspectives*, 27 (2), 85–102

Foss, N.J., Linder, S. 2019. The changing nature of the corporation and the economic theory of the firm. In: Clarke, T., O'Brien, J., O'Kelly, C.R.T. (Eds.), *ibid.*, pp 539–62

Frank, J. 2023. "Larry Fink 'ashamed' to be part of ESG political debate," *Axios Denver*, June 26, https://www.axios.com/2023/06/26/larry-fink-ashamed-esg-weaponized-desantis

Friedman, M. 1962. *Capitalism and Freedom*. University of Chicago Press, Chicago（村井章子訳『資本主義と自由』日経BP, 2008年）

Friedman, M. 1970. "The social responsibility of business is to increase its profits," *New York Times Magazine*, September 13

Fudenberg, D., Levine, D. K. 2006. "A dual-self model of impulse control," *American Economic Review*, 96 (5), 1449–76

Friedland, R., Alford, R.R. 1991. "Bringing society back in: symbols, practices, and institutional contradictions," In: Powell, WW., DiMaggio, P.J. (Eds.), *The New Institutionalism in Organizational Analysis*. University of Chicago Press, Chicago, pp 232–67

Fruin, W.M. 1983. *Kikkoman: Company, Clan, and Community*. Harvard University Press, Cambridge, MA.

深野彰編. 2016.『ういろうにみる小田原——早雲公とともに城下町をつくった老舗』新評論

福沢諭吉. 1942.『学問のすゝめ』岩波書店

福沢諭吉. 1995.『文明論之概略』岩波書店

Gavetti, G. 2012. "Toward a behavioral theory of strategy," *Organization Science*, 23 (1), 267–85

Geels, F.W. 2011. "The multi-level perspective on sustainability transitions: responses to seven criticisms," *Environmental Innovation and Societal Transitions*. 1 (1), 24–40

George, G., Howard-Grenville, J., Joshi, A., Tihanyi, L. 2016. "Understanding and tackling societal grand challenges through management research," *Academy of Management Journal*. 59 (6), 1880–95

Ghoshal, S. 2005. "Bad management theories are destroying good management practices," *Academy of Management Learning & Education*, 4 (1), 75–91

Ghoshal, S., Bartlett, C. A., Moran, P. 1999. "A new manifesto for management," *MIT Sloan Management Review*, 40 (3), 9–20

Granovetter, M. 1985. "Economic action and social structure: the problem of embeddedness," *American Journal of Sociology*, 91 (3), 481–510

グリーンピース・ジャパン. 2023.「海洋放出開始『汚染水』とはいったい何な

のか」8月24日

Gulati, R. 2022a. "The messy but essential pursuit of purpose: win-win solutions are less common than we think," *Harvard Business Review*, March-April, 45–52

Gulati, R. 2022b. *Deep Purpose: The Heart and Soul of High-Performance Companies*. Penguin, London（山形浩生訳『DEEP PURPOSE——傑出する企業，その心と魂』東洋館出版社，2023年）

Hambrick, D.C. 2007. "Upper echelons theory: an update," *Academy of Management Review*, 32（2），334–43

Hambrick, D.C., Mason, P.A. 1984. "Upper echelons: the organization as a reflection of its top managers," *Academy of Management Review*, 9（2），193–206

Hansmann, H. 1988. "Ownership of the firm." *Journal of Law, Economics & Organization*, 4（2），267–304

Hansmann H., Kraakman. R. 2001. "The end of history for corporate law," *Georgetown Law Journal*, 89（2），439–68

Hansmann, H. Kraakman, R., Squire, R. 2006. "Law and the rise of the firm," *Harvard Law Review*, 119（5），1335–403

Hardin, G. 1968. "The tragedy of the commons," *Science*, 162（3859），1243–8

Hart, O., Zingales, L. 2017. "Companies should maximize shareholder welfare not market value," *Journal of Law, Finance, and Accounting*, 2, 247–74

Hart, O. 2020. "Shareholders don't always want to maximize shareholder value,' In: Zingales, L., Kasperkevic, J., Schechter, A. (Eds.), *ibid.*, pp 51–4

Hart, O., Zingales, L. 2022. "The new corporate governance," *University of Chicago Business Law Review*, 1（1），1–21

Heim, L. 2022. "19 state AGs latest anti-ESG letter to BlackRock," EP Executive Press, August 11, https://practicalesg.com/2022/08/quick-hits-19-state-ags-latest-anti-esg-letter-to-blackrock/

Heiner, R.A. 1983. "The origin of predictable behavior," *American Economic Review*, 73（4），560–95

Helfat, C.E., Peteraf, M.A. 2015. "Managerial cognitive capabilities and the microfoundations of dynamic capabilities," *Strategic Management Journal*, 36（6），831–50

Helfat, C.E., Winter, S.G. 2011. "Untangling dynamic and operational capabilities: strategy for the（n）ever-changing world," *Strategic Management Journal*, 32（11），1243–50

Helfat, C. E., Finkelstein, S., Mitchell, W., Peteraf, M.A., Singh, H., Teece, D.J., Winter, S.G. 2007. *Dynamic Capabilities: Understanding Strategic Change in Organizations*. Blackwell, Malden, MA（谷口和弘・蜂巣旭・川西章弘・ステラ・S. チェン訳『ダイナミック・ケイパビリティ——組織の戦略変化』勁草書房，2010年）

Henderson, R. 2020. *Reimagining Capitalism in a World on Fire*. Public-Affairs, New York（高遠裕子訳『資本主義の再構築——公正で持続可能な

世界をどう実現するか』日本経済新聞出版, 2020年)

Henderson, R. 2021. "Innovation in the 21st century: architectural change, purpose, and the challenges of our time," *Management Science*, 67（9）, 5479–88

Henderson, R., Serafeim, G. 2020, "Tackling climate change requires organizational purpose," AEA Paper and Proceedings. 110（May）, 177–80

Henderson, R., Van den Steen, E. 2015. "Why do firms have 'purpose'? the firm's role as a carrier of identity and reputation," *American Economic Review*, 105（5）, 326–30

Hess, C., Ostrom, E. 2003. "Ideas, artifacts, and facilities: information as a common-pool resource," *Law and Contemporary Problems*, 66（1）, 111–45

Hill, J G. 2021. "Corporations, directors' duties and the public/private divide," In: Laby, A.B., Russell, J.H.（Eds.）, *Fiduciary Obligations in Business*. Cambridge University Press, Cambridge, pp 285–300

Hodgson, G.M. 1998. "On the evolution of Thorstein Veblen's evolutionary economics," *Cambridge Journal of Economics*, 22（4）, 415–431

Hodgson, G.M. 2004. *The Evolution of Institutional Economics: Agency, Structure, and Darwinism in American Institutionalism.* Routledge, London

Hodgson, G.M. 2014. "What is capital? economists and sociologists have changed its meaning: should it be changed back?" *Cambridge Journal of Economics*, 38（5）, 1063–86

Hodgson, G.M. 2015. Conceptualizing Capitalism: Institutions, Evolution, Future. University of Chicago Press: Chicago

Hodgson, G.M. 2019. "Capitalism, cronyism, and democracy," *Independent Review*, 23（3）, 345–55

Holcombe, R.G. 2013. "Crony capitalism: by-product of big government," *Independent Review*, 17（4）, 541–59

Holcombe, R.G., Castillo, A.M. 2013. *Liberalism and Cronyism: Two Rival Political and Economic Systems*. Mercatus Center, Arlington

Howard-Grenville, J. 2021. "Grand challenges, Covid-19 and the future of organizational scholarship," *Journal of Management Studies*, 58（1）, 254–58

Hunt, V., Layton, D., Prince, S. 2015. "Diversity matters," McKinsey, February 15, https://www.mckinsey.com/~/media/mckinsey/business%20functions/people%20and%20organizational%20performance/our%20insights/why%20diversity%20matters/diversity%20matters.pdf

Husted, B.W., Allen, D.B. 2011, *Corporate Social Strategy: Stakeholder Engagement and Competitive Advantage*. Cambridge University Press, Cambridge

Illich, I. 1971. *Deschooling Society*. Harper & Row, New York（東洋・小澤周三訳『脱学校の社会』東京創元社, 1977年）

Illich, I. 1973. *Tools for Conviviality*. Harper & Row, New York（渡辺京二・

渡辺梨佐訳『コンヴィヴィアリティのための道具』筑摩書房, 2015年)

IRENA .2022., Renewable Power Generation Costs in 2021. International Renewable Energy Agency, Abu Dhabi

Ismail, S., Malone, M. S., van Geest, Y. 2014. *Exponential Organizations: Why New Organizations Are Ten Times Better, Faster, and Cheaper Than Yours (and What to Do about It)*. Diversion Books, New York

伊藤亜紗. 2021.「『うつわ』的利他―ケアの現場から」伊藤亜紗編『「利他」とは何か』集英社新書, pp 17-63

伊藤邦雄. 2022.「多様性と対話の好循環が企業価値を高める――日本企業のガバナンス改革は道半ば」青井浩『サステナビリティ経営の真髄――丸井グループ社長 青井浩が賢人と解く』日経BP, pp 271-99

Iwai, K. 1999. "Persons, things and corporations: the corporate personality controversy and comparative corporate governance," *American Journal of Comparative Law*, 47 (4), 583-632

岩井克人. 2000.『二十一世紀の資本主義論』筑摩書房

Jensen, M.C., Meckling, W.H. 1976. "Theory of the firm: managerial behavior, agency costs and ownership structure," *Journal of Financial Economics*, 3 (4), 305-60

Johnson, C.A. 1982. *MITI and the Japanese Miracle: The Growth of Industrial Policy, 1925-1975*. Stanford University Press, Stanford, CA.（佐々田博教訳『通産省と日本の奇跡――産業政策の発展 1925-1975』勁草書房, 2018年）

加納峻介. 1984.『恐るべき丸井商法――サラ金開業で収益日本一を狙う青井忠雄の野望』エール出版社

勝俣哲生・松原礼奈. 2021.「丸井の OMO 革命」『日経クロストレンド』10月号, 22-9

経済産業省, 2014.『「持続的成長への競争力とインセンティブ――企業と投資家の望ましい関係構築」プロジェクト（伊藤レポート）最終報告書』8月, https://www.meti.go.jp/policy/economy/keiei_innovation/kigyoukaikei/pdf/1toreport.pdf

経済産業省. 2020.『持続的な企業価値の向上と人的資本に関する研究会報告書――人材版伊藤レポート』9月, https://www.meti.go.jp/shingikai/economy/kigyo_kachi_kojo/pdf/20200930_1.pdf

経済産業省. 2022.『人的資本経営の実現に向けた検討会報告書――人材版伊藤レポート2.0』5月, https://www.meti.go.jp/policy/economy/jinteki_shihon/pdf/report2.0.pdf

経済産業省. 2021a.「半導体・デジタル産業戦略」6月, https://www.meti.go.jp/press/2021/06/20210604008/20210603008-1.pdf

経済産業省. 2021b.「半導体戦略（概略）」6月, https://www.meti.go.jp/press/2021/06/20210604008/20210603008-4.pdf

Keynes, J.M. 1973. *The General Theory and After. Part II: Defense and Development*, in *The Collected Writings of John Maynard Keynes*, vol. XIV. Macmillan, London（清水啓典・柿原和夫・細谷圭訳『ケインズ全集

第14巻 一般理論とその後——第II部 弁護と発展』東洋経済新報社, 2016年）

Khalil, E. 1997. "Is the firm an individual?" *Cambridge Journal of Economics*, 21 (4), 519–44

小林直毅. 2021.「水俣の猫をめぐる記憶」『社会志林』67 (4), 69–95

小林喜光. 2019.「『外国人の取締役』か『若き日本人のファーストペンギン』か——茹でガエル日本への処方箋 (2) 人間の本性は競争」『10MTVオピニオン動画』https://10mtv.jp/pc/content/detail.php?movie_id=2850

小泉純一郎. 2019.「小泉純一郎ロングインタビュー」『週刊読書人』2月8日号

小島玲子. 2022.「活動の原点となった『フロー理論』」『日経ESG』1月号, 114–5

Kreps, D.M. 1990. "Corporate culture and economic theory," In: Alt, J.E., Shepsle, K.A. (Eds.), *Perspectives on Positive Political Economy*. Cambridge University Press, Cambridge, pp 90–143

Kuznets, S. 1953. *Shares of Upper Income Groups in Income and Savings*. National Bureau of Economic Research, New York

Labib, A. 2014. Learning from from Failures: Decision Analysis of Major Disasters. Butterworth-Heinemann, Oxford.

Lamoreaux, N.R. 2019. "The problem of bigness: from Standard Oil to Google," *Journal of Economic Perspectives*, 33 (3), 94–117

Lamoreaux, N.R., Raff, D.M.G., Temin, P. 2003. "Beyond markets and hierarchies: toward a new synthesis of American business history," *American Historical Review*, 108 (2), 404–33

Lamoreaux, N.R., Raff, D.M.G., Temin, P. 2004, "Against Whig history,' *Enterprise and Society*, 5 (3), 376–87

Langlois, R.N. 1992. "Transaction-cost economics in real time," *Industrial and Corporate Change*, 1 (1), 99–127

Langlois, R.N. 1994. "The 'new' institutional economics," in Boetke, P.J. (Ed.), *The Elgar Companion to Austrian Economics*. Edward Elgar, Cheltenham, pp 535–40

Langlois, R.N. 2002. "Modularity in technology and organization," *Journal of Economic Behavior & Organization*, 49 (1), 19–37

Langlois, R.N. 2003. "The vanishing hand: the changing dynamics of industrial capitalism," *Industrial and Corporate Change*, 12 (2), 351–85

Langlois, R.N. 2007. *The Dynamics of Industrial Capitalism: Schumpeter, Chandler, and the New Economy*. Routledge, New York（谷口和弘訳『消えゆく手——株式会社と資本主義のダイナミクス』慶應義塾大学出版会, 2011年）

Langlois, R.N. 2023. "Modularity, identity, and the constitutional diagonal," *Industrial and Corporate Change*, 32 (1), 262–76

Langlois, R.L., Foss, N.J. 1999. "Capabilities and governance: the rebirth of production in the theory of economic organization," *Kyklos*, 52 (2), 201–18

Langlois, R.N., Robertson, P. 1995. *Firms, Markets, and Economic Change: A Dynamic Theory of Business Institutions*. Routledge, London（谷口和弘

訳『企業制度の理論——ケイパビリティ・取引費用・組織境界』NTT出版, 2004年)

Lewis, M.W., Andriopoulos, C., Smith, W.K. 2014. "Paradoxical leadership to enable strategic agility," *California Management Review*, 56 (3), 58–77

Lindberg, M.B., Markard, J., Andersen, A.D. 2019. "Policies, actors and sustainability transition pathways: a study of the EU's energy policy mix," *Research Policy*, 48 (10), 103668

Lindenberg, S., Foss, N.J. 2011. "Managing joint production motivation: the role of goal framing and governance mechanisms," *Academy of Management Review*, 36 (3), 500–25

Mak, A. 2021. "What Mark Zuckerberg knew and when he knew it," October, 6., https://slate.com/technology/2021/10/facebook-scandal-zuckerberg-what-he-knew.html

March, J.G. 1991. "Exploration and exploitation in organizational learning," *Organization Science*, 2 (1), 71–87

Markard, J., Raven, R., Truffer, B., 2012. "Sustainability transitions: an emerging field of research and its prospects," *Research Policy*, 41 (6), 955–67

Marris, R. 1972. "Is the corporate economy a corporate state?" *American Economic Review*, 62 (2), 103–15

Marshall, A. 1961, *Principles of Economics*, Text, 9th Ed., Macmillan, London (馬場敬之助訳『経済学原理 (I)–(IV)』東洋経済新報社, 1965–67年)

丸井グループ. 2019.『VISION BOOK 2050 —— CO-CREATION with you すべての人の『しあわせ』を共に創りましょう』丸井グループ

丸井グループ. 2021.『共創経営レポート 2021 —— OUR IMPACT 将来世代と共にインパクトを起こそう』丸井グループ

丸山徳次. 2010.「日本における環境問題とその解決の困難さ」『エコ・フィロソフィ』別冊4, 39–46

Mason, E.S. 1963. "Interests, ideologies, and the problem of stability and growth," *American Economic Review*, 53 (1), 1–18

松下幸之助. 1989.『指導者の条件——人心の妙味に思う』PHP研究所

松下幸之助. 2015.「政治や経営の『名人』を輩出するために——(1) 武蔵は師を持たずして剣聖となった——自修自得」『10MTV オピニオン動画』https://10mtv.jp/pc/content/detail.php?movie_id=1103

Matsuyama, K. 1997. "Economic development as coordination problems," In: Aoki, M., Kim, H.K., Okuno-Fujiwara, M. (Eds.), *The Role of Government in East Asian Economic Development: Comparative Institutional Analysis*. Oxford University Press, New York, pp 134–60

Mayer, C. 2016. "Reinventing the corporation," *Journal of British Academy*, 4 (March), 53–72

Mayer, C. 2017. "Who's responsible for irresponsible business? an assessment," *Oxford Review of Economic Policy*, 33 (2), 157–175

Mayer, C. 2019. *Prosperity: Better Business Makes the Greater Good*. Oxford

University Press, Oxford（宮島英昭・清水真人・河西卓弥訳『株式会社規範のコペルニクス的転回——脱・株主ファーストの生存戦略』東洋経済新報社，2021年）

McGahan, A.M. 2021. "Integrating insights from the resource-based view of the firm into the new stakeholder theory," *Journal of Management*, 47（7），1734–56

McGahan, A.M. 2023. "The new stakeholder theory on organizational purpose," *Strategy Science*, 8（2），245–55

Milgrom, P., Roberts, J. 1995. "Complementarities and fit: strategy, structure, and organizational change in manufacturing," *Journal of Accounting and Economics*, 19（2–3），179–208

蓑宮武夫. 2016.『人生，一生行動するがぜよ！——世のため人のため愉快に生き抜く八策』PHP研究所

蓑宮武夫. 2017.『出でよ，地方創生のフロントランナーたち！——城下町から日本を変えるヒント』PHP研究所

蓑宮武夫. 2019.『なぜあの人は輝いているのか——脳が教えてくれる生き方のヒント』PHP研究所

蓑宮武夫. 2022.『まちおこしは総力戦で挑め！——小田原発「地域創生のカギはSDGsにあり」』PHP研究所

蓑宮武夫. 2023.『いまこそ人生で大切なことは映画から学ぼう——小田原まちなか映画館の挑戦』PHP研究所

Mintzberg, H. 2015. *Rebalancing Society: Radical Renewal Beyond Left, Right and Center*. Berrett-Koehler, Oakland, CA（池村千秋訳『私たちはどこまで資本主義に従うのか——市場経済には「第3の柱」が必要である』ダイヤモンド社，2015年）

茂木健一郎. 2012a.「現実という『丸薬』を飲み込むこと」『ちくま』491号 https://www.chikumashobo.co.jp/blog/pr_chikuma/entry/711/

茂木健一郎. 2012b.「あとがき」塚越敏・眞田収一郎訳『ニーチェの手紙——フリードリッヒ・ニーチェ』筑摩書房, pp 307–9

Montalban, M., Frigant, V., Jullien, B. 2019. "Platform economy as a new form of capitalism: a Régulationist research programme," *Cambridge Journal of Economics*, 43（4），805–24

Morck, R. 2008. "Behavioral finance in corporate governance: economics and ethics of the devil's advocate," *Journal of Management and Governance*, 12（2），179–200

Munger, M.C., Villarreal, M. 2019. "The road to crony capitalism," *Independent Review*, 23（3），331–44

村上泰亮. 1992.『反古典の政治経済学——（下）二十一世紀への序説』中央公論社

Naess, A（1989），*Ecology, Community and Lifestyle: Outline of an Ecosophy*. Cambridge University Press, Cambridge.

中山淳史. 2023.「覇権ではなく貢献の経営——ネット『民主化』の本質」『日本経済新聞』朝刊，1月3日

Nelson, R.R. 1991. "Why do firms differ, and how does it matter?" *Strategic Management Journal*, 12（S2）, 61-74

Nelson, R. R., Winter, S. G. 1982. *An Evolutionary Theory of Economic Change*. Harvard University Press, Cambridge, MA. 後藤晃・角南篤・田中辰雄訳『経済変動の進化理論』慶應義塾大学出版会, 2007年）

日本経済団体連合会. 2019.「日本を支える電力システムを再構築する——Society 5.0実現に向けた電力政策」4月16日, https://www.keidanren.or.jp/policy/2019/031_honbun.pdf

日経エコロジー. 2018.「報告書作りに社内巻き込む」『日経エコロジー』4月号, 37-9

日経ESG. 2019.「長期投資家の心がっちり」『日経 ESG』8月号, 25-8

日経ESG. 2020a.「ESG は事業領域を広げる——特別対談 青井社長が達人に聞く 澤田道隆氏花王社長（前編）」『日経ESG』5月号, 50-3

日経ESG. 2020b.「『売らない店』で稼ぐ——独自のビジネスモデルが強み」『日経ESG』1月号, 24-5

日経ESG. 2020c.「技術革新の本質はESGにある——特別対談 青井社長が達人に聞く 澤田道隆氏花王社長（2）」『日経ESG』6月号, 42-5

日経ESG. 2020d.「30年後見据えた経営を——特別対談 青井社長が達人に聞く 永田暁彦氏ユーグレナ副社長」『日経ESG』7月号, 44-7

日経XTREND. 2021.「丸井のOMO革命」『日経XTREND』10月号, 22-9

Nohria, N. 2015. *Nitin Nohria's exhilarating journey*. In: Pazzanese, C.（Ed.）, *Harvard Gazette*, April 29, https://news. harvard.edu/gazette/story/2015/04/i-had-this-extraordinary-sense-of-liberation/

野村證券. 2021.「ゲーム機や自動車などが品薄に。深刻な『半導体不足』がなぜ世界中で起きているのか？」8月26日, https://www.nomura.co.jp/el_borde/article/0003/

野中郁次郎. 2021.「丸井グループ代表取締役社長CEO青井浩氏」Works, 27（4）, 60-3

Nordhaus, W. 2013. *The Climate Casino: Risk, Uncertainty, and Economics for a Warming World*. Yale University Press, New Haven, CT.（藤﨑香里訳『気候カジノ——経済学から見た地球温暖化問題の最適解』日経BP, 2015年）

North, D.C. 1981. *Structure and Change in Economic History*. W.W. Norton, New York（大野一訳『経済史の構造と変化』日経BP, 2013年）

North, D.C.. 1988. "Ideology and political/economic institutions," *Cato Journal*, 8（1）, 15-28

North, D.C. 1990. *Institutions, Institutional Change, and Economic Performance*. Cambridge University Press, New York（竹下公視訳『制度・制度変化・経済成果』晃洋書房, 1994年）

North, D.C. 2005. *Understanding the Process of Economic Change*. Princeton University Press, Princeton, NJ（瀧澤弘和・中林真幸監訳『ダグラス・ノース制度原論』東洋経済新報社, 2016年）

North, D.C., Wallis, J.J., Weingast, B.R. 2009. *Violence and Social Orders: A*

Conceptual Framework for Interpreting Recorded Human History. Cambridge University Press: New York（杉之原真子訳『暴力と社会秩序——制度の歴史学のために』NTT出版, 2017年）

Nye, J.S., Welch, D.A. 2017. *Understanding Global Conflict and Cooperation: An Introduction to Theory and History*, 10th ed., Pearson: Boston, MA（田中元彦・村田晃嗣訳『国際紛争——理論と歴史』有斐閣, 2017年）

Olson, M. 1982. The Rise and Decline of Nations: Economic Growth, Stagflation, and Social Rigidities. Yale University Press: New Haven, CT（加藤寛監訳『国家興亡論——「集合行為論」からみた盛衰の科学』PHP研究所, 1991年）

大坂隼矢. 2021.「半導体不足の要因とインプリケーション」3月6日, https://fintos.jp/page/5439

大島堅一. 2011.『原発のコスト——エネルギー転換への視点』岩波書店

O'Reilly III, C.A., Tushman, M.L. 2008. "Ambidexterity as a dynamic capability: resolving the innovator's dilemma," *Research in Organizational Behavior*, 28, 185–206

Ortega, J.Y.G. 1930/1993. *The Revolt of the Masses*. W.W. Norton, New York（佐々木孝訳『大衆の反逆』岩波書店, 2020年）

Ostrom, E. 1990. *Governing the Commons: The Evolution of Institutions for Collective Action*. Cambridge University Press, New York（原田禎夫・齋藤暖生・嶋田大作訳『コモンズのガバナンス——人びとの協働と制度の進化』晃洋書房, 2022年）

Ostrom, E. 1999. "Coping with tragedies of the commons," *Annual Review of Political Science*, 2, 493–535

Ostrom, E. 2010q. "Beyond markets and states: polycentric governance of complex economic systems," *American Economic Review*, 100（3）, 641–72

Ostrom, E. 2010b. "A long polycentric journey," Annual Review of Political Science, 13, 1–23

Penrose, E.T. 1959. *The Theory of the Growth of the Firm*. Basil Blackwell, Oxford（日高千景訳『企業成長の理論』ダイヤモンド社, 2010年）

Petit, N., Teece, D.J. 2021. "Innovating big tech firms and competition policy: favoring dynamic over static competition," *Industrial and Corporate Change*, 30（5）, 1168–98

Petracca, E., Gallagher, S. 2020. "Economic cognitive institutions," *Journal of Institutional Economics*, 16（6）, 747–65

Piketty, T. 2014. *Capital in the Twenty-First Century*. Harvard University Press, Cambridge, MA（山形浩生・守岡桜・森本正史訳『21世紀の資本』みすず書房, 2014年）

Pitelis, C.N. 2013. "Towards a more 'ethically correct' governance for economic sustainability," *Journal of Business Ethics*, 118（3）, 655–65

Pollitt, M. 2011. "Green values in communities: how and why to engage individuals with decarbonization targets," In: Pitelis, C.N., Keenan, J., Pryce, V.（Eds.）, *Green Business, Green Values, and Sustainability*.

Routledge, London, pp 67–80.（谷口和弘訳『グリーン・バリュー経営への大転換』NTT出版, 2013年）

Porter, M.E. 1980. *Competitive Strategy: Techniques for Analyzing Industries and Competitors*. Free Press, New York（土岐坤・中辻萬治・服部照夫訳『競争の戦略』ダイヤモンド社, 1982年）

Porter, M.E. 1985. *Competitive Advantage: Creating and Sustaining Superior Performance*. Free Press, New York（土岐坤・中辻萬治・小野寺武夫訳『競争優位の戦略——いかに高業績を持続させるか』ダイヤモンド社, 1985年）

Porter, M.E. 1996. "What is strategy?" *Harvard Business Review*, 74 (6), 61–78

Porter, M.E. 1998. *On Competition*. Harvard Business School Press, Boston（竹内弘高訳『競争戦略論 (I) (II)』ダイヤモンド社, 1999年）

Porter, M.E., Kramer, M.R. 2006. "Strategy and society: the link between competitive advantage and corporate social responsibility," *Harvard Business Review*, 84 (12), 78–92

Porter, M.E., Kramer, M.R. 2011. "Creating shared value," *Harvard Business Review*, 89 (1/2), 62–77

Prahalad, C.K., Bettis, R.A. 1986. "The dominant logic: a new linkage between diversity and performance," *Strategic Management Journal*, 7 (6), 485–501

Price, A., Dollar, S.M. 2021, "Newly promulgated 'Fair Access Rule' could alter banks' decision-making, but its future is uncertain," *Norton Rose Fulbright*, January 29, https://www.nortonrosefulbright.com/en-us/knowledge/publications/c41ff38e/newly-promulgated-fair-access-rule

Quinn, R.E., Thakor, A.V. 2019. *The Economics of Higher Purpose: Eight Counterintuitive Steps for Creating a Purpose-Driven Organization*. Berrett-Koehler Publishers, Oakland, CA

Rajan, R., Zingales, L. 2000. "The governance of the new enterprise," In: Vives, X. (Ed.), *Corporate Governance: Theoretical and Empirical Perspectives*. Cambridge University Press, Cambridge, 201–27

Reich, R.B. 2007. Supercapitalism: *The Transformation of Business, Democracy, and Everyday Life*. Alfred A. Knopf, New York（雨宮寛・今井章子訳『暴走する資本主義』東洋経済新報社, 2008年）

Rhee, R.J. 2023. "The neoliberal corporate purpose of Dodge v. Ford and shareholder primacy: a historical context 1919-2019," *Stanford Journal of Law, Business & Finance*, 28 (1), 202–53

Rhodes, C. 2022. *Woke Capitalism: How Corporate Morality is Sabotaging Democracy*. Bristol University Press, Bristol（庭田よう子訳『WOKE CAPITALISM——「意識高い系」資本主義が民主主義を滅ぼす』東洋経済新報社, 2023年）

Roberts, J. 2004. *The Modern Firm: Organizational Design for Performance and Growth*. Oxford University Press, New York（谷口和弘訳『現代企業

の組織デザイン——戦略経営の経済学』NTT出版, 2005年)

Robertson, J.L. 2018. "The nature, measurement and nomological network of environmentally specific transformational leadership," *Journal of Business Ethics*, 151 (4), 961–75

Roe, M.J. 2021. "Dodge v. Ford: what happened and why?," *Vanderbilt Law Review*, 74 (6), 1755–85

Rumelt, R.P. 1984. "Towards a strategic theory of the firm," In: Lamb, R. (Ed.), *Competitive Strategic Management*. Prentice-Hall, New Jersey, pp 556–70

Rupp, D.E. 2011. "An employee-centered model of organizational justice and social responsibility," *Organizational Psychology Review*, 1 (1), 72–94

Salvato, C., Vassolo, R. 2018. "The sources of dynamism in dynamic capabilities," *Strategic Management Journal*, 39 (6), 1728–52

Schelling, T.C. 1978. *Micromotives and Macrobehavior*, W.W. Norton, New York (村井章子訳『ミクロ動機とマクロ行動』勁草書房, 2016年)

Schumpeter, J.A. 1934. *The Theory of Economic Development*. Harvard University Press, Cambridge, MA (塩野谷祐一・中山伊知郎・東畑精一訳『経済発展の理論』岩波書店, 1980年)

Selznick, P. 1957. *Leadership in Administration: A Sociological Interpretation*. Row, Peterson & Company Evanson, IL (北野利信訳『組織とリーダーシップ』ダイヤモンド社, 1970年)

Sen, A. 1985a. *Commodities and Capabilities*. North-Holland, Amsterdam. (鈴村興太郎訳『福祉の経済学——財と潜在能力』岩波書店, 1988年)

Sen, A. 1985b. "Goals, commitment, and identity," *Journal of Law, Economics and Organization*, 1 (2), 341–56

Sen, A. 1999. *Reason before Identity: The Romanes Lecture for 1998*. Oxford University Press, New Delhi.（細見和志訳『アイデンティティに先行する理性』関西学院大学出版会, 2003年)

資源エネルギー庁. 2021.「エネルギー基本計画」10月, https://www.enecho.meti.go.jp/category/others/basicplan/pdf/20211022_01.pdf

塩野谷祐一. 2005.「スポーツに見る競争の倫理」『家計経済研究』66, 82–3

Shleifer, A. Vishny, R.W. 1997. "A survey of corporate governance," *Journal of Finance*, 52 (2), 737–83

将基面貴巳. 2002.『反「暴君」の思想史』平凡社

Simon, H.A. 1991. "Organizations and markets," *Journal of Economic Perspectives*, 5 (2), 25–44.

Smith, D.G. 1998. "The shareholder primacy norm," *Journal of Corporation Law*, 23 (Winter), 277–323

Smith, V. L., Wilson, B. J. 2019. *Humanomics: Moral Sentiments and the Wealth of Nations for the Twenty-First Century*. Cambridge University Press, Cambridge

Snyder, T. 2017. *On Tyranny: Twenty Lessons from the Twentieth Century*. Tim Duggan Books, New York (池田年穂訳『暴政——20世紀の歴史に学

　　ぶ20のレッスン』慶應義塾大学出版会, 2020年)

相馬隆宏. 2021.「丸井グループ・青井浩社長に聞く——ステークホルダーを取
　　締役に」『日経 ESG』9月号, 10-1

Stern, N. 2007. *The Economics of Climate Change: The Stern Review*.
　　Cambridge University Press, Cambridge

Stigler, G.J. 1951. "The division of labour is limited by the extent of the
　　market," *Journal of Political Economy*, 59 (3), 185-93

Stout, L.A. 2002. "Bad and not-so-bad arguments for shareholder primacy,"
　　Southern California Law Review, 75 (5), 1189-210

Stout, L.A. 2005. "On the nature of corporations," *University of Illinois Law
　　Review*, 2005 (1), 253-67

Stout, L.A. 2008. "Why we should stop teaching Dodge v. Ford," *Virginia
　　Law and Business Review*, 3 (1), 163-90

Stout, L.A. 2012a. "New thinking on shareholder primacy," *Accounting,
　　Economics, and Law*: Convivium, 2 (2), 1-22

Stout, L.A. 2012b. *The Shareholder Value Myth: How Putting Shareholders
　　First Harms Investors, Corporations, and the Public*. Berrett-Koehler,
　　San Francisco, CA

杉本博司. 2022.『影老日記——杉本博司自伝』新潮社

高部大問. 2020.『ドリーム・ハラスメント——「夢」で若者を追い詰める大人
　　たち』イースト・プレス

玉城哲. 1982.『日本の社会システム——むらと水からの再構成』農山漁村文化
　　協会

田中角栄. 1972.『日本列島改造論』日刊工業新聞社

谷口和弘. 2012.『日本の資本主義とフクシマ——制度の失敗とダイナミック・
　　ケイパビリティ』慶應義塾大学出版会

谷口和弘. 2015.「持続可能性・認知的ケイパビリティ・福島原発危機」『三田商
　　学研究』58 (2), 99-109

谷口和弘. 2019.「『家畜』ではなく『猛獣』であれ」『神藏孝之対談集2019「時
　　代を生きる力」を磨く』10M1Ｖ https://10mtv.jp/kamikuratakayuki/pdf/
　　taidan.pdf

谷口和弘. 2022.「経済学におけるモラル・サイエンスの復権に向けて」『三田商
　　学研究』64 (6), 85-118

Taniguchi, K.S. 2022. "Why Fukushima? a diachronic and multilevel
　　comparative institutional analysis of a nuclear disaster," *Energy Policy*,
　　167 (C), 113049

Taniguchi, K.S. 2023a. "Coase redux: whether Marshall's birthplace and
　　family background affected his realistic economics," Unpublished
　　manuscript

Taniguchi, K.S. 2023b. "Reclaiming moral science in economics: a manifesto
　　for the study of humans and institutions," Unpublished manuscript

Taniguchi, K.S., D'Agostino. 2012a. "The catastrophes and the combined
　　failure of institutions, Part I: a comparison of Fukushima and

Minamata," *Keio Business Review*, 47 (1), 1–14

Taniguchi, K.S., D'Agostino. 2012b. "The catastrophes and the combined failure of institutions, Part II: a comparison of Fukushima and Minamata," *Keio Business Review*, 47 (2), 15–29

Taniguchi, K.S., Dolan, D. 2018. "Monopolistic advantages and leadership of ecosystems in the digital era," *Keio Business Review*, 53 (3), 57–75

谷口和弘・W. マーク・フルーエン. 2021a.「さらなる高みをめざすパナソニック ―― LUMIXとイメージング事業の進化」『三田商学研究』64 (2), 27–42

谷口和弘・W. マーク・フルーエン. 2021b.「マーシャルとケンブリッジ学派の発展――人間研究にもとづくモラル・サイエンスとしての経済学に向けて」『三田商学研究』64 (3), 79–94

Taniguchi, K.S., Fruin, W.M. 2022. "A research agenda for institutional economics as a moral science: the Cambridge School in the twenty-first century," 56 (1), 1–23

Taniguchi, K.S, Huang, R., Fruin, W.M. 2023. "Towards a capability evolution view of sustainability transitions," *Keio Business Review*, 57 (1), 1–32

谷口和弘・アシュラフ・ラビブ. 2021.「マーシャルの進化経済学にかんする理解――人間研究が重要な意味をもつ」『三田商学研究』64 (4), 77–90

TBS. 2024.「『どこに避難すれば…』今回の地震で見えた志賀原発の避難計画の課題 家屋全壊が相次いだ珠洲市では過去に"原発の建設計画"が」2月1日, https://newsdig.tbs.co.jp/articles/-/974037?page=5

Teece, D.J. 2009. *Dynamic Capabilities and Strategic Management: Organizing for Innovation and Growth*. Oxford University Press, Oxford (谷口和弘・蜂巣旭・川西章弘・ステラ S. チェン訳『ダイナミック・ケイパビリティ戦略――イノベーションを創発し, 成長を加速させる力』ダイヤモンド社, 2013年)

Teece, D.J. 2012. "Dynamic capabilities: routines versus entrepreneurial action," *Journal of Management Studies*, 49 (8), 1395–401

Teece, D.J. 2014, "The foundations of enterprise performance: dynamic and ordinary capabilities in an (economic) theory of firms," *Academy of Management Perspectives*, 28 (4), 328–52

Teece, D.J. 2016. "Dynamic capabilities and entrepreneurial management in large organizations: toward a theory of (entrepreneurial) firm," *European Economic Review*, 86 (C), 202–16

Teece, D.J. 2017. "Towards a capability theory of (innovating) firms: implications for management and policy," *Cambridge Journal of Economics*, 41 (3), 693–720

Teece, D.J. 2019. "A capability theory of the firm: an economics and (strategic) management perspective," *New Zealand Economic Papers*, 53 (1), 1–43

Thaler, R.H. 2016. *Misbehaving: The Making of Behavioral Economics*. W.W.Norton, New York (遠藤真美訳『行動経済学の逆襲』早川書房, 2016

年）

Tirole, J. 2000. "Corporate governance," *Econometrica*, 69 (1), 1–35

Thronton, P.H., Ocasio, W., Lounsbury, M. 2012. *The Institutional Logics Perspective: A New Approach to Culture, Structure, and Process.* Oxford University Press, Oxford

鳥羽欽一郎. 1987.『景気は自らつくるもの──「丸井」創業者，青井忠治の伝記』東洋経済新報社

東京新聞. 2020.「『村は1000億円だって売れない』核ごみ調査受け入れで北海道神恵内村の高橋村長」10月9日, https://www.tokyo-np.co.jp/article/60850

東京新聞. 2021.「『知識がないのか，なめているのか』と規制委員長 東電柏崎刈羽原発でずさんテロ対策次々と発覚 早期再稼働は不可能に」3月16日, https://www.tokyo-np.co.jp/article/91898

東京新聞. 2023.「核燃料の中間貯蔵施設 山口・上関町長『受け入れたい』全国2例目，調査容認へ 臨時議会で表明」8月18日, https://www.tokyo-np.co.jp/article/27092

東京新聞. 2024.「『珠洲原発があったら…もっと悲惨だった』能登半島地震で孤立した集落，原発反対を訴えた僧侶の実感」1月22日, https://www.tokyo-np.co.jp/article/304267

Treviño, L.K. 1992. "Moral reasoning and business ethics: implications for research, education, and management," *Journal of Business Ethics*, 11 (5/6), 445–59

Treviño, L.K., Den Nieuwenboer, N.A., Kish-Gephart, J.J. 2014. "(Un) ethical behavior in organizations," *Annual Review of Psychology*, 65, 635–60

Truffer, B., Rohracher, H., Kivimaa, P., Raven, R., Alkemade, F., Carvalho, L., Feola, G. 2022. "A perspective on the future of sustainability transitions research," *Environmental Innovation and Societal Transitions*, 42, 331–9

Tushman, M.L., O'Reilly III, C.A. 1996. "Ambidextrous organizations: managing evolutionary and revolutionary change," *California Management Review*, 38 (4), 8–30

内村鑑二. 1995/1908.〔鈴木範久訳〕『代表的日本人』岩波書店

外郎武. 2016.「二五代当主・外郎武氏へのインタビュー」深野編, pp 3–36

梅根悟. 1967.『世界教育史』新評論

Veblen, T. 1919/2012. *The Place of Science in Modern Civilisation and Other Essays.* Echo, Fairford

Weber, M. 1947. *The Theory of Social and Economic Organization.* Free Press, New York

Weingast, B.R. 1995. "The economic role of political institutions: market-preserving federalism and economic development," *Journal of Law, Economics and Organization*, 11 (1), 1–31

Weingast, B.R., Shepsle, K.A., Johnsen, C. 1981. "The political economy of benefits and costs: a neoclassical approach to distributive politics," *Journal of Political Economy*, 89 (4), 642–64

Williamson, O.E. 1975. *Markets and Hierarchies: Analysis and Antitrust*

Implications. Free Press, New York（浅沼萬里・岩崎晃訳『市場と企業組織』日本評論社, 1980年）

Williamson, O.E. 1999. "Strategy research: governance and competence perspectives," *Strategic Management Journal*, 20 (12), 1087-108

Williamson, O.E. 2000. "The new institutional economics: taking stock, looking ahead," *Journal of Economic Literature*, 38 (3), 595-613

Winter, S.G. 2013. "Habit, deliberation, and action: strengthening the microfoundations of routines and capabilities," *Academy of Management Perspectives*, 27 (2), 120-37

Winter, S.G. 2017. "Pursuing the evolutionary agenda in economics and management research," *Cambridge Journal of Economics*, 41 (3), 721-47

Wittman, D. 1995. *The Myth of Democratic Failure: Why Political Institutions Are Efficient*. University of Chicago Press, Chicago

Zingales, L. 1998. "Corporate governance," In: Newman, P. (Ed.), *The New Palgrave Dictionary of Economics and the Law*. Macmillan, London, 497-503

Zingales, L. 2000. "In search of new foundations," *Journal of Finance*, 55 (4), 1623-53

Zingales, L. 2009. "Capitalism after the crisis," *National Affairs*, 1, 22-35

Zingales, L. 2012. *A Capitalism for the People: Recapturing the Lost Genius of American Prosperity*. Basic Books, New York（若田部昌澄監訳『人びとのための資本主義——市場と自由を取り戻す』NTT出版, 2013年）

Zingales, L. 2017. "Towards a political theory of the firm," *Journal of Economic Perspectives*, 31 (3), 113-30

Zingales, L. 2020. "Friedman's principle, 50 years later," In: Zingales, L., Kasperkevic, J., Schechter, A. (Eds.), *Milton Friedman 50 Years Later*. Stigler Center, Chicago, pp 1-2

Zuboff, S. 2019. *The Age of Surveillance Capitalism: The Fight for Human Future at the New Frontier of Power*. PublicAffairs, New York（野中香方子訳『監視資本主義——人類の未来を賭けた闘い』東洋経済新報社, 2021年）

【編著者】

谷口和弘（たにぐち・かずひろ）
慶應義塾大学商学部教授・南開大学中国コーポレート・ガバナンス研究院［中国］招聘教授
(第1章，第2章，第4章，第6章担当)

慶應義塾大学経済学部卒。同大学大学院商学研究科博士課程修了。博士（商学）。ケンブリッジ大学企業研究センター［イギリス］招聘フェロー，南開大学商学院［中国］訪問研究員，ケンブリッジ・ジャッジ・ビジネススクール［イギリス］アカデミック・ビジター，VCASI（仮想制度研究所）フェローなど歴任。著書に『日本の資本主義とフクシマ』（慶應義塾大学出版会，2012年），『経営原論』（培風館，2012年），『戦略の実学』（NTT出版，2006年）など。訳書にD. ティース『ダイナミック・ケイパビリティ戦略』（ダイヤモンド社，2013年），青木昌彦『コーポレーションの進化多様性』（NTT出版，2011年），青木昌彦『比較制度分析に向けて』（NTT出版，2001年）など。さらに，BBC［イギリス］がフクシマ10周年（2021年3月11日）に企画した番組（What Happened at Fukushima 10 Years Ago?）（3つの被災そして復興　東日本大震災・福島原発事故から10年）https://www.bbc.com/zhongwen/simp/world-56361399 に特別協力・出演。学術誌への投稿（Why Fukushima? A Diachronic and Multilevel Comparative Institutional Analysis of a Nuclear Disaster. 2022, *Energy Policy*, 167 (c), 113049 など）。講演・セミナーなど。

河原茂晴（かわはら・しげはる）
河原アソシエイツ代表・公認会計士［アメリカ・日本］
(第5章担当)

慶應義塾大学経済学部卒。経済同友会，日本取締役協会，日本工業倶楽部など会員。ソニーの企業内会計士として，主計にて本社決算・税務統括，テレビ工場にて原価管理，ソニーアメリカディレクター/コントローラ（7年），国内海外子会社1,000社の業績管理・指導，国際税務（移転価格・海外事業再編にかかる税務）など，つねに企業財務，原価管理，業績管理，国際税務という切り口を中心として実務の現場に。KPMG入社後はパートナーとして，グローバル戦略，国際税務，業績管理（EVAなど）を中心にグローバル・コンサルティングを行う。その後，KPMGグローバルマーケットの日本統括パートナーとしてCEO・CFO向けアドバイザリーに従事。KPMGCFOCLUB主宰をへて，河原アソシエイツ設立。現在，各社への顧問業務，一橋大学CFO教育研究センター（センター長特別補佐）などをつうじて各社向けのコーポレート・ガバナンス×フィナンシャル・リテラシーの啓蒙につとめている。社外役員は4社経験。講演・セミナーなど。

高部大問（たかべ・だいもん）
著述家・多摩大学職員
(第3章担当)

慶應義塾大学商学部卒。中国留学を経てリクルートに就職。自社の新卒採用や他社採用支援業務などを担当。教師でも人事でもなく，子どもたちを上から目線で評価しない支援を模索すべく，多摩大学の事務職員に転身。現在は大学以外にも活動領域を広げ，自らが手掛ける中学，高校（生徒・保護者・教員）向けキャリア講演活動はのべ15,000人を超える。また，新聞やニュースサイトでの寄稿など執筆多数。著書に『ドリーム・ハラスメント』（イースト・プレス，2020年：本著は台湾でも出版［葉廷昭譯『夢想勒索 ＿ 協助被「夢想」壓迫的年輕人，在絶望中找到前進的動力』真文化，2021年]）。そして，「確立風社会」『現代思想』（2022年10月号）などの投稿。講演・セミナーなど。2024年4月に慶應義塾大学商学部で開講される松下政経塾寄附講座に登壇の予定。

【インタビュー編】
青井浩（あおい・ひろし）
丸井グループ代表取締役社長 代表執行役員 CEO
(インタビューⅠ)

慶應義塾大学文学部卒。1986年丸井（現在の丸井グループ）に入社。91年取締役営業企画本部長，95年常務取締役営業本部副本部長兼営業企画部長，2004年副社長を経て2005年から現職。慶應義塾評議員を兼任。2022年より慶應義塾評議員をつとめる。著書に『サステナビリティ経営の真髄』（日経BP，2022年）。
丸井グループHP：https://www.0101maruigroup.co.jp/

権浩子（ごん・ひろこ）
子どもの食卓代表取締役社長
(インタビューⅡ)

慶應義塾大学商学部卒。早稲田大学大学院ファイナンス研究科修士課程修了。税理士5科目保有者。2006年東京共同会計事務所に入所。2011年三菱UFJメリルリンチPB証券（現在の三菱UFJモルガン・スタンレー証券）に入社。2017年子どもの食卓設立。同年から現職。網屋取締役（監査等委員）を兼任。「いただきま～す」『味の手帖』に連載（現在は終了）。2024年4月に慶應義塾大学商学部で開講される松下政経塾寄附講座に登壇の予定。
子どもの食卓HP：https://kodomonoshokutaku.com/

佐野尚見（さの・たかみ）

松下政経塾前塾長・パナソニックホールディングス元代表取締役副社長

（インタビューⅢ）

早稲田大学政経学部卒。1966年松下電器に入社。2005年同代表取締役副社長。2008年公益財団法人松下政経塾長，2009年同理事長，2019年公益財団法人松下幸之助記念志財団松下政経塾塾長。2021年退任。

松下政経塾HP：https://www.mskj.or.jp/

【インタビュー実施者（所属は，インタビュー実施時点）】

河原茂晴・永山直（日本創生投資）・髙部大問・谷口和弘

【インタビュー参加・編集協力者（所属は，インタビュー実施時点）】

黄胤寧（慶應義塾大学大学院商学研究科）・パニル・トマセン（コペンハーゲン・ビジネススクール［デンマーク］／慶應義塾大学大学院商学研究科）・石天晨（慶應義塾大学大学院商学研究科）

272

サステナビリティ時代の会社
──21世紀のコーポレート・エコノミー

2024年3月30日　初版第1刷発行

編著者————谷口和弘・河原茂晴・髙部大問
発行者————大野友寛
発行所————慶應義塾大学出版会株式会社
　　　　　　〒108-8346　東京都港区三田2-19-30
　　　　　　TEL　〔編集部〕03-3451-0931
　　　　　　　　　〔営業部〕03-3451-3584〈ご注文〉
　　　　　　　　　〔　〃　〕03-3451-6926
　　　　　　FAX　〔営業部〕03-3451-3122
　　　　　　振替　00190-8-155497
　　　　　　https://www.keio-up.co.jp/
装　丁————米谷豪
ＤＴＰ————アイランド・コレクション
印刷・製本——中央精版印刷株式会社
カバー印刷——株式会社太平印刷社